제국적

생활양식을

넘어서

IMPERIALE LEBENSWEISE

제국적 생활양식을 넘어서
전 지구적 자본주의 시대의 인간과 자연에 대한 착취

초판 1쇄 인쇄일 2020년 1월 15일 **초판 1쇄 발행일** 2020년 1월 20일

지은이 울리히 브란트 · 마르쿠스 비센 | **옮긴이** 이신철
펴낸이 박재환 | **편집** 유은재 | **관리** 조영란
펴낸곳 에코리브르 | **주소** 서울시 마포구 동교로15길 34 3층(04003) | **전화** 702-2530 | **팩스** 702-2532
이메일 ecolivres@hanmail.net | **블로그** http://blog.naver.com/ecolivres
출판등록 2001년 5월 7일 제201-10-2147호
종이 세종페이퍼 | **인쇄 · 제본** 상지사 P&B

ISBN 978-89-6263-207-1 93300

책값은 뒤표지에 있습니다. 잘못된 책은 구입한 곳에서 바꿔드립니다.

제국적 생활양식을 넘어서

울리히 브란트 · 마르쿠스 비센 지음 | 이신철 옮김

전 지구적 자본주의 시대의
인간과 자연에 대한 착취

에코리브르

베티나와 비프케 그리고 시몬에게

감사의 글

이 책을 쓰는 작업은 저자로서 우리에게만 집중적이고 우호적인 학문적 협력의 대단히 풍부한 경험이었던 것이 아니다. 이는 또한 많은 친구와 동료들이 베풀어준 비판적 호의에 의해 뒷받침되었다. 이에 대해 그 모든 분께 이 자리에서 진심으로 감사드리고 싶다.

2016년 8월, 베를린의 로자 룩셈부르크 재단에서 열린 워크숍은 이 책을 완성하는 데 중요한 이정표였다. 마리오 칸데이아스, 슈테파니 그레페, 프리데리케 하버만, 우베 회링, 보리스 칸츨라이터, 베티나 쾰러, 톰 코프, 슈테펜 쿼네, 미리암 랑, 크리스토프 포드스타바, 사빈 폰그라츠, 카타리나 필, 다니엘라 세톤, 실케 판 디크, 크리스타 비히테리히는 여러 시간 계속된 집중적인 토론에서 2개의 중심적인 장의 초안을 연대의 마음으로 철저히 검토하고 우리에게 많은 비판뿐만 아니라 격려도 안겨주었다. 그 워크숍은 우리에게 초고 작성의 라스트 스퍼트를 위한 기폭제였다.

최근 몇 년 동안 우리는 강연과 대학 강좌에서 언제나 거듭해서 비판적 질문과 중요한 자극을 받았다. 이는 우리의 생각을 견고히 하는 데 이바지했지만, 말할 것도 없이 의심의 씨앗도 뿌렸다. 왜냐하면 우리에게는 이 책에서 우리가 그 모든 것을 고려할 수 없다는 게 분명해졌기 때문이다. 최근에 결성된 I.L.A. 21세기 작업장(Imperiale Lebensweise und Ausbeutungsstrukturen im 21. Jahrhundert-Werkstatt)은 흥미로운 포럼이다. 거기서 학자와 정치적 활동가 집단이 '제국적 생산 양식과 생활양식' 및 '21세기의 착취 구조'에 몰두하고 있다. 우리는 기쁘게도 그곳에서 우리의 성찰 가운데 몇 가지를 토론에 부칠 수 있는 기회를 가졌다.

우리는 초고의 개별 부분에 대한 중요하고도 대단히 고무적인 논평을 군둘라 루트비히, 토비아스 보스, 알리나 브라트, 루츠 브랑슈, 미하엘 브리, 아리아네 브렌셀, 크리스티나 디츠, 프란치스쿠스 포르스터, 다니엘 푹스, 프란치스카 쿠셰, 미리암 랑, 한나 리히텐베르거, 카트린 니데르모저, 멜라니 피흘러, 에티네 슈나이더, 이사벨라 라트후버, 앙케 샤파르칙 그리고 슈테판 슈말츠로부터 얻었다.

또한 울리히 브란트는 포츠담에 있는 진보적 지속 가능성 연구소(Institute for Advanced Sustainability Studies, IASS)와 특히 그곳의 마크 로렌스 및 세바스티안 헬겐베르거 그리고 팔크 슈미트에게 2016년 여름 학기에 방문 교수 자격으로 이 책의 작업을 진행할 수 있도록 해준 데 대해 감사드린다. IASS의 한 콜로키움에서는 이 책의 몇 가지 성찰을 발표해 참가자들, 특히 보리스 고체프, 세바스티안 헬겐베르거, 크리스틴 니콜라우스, 팔크 슈미트 같은 논평자들로부터 중요한 암시를 얻었다. 마르쿠스 비센은 시간적으로 이 책을 쓸 수 있도록 연구 학기를 허락해준 데 대해 베를린 경제법대학(Hochschule für Wirtschaft und Recht, HWR)에 감사드린다.

로우이스 아자모아, 사무엘 데커, 프란치스카 쿠셰 그리고 카를라 뇌

퍼는 기술적인 초고 작성에서 우리에게 귀중한 도움을 주었으며, 또한 사무엘 데커는 이 책의 부제에 대한 아이디어를 제공해주었다. 특히 우리는 외콤 출판사가 이 기획에 호의적으로 함께해준 데 대해 크리스토프 히르쉬에게, 그리고 탁월한 편집을 해준 데 대해 라우라 콜라우슈에게 감사드린다.

울리히 브란트와 마르쿠스 비센

2016년 12월, 빈과 베를린에서

차례

한국어판 서문

'제국적 생활양식'에 대해 논의하기

이 책의 독일어 원본이 2017년 봄에 출판되어 좀더 광범위한 대중에게 좋은 평가를 받았을 때, 독일 좌파에서는 격렬하고도 여전히 진행 중인 논쟁이 벌어지고 있었다. 극우 정당인 독일을위한대안(Alternative für Deutschland, AfD)이 선거에서 거둔 성공과 2015년 앙겔라 메르켈의 난민 정책에 대한 보수적인 비판을 배경으로 좌파는 대략 2개의 커다란 진영으로 분열되었다. 첫 번째 진영은 스스로가 사회 전체를 아우르는, 다시 말하면 모든 계급을 가로지르는 현상으로 간주한 외국인 혐오 및 인종주의와 투쟁하는 데 집중한다. 두 번째 진영은 위로부터의 강화된 계급 투쟁의 경험과 동시에 이 경험을 해방적 방식으로 표현하는 게 불가능하다는 것을 강조한다—후자는 게르하르트 슈뢰더 이후 독일사회민주당이 계급 문제를 보이지 않게 만들었다는 사실에 기인한다. 그 결과 노동 계급의 점점 더 많은 부분이 쇼비니즘과 인종주의로 기울어지는 경향을 보인다.

의도적이든 아니든 우리의 책은 이 논쟁에 개입했다. 이것은 특히 우리가 최근의 이주자와 난민의 움직임을 북반구의 제국적 생활양식이 지구 남반구에 미친 재앙적 충격을 배경으로 해서 이해했다는 사실 때문이다(Brand/Wissen 2018, 서문 참조). 더 나아가 우리는 극우파의 부상을 지금까지 제국적 생활양식에서 배제당하거나 그것의 사회적·생태학적 비용을 부담하도록 선고받은 사람들의 주장으로부터 그 제국적 생활양식을 권위주의적 방식으로 보호하기 위한 북반구의 관련 세력들의 시도라고 생각했다. 놀랄 것도 없이 우리의 책은 슈테판 레세니히(Stephan Lessenich 2019, 독일어판 2016)의 책과 마찬가지로 앞에서 언급한 독일 좌파의 '반인종주의 진영'에게는 환영받았고, '계급 정치 진영'에 의해서는 다소 회의적으로 받아들여졌다.

그리하여 데니스 에버스베르크(Dennis Eversberg 2018)는 최근의 독일 선거 결과, 특히 AfD에 대한 투표율의 증가를 분석할 때 제국적 생활양식 개념에 의지한다. 에버스베르크에 따르면 후자는 유권자 일부가 이주와 경제 위기 및 국제 정치적 무질서에 반응하는 "권위주의적 국가주의"의 약진에 기인한다. 그에 상충되는 지향은 신자유주의적 세계화로부터 이익을 얻고 따라서 경제적 국경과 인종 차별에 맞서 싸우는 사람들의 "진보적 신자유주의"다. 서로 대립함에도 불구하고 두 방향은 그 자신이 야기한 문제에 점차 직면하고 있는 제국적 생활양식에 근거해 서로 만난다. 권위주의자들이 오로지 국경을 강화하고 경제적 국가주의를 선전하는 것을 통해 이 생활양식을 방어하는 것을 목표로 삼는 데 반해, 신자유주의자들은 세계화한 시장과 기술 경쟁을 통해 그것을 현대화하려 한다. 이러한 것을 배경으로 좌파에 대한 결정적 요구는 제국적 생활양식을 극복함으로써 다중적 위기에 대처하는 전 지구적 연대의 세 번째 운동을 창출하는 데 있다.

에버스베르크의 견해뿐만 아니라 일반적으로 제국적 생활양식 개념도 다중적 위기의 계급적 내용을 강조하고 잠재적으로 하층과 중간 계급을 동원하는 관점을 정식화하려는 사람들에 의해 비판을 받아왔다. 우리의 책에 대한 광범위한 비평에서 클라우스 되레(Klaus Dörre)는 북반구와 남반구 사이의 주요하다고 여겨지는 모순과 관련해 우리가 북반구 나라들 내부에서의 (격렬해지고 있는) 사회적 긴장을 무시한다고 본다(Dörre 2018a, 2018b). 지구 북반구의 많은 사람이 물질적으로 생존하기 위해 투쟁한다는 사실을 경시하고, 특히 계급 갈등이 우리의 접근에서는 상상적이고 포괄적으로 공유하는 생활양식 배후로 사라진다는 것이다. 마찬가지로 귄터 티엔(Günter Thien)은 우리가 제국적 생활양식의 계급 차원을 기술하기는 하지만 분석적으로 입증하지는 않는다고 비판한다. 계급 모순은 오히려 그러한 생활양식을 위계화하지만, 그 구성에 대해서는 무의미한 것으로 머문다(Thien 2018, 에필로그). 그 결과 우리의 비판이 도덕적 영역에 머물러 북반구 다국적 기업의 CEO를 그의 노동자들과 동일하게 비난하고, 이들과 다른 한편의 남반구 보통 사람들 사이에 극복할 수 없는 균열을 만들어낸다는 것이다. 이와 더불어 우리가 현재의 위로부터의 신자유주의적이고 권위주의적인 계급 투쟁의 적대적인 계기와 잠재력을 경시하게 될 것(또한 Sablowski/Thien 2018 참조)이라고 한다.

비판의 두 번째 노선은 페미니즘의 것이다. 이 노선에서 아델하이트 비제커(Adelheid Biesecker)와 우타 폰 빈터펠트(Uta von Winterfeld)는 우리의 책을 그들 자신의 외부화 개념의 관점에서 논의한다(Biesecker/von Winterfeld 2014). 그들은 제국적 생활양식의 사회적·생태학적 비용을 부담해야 하는 서발턴들이 동종적인 집단이 아니라 젠더화한 집단이라고 주장한다. 제국적 생활양식은 본질적으로 대개 여성에 의해 수행되고 자본주의에서 (남성) 노동력을 상품화하기 위한 전제 조건을 창출하는 무임금 재생산 노동에 의지한다. 따라서 그것이 의거하는 타협은 젠더화한 것이고, 외부화는 언제나 자연과 여성 노동력을 분리하고 재전유하는 이중 과정이다.[1] 마찬가지로 크리스타 비히터리히(Christa Wichterich 2016)는 제국적 생활양식이 북반구와 남반구를 비대칭적인 방식으로 연결할 뿐만 아니라 국내적이고 국제적인 사회관계 사이의 복잡한 연계에 의존한다고 강조한다. 돌봄 노동은 북반구 사회 내부에서 남성과 여성 사이에 불평등하게 분배되어 있다. 임금 노동에 대한 여성의 참여가 증가하고 일상생활의 신자유주의적 유연화가 주어지면, 이러한 불평등한 분배는 돌봄 위기를 초래한다. 이에 돌봄 사슬로의 대처가 이루어지며, 그에 따라 남반구의 값싼 여성 노동력이 점점 더 북반구의 중간 계급과 상위 계급의 재생산에 관여하게 됨으로써 돌봄 위기는 외부화한다. 크리스타 비히터리히는 여기서 "돌봄 채굴주의"가 작용한다고 본다(Wichterich 2016; 3장 참조).

세 번째 비판은 우리가 남반구의 역할을 단순화한다고 가정한다. 첫째, 북반구 물질적 부의 주된 요인은 남반구 노동자와 자연에 대한 착취가 아니라 비교적 더 높은 생산성, (산업) 생산 체계의 구조 그리고 북반구 자체의 노동자 착취에 기인한 각각의 잉여가치 생산이라고 주장한다(Sablowski 2018). 우리가 대체로 남반구의 자연과 인간에 대한 착취의 역할을 과대평가한다는 것이다. 그리고 게르트 쇼펜게르트(Gerd Schoppengerd 2017)가 주장하듯 우리가 북반구와 남반구 지배 계급의 조직을 국제적인 차원에서뿐만 아니라 각각의 국가적 차원에서도 과소평가한다는 것이다. 더 나아가 우리가 남반구 나라들 사이의 차이와 빈곤에 대항한 투쟁에서의 엄청난 진보뿐만 아니라 오랜 제국적 중심의 국제적 권력에 대한 문제 제기도 인식하지 못한다고 말한다. 물론 이런 주장은 중국을 사례로, 그러나 또한 대체로 2003~2014년에 일어난 자원 호황 동안의 라틴아메리카 나라들을 사례로 이루어졌다. 마지막으로 포스트 식민주의와 탈식민주의적 이론과 비판의 더 강력한 수용이 우리로 하여금 이주자와 난민의 역할, 북반구 나라에서 그들에 관한 담론과 그들에 의한 행동 그리고 남반구의 포스트 식민주의적 사회에서 권력과 지배의 서로 다른 관계를 더 잘 이해할 수 있도록 도와줄 것이라고 주장한다. '제국적 생활양식' 같은 개념은 남반구 나라들에서 비판적 지식의 적절한 생산과 더불어 표현되어야만 한다는 것이다.[2] 넷째, 여러 대안과 우리가 '연대적 생활양식의 윤곽'이라고 부르는 것과 관련해 우리는 우리의 논증이 너무 광범위하고, 초점을 결여하고 있으며, 근본적 사회 변화를 위해 필요하다고 여겨지는 사회적·정치적 적대 관계의 구성을 위한 근거를 준비하지 못한다고 비판받아왔다(Stamer/Mayer 2017, Bell/Schäfer 2018). 한스 티(Hans Thie 2017)는 우리 책에서 재생산된다고 여겨지는 해방적 사고와 전략의 결정적 약점을 바라본다. "대립물의 정치경제학", 다시 말하면 다른 사람을 희생시키지 않는 실행 가능하고 생태학적이며 사회적으로 매력적인 생산양식과 그 생활양식의 정식화 그리고 이를 위한 투쟁이 없다는 것이다(또한 Fleissner 2017도 참조).

물론 우리는 이러한 비판에 매우 감사하고 이 책이 그처럼 좋게 받아들여져 많은 논쟁을 불러일으켰다는 것에 만족한다. 분명히 우리는 현재 상황을 비판적 관점에서 어떻게 이해해야 하는지와 관련한 논쟁에서 몇 가지를 주장했다. 그리고 우리는 해방적인 사회적·정치적 프로젝트와 관련 전략에 대해 지극히 중요함에도 불구하고 좌파가 보통 고려하지 않거나 불충분하게 고려하는 몇 가지 측면에 빛을 비췄다고 생각한다. 클라우스 되레(Klaus Dörre 2018a: 11)는 이 책이 지속 (불)가능성에 관한 논의를 지배하는 개인과 집단적 행위자에게 널리 퍼져 있는 무력감에 설득력 있게 반격을 가한다고 썼다. 물론 우리 책에 대한 반응과 비판은 우리로 하여금 우리의 주장을 날카롭게 하고 좀더 발전시키도록 하는 격려였다.

그리하여 우리는 제국적 생활양식의 재생산과 위기가 지니는 계급과 사회적 재생산의 중요성과 이것들과 환경 문제 사이의 구성적 관계의 중요성을 해명하고자 시도했다. 우리는 제국적 생활양식이 매우 모순적인 효과를 지니며, 하나의 효과로서 그것은 북반구 노동자들을 남반구 노동자들로부터 분리한다는 우리의 주장을 강조할 것이다. 포디즘 이후 전자의 착취는 후자의 착취에 의해 완화되었다. 다시 말하면 북반구 노동 계급의 재생산은 북반구 자체 내 계급 투쟁의 제도화한 타협뿐만 아니라, 전 지구적 차원에서 자연과 노동력에 접근해 생산과 소비의 자원 및 에너지 집약적인 패턴의 사회적·생태학적 비용을 외부화할 수 있는 가능성, 즉 제국주의 세계 질서에 의해 보호되어온 가능성으로부터도 이익을 얻어왔다. 이는 노동 계급을 비난하거나 단순한 도덕적 형식의 비판으로 달아나는 것과는 거리가 멀다. 오히려 북반구 노동자들이 구조적으로, 다시 말하면 자기 자신의 노동력 이외에 달리 팔 것을 갖지 못한 그들 자신의 종속적 지위에 의해 제국적 생활양식에 포함되는 메커니즘을 이해하는 것에 관한 것이다. 북반구 노동자들의 제국적 생활양식으로의 통합은 언제나 종속적인 것이었다. 제국적 생활양식의 평등화하는 효과는 언제나 위계화하는 효과에 의해 대체되었다. 그리고 최근에는 후자가 전경으로 이동해왔다.

우리는 우리 개념의 계급적 내용을 논의하고 돌봄 노동을 좀더 체계적으로 고려하며 연대적 생활양식의 해방적 관점을 좀더 구체화하는 최근 논문(Wissen/Brand 2019)에서 이 점을 상세히 기술했다. 여기서 우리는 둘 다 스테파니아 바르카와 에마누엘레 레오나르디(Stefania Barca/Emanuele Leonardi 2018)에 의한 노동 계급 환경주의 개념과 로자 룩셈부르크 재단의 비판적 사회분석연구소가 개시한 새로운 계급 정치에 관한 논의에 의지한다.[3] 우리의 주장은 환경 위기와 경제 위기 그리고 (자동차 산업 같은) 북반구의 핵심 부문에서조차 악화하는 노동 조건이 제국적 생활양식이라는 약속이 남반구 대부분의 사람뿐만 아니라 북반구 자체의 증가하는 노동자들에 대해서도 점점 더 실현될 수 없는 것으로 보이는 상황을 가리킨다는 것이다. 미래의 일자리와 부는—권위주의적 해결책을 배제한다면—더 이상 환경 파괴가 아니라 바로 환경 보호에 의존할 수 있을 것이다. 이는 제국적 생활양식의 극복을 목표로 하는 사회적·생태학적 전환에 대한 새로운 관점의 가능성과 여기에 노동자와 노조가 적극 참여할 수 있는 가능성을 창출할 것이다. 그러한 노동 계급 환경주의의 결정적 구성 요소는 임금 노동과 생태학 사이의 유기적 연계를 강화하는 것뿐만 아니라 생산을 사용 가치 및 사람과 사회의 재생산 필요를 위해 재편성함으로써 사회적 재생산과 돌봄 노동 중심 무대를 정립하는 것이다.[4] 더 나아가 우리는 또한 '반인종주의' 진영이 종종 계급적 관점을 지닌다는 것을 잊어서는 안 된다. 그러나 이것은 오히려 국제(주의)적이며 국가적 차원과 거기서의 타협과 투쟁에 그다지 초점을 맞추지 않는다.

우리의 남반구 사회들에 대한 이해, 즉 그들의 세계 시장 통합 형태와 북반구에서뿐만 아니라 남반구에서의 제국적 생활양식의 역할과 관련한 주장에 대답하며 우리는 우리의 접근이 실제로 자본주의 중심부에서 다소 헤게모니적인 일상생활의 전 지구적 차원과 남반구의 많은 사람들 사이에서 그것이 지닌 끊임없는 매력을 조명하고 싶어 한다는 점을 강조하고자 한다. 더 나아가 우리는 그것의 재앙적인 사회경제적, 정치적, 생태학적 함의에 빛을 비추기를 원한다. 이를 통해 우리는 북반구 자본주의가 북반구 내부의 인간과 자연의 착취에 크게 의존한다는 점을 부인하는 게 아니라 아주 명확히 한다. 그 메커니즘은 외부화(도시–농촌의 분할을 생각해보라), 눈에 띄는 소비를 통한 사회적 위계화, 행동의 범위를 확장하는 동시에 그것을 속박하는 제국적 생활양식의 모순적 성격이다. 이는 또한 남반구의 점점 더 늘어나는 사회들에도 적용된다. 그들은 국경 너머의, 즉 다른 남반구 나라들의 자연과 노동력에 접근함으로써 특히 예를 들어 BRICS와 남반구의 덜 발전한 나라들 사이의 하위 제국적 관계의 형태로 남반구의 점증하는 차별화를 위한 길을 닦는 데 의존하게 되는 것만이 아니다(Bond 2019). 그들은 또한 자신의 북반구 대응자의 소비 패턴을 모방하는 중간 및 상위 계급과 자본주의적인 땅 차지하기(Landnahme, 전유)에 때맞춘 노동력의 강화된 착취를 지닌 복잡한 계급 관계의 출현에 의해 특징지어진다.

우리의 관점은 또한 우리가 남반구의 많은 나라, 특히 중국과 그 밖에 다른 많은 나라, 즉 주로 아시아와 라틴아메리카 나라들과 특히 2003/2004년을 전후해 시작된 자원 수출국들의 최근 경제 성장과 발전에 갈채를 보내지 않을 때 좌파 정치경제학자들 사이에서 불편함을 야기하는 것처럼 보인다. 우리의 주장은 남반구 나라들의 자본주의적 성장이 많은 사람, 특히 엘리트들의 생활 조건을 개선한다는 것이다. 이 엘리트들은 우리가 라틴아메리카에서 실제로 관찰할 수 있듯 위기의 시기에 어떤 대가를 치르더라도 그리고 중간 계급 일부의 지원을 받는 권위주의적 수단을 가지고 자신의 입장을 옹호한다. 양적 개선과 성장률에 초점을 맞추는 것은 우리에게는 오히려 자본주의 조건하에서의 '경제 기적'이—모든 진보와 잠재적 분배 정책에도 불구하고—보통 사람들과 자연의 희생을 대가로 일어난다는 것을 부인하는 '톤 이데올로기(ton ideology)'로 보인다.

많은 비판적 정치경제학 논문에서 여전히 과소평가하는 것처럼 보이는 것은 남북 관계가 가치의 생산과 이전뿐만 아니라 돈과 가치에 반드시 반영되지는 않는 생물리학적 쟁점에 관한 것이기도 하다는 점이다. 알프 호른보르크(Alf Hornborg)가 말했듯 전 지구적 지배의 결정적 요소는 "생태학적 시간과 공간의 전유"에서 북반구 사회를 특권화하는 경향이 있는 생태학적으로 불평등한 교환이다(Hornborg 2010). 이는 경제적 가치 및 잉여 노동과 관련이 있지만 또한 폭력, 강탈, 인종주의 및 생태학적 황폐화와 관련된 것이기도 하다. 북반구의 더 높은 경제적 '생산성'과 잉여 가치는 이러한 것을 배경으로 이해해야 한다. 가치와 생물리학적 부(富)의 이전 메커니즘이 어떻게 기능하고 그것이 다른 나라에서의 가치 및 부의 생산과 어떻게 연결되는지, 그리고 어떤 행위자와 메커니즘뿐만 아니라 어떤 권력 관계가 결정적으로 포함되어 있는지 더 잘 이해하는 것은 한층 진전된 연구를 위해 흥미로울 것이다.

결국 제국적 생활양식은 모든 공간적이고 사회적인 수준에서, 즉 몸과 마음과 일상적 행위로부터 지역과 국가적으로 조직된 사회를 거쳐 전 지구적 상호 작용을 가능케 하는 대체로 비가시적이고 비가시화한 구조에 이르는 수준에서—무수히 많은 전략과 실천 및 의도하지 않은 결과를 통해—재생산되는 권력과 지배의 전 지구적 상황을 더 잘 이해하려고 시도한다. 그리고 이는 또한 생물리학적인 물질의 엄청난 이전을 함축하는 대체로 파괴적인 사회적 자연 관계를 재생산한다. 이것은 지역과 나라들 내에서뿐만 아니라 전 지구적 규모에서도 발생한다—아울러 그것이 동시에 재생산하는 지배 관계에 의해 구성된다.

사회적·정치적 대안과 관련해 우리는 우리가 사회적·생태학적 전환을 촉진하기 위한 명쾌한 경로를 제시하지 못한다는 점을 알고 있다. 여기에는 단순한 이유가 있다. 그러한 경로는 적어도 현재는 존재하지 않는 것이다. 명확해 보이는 대안을 제시하는 데 따른 위험은 그것이 다중적 위기의 다양한 원인, 권력과 지배의 구조적이고 일상적인 메커니즘 그리고 동시에 이미 존재하는 광범위하게 다양한 대안을 숨기는 경향이 있다는 것이다. 전환이란 거대한 정치와 집단적 행위자의 행동을 의미하지만, 또한 '정치', 즉 사회적 (재)생산(과 그것의 국제적 배태성), 사회적 분업이나 물질적이고 정신적인 하부 구조를 조직하는 문제에 대한 참된 이해를 함의한다. 자유의 문제는 해방적 전략과 프로젝트에 극도로 중요하다. 안드레아스 노비(Andreas Novy)는 제국주의적 생활양식이 많은 사람에게 물질적 복지와 함께 갈 뿐만 아니라 또한 그것의 매력이 개인의 자유권과 "경쟁에 기초한 사회에서 자결적 생활양식"(Novy 2018: 54, Klauke 2017도 참조)을 가능케 하거나 적어도 약속하는 데 놓여 있다는 점을, 다시 말하면 후견주의로부터의 자유와 자기 자신의 삶의 행위에서의 개성과 자율의 약속에 놓여 있다는 점을 강조한다. 동시에 제국적 생활양식은 인권에 기초한 평등의 보편적 규범과 단절하고, 자기 자신의 삶과 소비 행위 안에 방해받지 않고 머무는 개인의 자유를 나타낸다. 이러한 측면은 사회 구조와 일상적 실천 및 관행에 초점을 맞추는 우리의 작업에서 아직 탐구되지 않고 있다. 현재 칼 폴라니(Karl Polanyi)를 비판적 논쟁에 다시 끌어들이는 것은 대체로 좌파에 대한 이러한 도전과 관련이 있다. 무책임성의 체계적 생산으로 특징지어지는 사회에서 책임 있게 행위하고 살아간다는 것은 무엇을 의미하는가?(Brie 2015) 그렇다면 중요한 정치적 물음은 다른 사람들을 희생시켜 살아가지 않고서 어떻게 비(非)순응주의와 개성을 확보할 것인가 하는 것이다(Novy 2018).

이 책은 근본적 대안을 위한 투쟁과 탐구에 대한 기여로서, 즉 왜 전환이 절대적으로 필요하지만 전략을 역사적 경험과 현재의 경험에 비추어 잘 생각해야 하는지를 이해하기 위한 분석적·정치적 배경으로서 읽어야 한다.

우리는 반(反)헤게모니적 프로젝트가 여러 분야와 다양한 규모로 정식화하고 전개될 필요가 있다고 주장함으로써 혁명적 현실 정치(로자 룩셈부르크)와 급진적 개혁주의(요아힘 히르쉬)의 전통에서 우리 자신을 바라본다. 우리는 명시적인 정치적·사회적 투쟁 이외에 급진적 변화를 위한 하나의 피할 수 없는 입구가 사람들의 모순적인 일상적 의식이라고 주장할 것이다. 아주 종종 이것은 결국 중요해질 수도 있는 돋보이지 않는 변화로 이어지며, 사회적·정치적으로 사회 운동이나 기존 조직 내에서 표현될 수도 있다. 급진적 변화는 기존의 정치적·경제적 제도로부터 가장 먼저 출현하는 것이 아니라 현 상황으로부터 이익을 얻고 그것을 방어하는 사람들에 대항해 해방적 행위자들에 의해 수행 및 획득된 다양한 갈등을 통해 등장한다. 그리하여 우리는 우리의 책과 우리가 비판에서 얻은 영감에 기초한 우리 주장의 더 나아간 발전이 또한 우리가 처음에 언급한 좌파의 두 진영 사이에 다리를 놓는 데 기여하기를 희망한다.

우리는 이 책의 독일어판이 출판된 후 우리의 주장을 비판하고 발전시키는 데 관여한 모든 분, 즉 비평가, 인터뷰어, 토론자, 우리에게 자신의 의견을 메일로 보내준 분들에게 감사드린다. 키토의 안데스 대학의 미리엄 랭, 베이징 대학의 후안 칭지, 파리에서 '인류세'에 관한 회의를 조직한 슈테판 아이쿠트와 크리스토프 보뇌이, 멕시코 프리드리히 에버트 재단의 크리스티안 덴진, 푸에블라 대학의 존 홀로웨이, 부에노스아이레스의 라틴아메리카 사회과학대학의 알레한드로 펠피니, 콘셉시온 대학의 호르헤 로하스와 메델린 대학의 아론 타우스 같은 국제적인 동료들은 우리에게 그 개념을 제시하고 토론할 기회를 주었다.

우리는 둘 다 프리드리히 실러 예나 대학의 '성장 이후 사회에 관한 연구 집단'의 동료가 된 데서 큰 이익을 얻었다. 이 집단에 의해 창출된 지적으로 매우 생산적인 분위기는 우리에게 우리의 아이디어를 더욱 발전시킬 수 있는 가능성을 제공하는 동시에 우리의 주장을 날카롭게 다듬어야 한다는 도전을 우리에게 제기했다. 마지막으로 적지 않게 우리의 일을 주도하고 지원을 아끼지 않은 홍순철과 책을 옮겨준 이신철에게도 감사드린다.

주

1. 우타 폰 빈터펠트와 아델하이트 비제커가 저자들에게 보낸 개인적 서신.
2. 기센 대학의 엔카르나시온 구티에레즈 로드리게스(Encarnación Gutiérrez Rodríguez), 카셀 대학의 다니엘 벤딕스(Daniel Bendix) 같은 포스트 식민주의 학자들은 우리와의 토론에서 이 점을 지적했다. 물론 이 책의 영어판 출간과 함께 우리는 더 많은 피드백을 기대한다.
3. LuXemburg Special "New Class Politics", https://www.zeitschrift-luxemburg.de/luxemburg-special-new-class-politics/ 참조.
4. '삶의 웹에서의 노동(labour in the web of life)'에 관한 Globalizations 4(15), 2018의 특집호도 참조.

참고문헌

Barca, Stefania/Leonardi, Emanuele (2018): Working-class ecology and union politics: a conceptual topology, in: Globalizations 15(4), 487-503.

Bell, Hans Günter/Schäfer, Paul (2018): Imperiale Lebensweise: Kritische Anmerkungen und Debattenvorschläge, in: Sozialistisches Forum Rheinland. Schriftenreihe, https://sf-rheinland.de/wp-content/uploads/2018/12/Imperiale-Lebensweise.pdf.

Biesecker, A./von Winterfeld, U. (2014): Extern? Weshalb und inwiefern moderne Gesellschaften Externalisierung brauchen und erzeugen. Working Paper der DFG-KollegforscherInnengruppe Postwachstumsgesellschaften, Nr. 02/2014. Jena, Friedrich-Schiller-Universität, http://www.kolleg-postwachstum.de/sozwgmedia/dokumente/WorkingPaper/wp2_2014.pdf.

Bond, Patrick (2019): Luxemburg's Critique of Capital Accumulation, Reapplied in Africa, in: Austrian Journal of Development Studies 35(1), 92-117.

Boris, Dieter (2017): Imperiale Lebensweise? Ein Kommentar, in: Sozialismus (7-8): 63-65.

Brie, Michael (2015): Polanyi neu entdecken. Das hellblaue Bändchen zu einem möglichen Dialog von Nancy Fraser und Karl Polanyi, Hamburg: VSA.

Dörre, Klaus (2018a): Imperiale Lebensweise—eine hoffentlich konstruktive Kritik. Teil 1: These und Gegenthese, in: Sozialismus (6), 10-13.

Dörre, Klaus (2018b): Imperiale Lebensweise—eine hoffentlich konstruktive Kritik. Teil 2: Uneingelöste Ansprüche und theoretische Schwierigkeiten, in: Sozialismus (7/8), 65-71.

Eversberg, Dennis (2018): Innerimperiale Kämpfe. Drei Thesen zum Verhältnis zwischen autoritärem Nationalismus und imperialer Lebensweise, in: PROKLA 48(1), 43-53.

Fleissner, Peter (2017): Imperiale Lebensweise oder: Müssen wir aufs Auto verzichten?, in: Volksstimme, June 2017, 50-53.

Hornborg, Alf (2010): Uneven development as a result of the unequal exchange of time and space: Some conceptual issues, in: Journal für Entwicklungspolitik, 26(4), 36-56.

Klauke, Sebastian (2017): Review of the book "Imperiale Lebensweise", in: theoriekritik.org, 27 July 2017; http://www.theoriekritik.ch/?p=3428.

Novy, Andreas (2018): Kritik der westlichen Lebensweise. In: Luks, Fred (Hg.): Chancen und Grenzen der Nachhaltigkeitstransformation. Ökonomische und soziologische Perspektiven. Wiesbaden: Springer Gabler, 43-57.

Sablowski, Thomas (2018): Warum die imperiale Lebensweise die Klassenfrage ausblenden muss, in: LuXemburg (Mai 2018).

Sablowski, Thomas/Thien, Günter (2018): Die AfD, die ArbeiterInnenklasse und die Linke—kein Problem?, in: PROKLA 48(1), S. 55-71.

Schoppengerd, Stefan (2017): Und man sieht nur die im Lichte—Ulrich Brand und Markus Wissen leuchten die Schattenseite der "imperialen Lebensweise" aus, in: express—Zeitschrift für sozialistische Betriebs- und Gewerkschaftsarbeit, 8/2017, S. 16.

Stamer, Günther/Mayer, Leo (2017): Leben wie Trump in "America"? Aktuelle Bücher hinterfragen die "imperiale Lebensweise", http://kommunisten.de/

ueber-joomla/lieratur-und-kunst/6797-leben-wie-trump-in-qamericaq-aktuelle-buecher-hinterfragen-die-qimperiale-lebensweiseq.

Thie, Hans (2017): Ändere das Leben. Wer Umwelt sagt, muss auch Ökonomie sagen. Zum Buch "Imperiale Lebensweise", in: Der Freitag, 14 July 2017, https://www.freitag.de/autoren/der-freitag/aendere-das-leben.

Thien, Günter (2018): Die verlorene Klasse—ArbeiterInnen in Deutschland, Münster: Westfälisches Dampfboot.

Wichterich, C. (2016): Feministische internationale politische Ökonomie und Sorgeextraktivismus. In: Brand, Ulrich/Schwenken, Helen/Wullweber, Joscha (Hg.): Globalisierung analysieren, kritisieren und verändern. Das Projekt Kritische Wissenschaft. Hamburg: 54-71.

Wissen, Markus/Brand, Ulrich (2019): Working-class environmentalism und sozial-ökologische Transformation. Widersprüche der imperialen Lebensweise, in: WSI Mitteilungen 72(1), 39-47.

1

생활양식의 한계에서

우리가 우리의 삶과 우리의 재생산을 타인의 고통 위에 세우고 우리를 그들로부터 분리된 것으로서 지각하기를 거부하지 않는 한 그 어떠한 공동의 것도 가능하지 않다.

―실비아 페데리치[1]

책을 쓰게 된 동기

1994년 2월, 〈애틀랜틱 먼슬리〉에 미국 언론인 로버트 캐플런(Robert D. Kaplan)의 〈다가오는 아나키〉라는 제목의 글이 실렸다.[2] 거기서 저자는 서아프리카의 예를 들며 이른바 저개발 세계의 정치적·사회적 발전을 다루면서 그것의 지극히 어두운 이미지를 그려 보인다. 이 이미지의 효과는 그 기고문을 뒷받침하는 남반구 메가시티의 혼잡한 도로와 빈민가, 소년 병사, 오염된 강과 내전 장면의 극적이고 암시적인 사진들에 의해 더욱 강화된다. 메시지는 명확하다. 지구 북반구가 냉전의 종식과 함께 지구 남반구에 대한 관심을 잃은 후, 남반구는 혼돈에 빠질 위험에 처해 있다는 것이다. 그곳은 폭력, 국가 붕괴, 전염병, '과잉 인구' 및 생태학적 파괴의 장소다.

그 당시 기고문의 의도는 사람들의 고통을 보여주거나 북반구의 풍요와 남반구의 분쟁 간 연관성을 추적하는 것이 아니었다. 캐플런에게 문제되는 것은 오히려 국민국가들 사이의 손쉽게 개관할 수 있는 경쟁이 아나키적인 다수의 '문화적'이고 종교적인 동기를 지닌 분쟁들로 대체되는 세계 질서를 묘사하는 것이었다. 그에 더해 저자는 남반구 아나키의 확산 및 북반구 자체의 문화적으로 이질적인 사회들에 놓여 있는 긴장에서 비롯된 북반구의 국민국가적 질서의 위협에 대해서도 경고하려 했다.

여기서 캐플런은 점점 더해가는 자원 부족과 환경 파괴의 형태를 취하는 생태학적 문제 차원에 특별한 의미를 부여한다. "'환경'을 본래적인 바로 그것, 즉 21세기 초의 국가 안보 문제로서 파악해야 할 때다. 나일강 삼각주나 방글라데시 같은 위험한 인구 과밀 지역의 인구 증가, 질병 확산, 삼림 벌채, 토양 침식, 수자원 고갈, 대기 오염 및 해수면의 상승 가능성, 즉 대규모 이주로 이어지고 역으로 집단 분쟁을 부추길 발전의 정치적·전략적 결과는 결국 그로부터 다른 모든 도전이 나타나게 될 핵심적인 외교 정책상의 도전을 드러낸다."[3]

캐플런의 글이 발표되고 약 20년 후 유럽 정치인들은 생존의 어려움이나 더 나은 삶에 대한 욕구에 떠밀려 유럽연합(EU)에 정착하려는 사람들에 대한 위협과 봉쇄를 전력을 기울여 제안하며 구체적 조치를 취하고 있다. 국제적으로 비교해서 관리 가능한 수의 난민을 거부하는 것[4]이 국가 안보 문제로 의미를 부여받고 울타리가 세워졌으며, '운명 공동체'를 소환하고 '상한선'이 요구되었다. 깊은 이해관계 대립에 의해 분열된 유럽의 정치 엘리트들은 캐플런이 상상한 국민국가적—이 경우에는 또한 초국가적이기도 한—질서에 대한 위협에 한 마음으로 전력을 기울여 맞서기 위해 난민들에게서 본보기를 확립하려고 노력하는 데서 서로 접근하는 것처럼 보인다.

그와 더불어 2016년 상황에서는 1994년 캐플런의 진단을 연상케 하는 두 번째 것도 나타난다. 거부당하거나 또는 거부당할 사람들 가운데 다수가 생태학적 이유 때문에도 도피하는 것처럼 보이는 것이다. 왜냐하면 기온 상승이나 농업과 광업에서 부족해지는 자원을 둘러싼 분쟁은 그들에게서 궁핍과 폭력으로부터 자유로운 삶을 누릴 가능성을 빼앗기 때문이다. 시리아 내전도 이 이야기에 포함되는데, 물론 그 이유는 그 내전에 사회적 분쟁 잠재력을 증대시킨 오랜 가뭄이 선행했기 때문이다.[5]

따라서 캐플런의 대재앙 시나리오는 2016년에 확증된 것으로 보인다. 그리고 이뿐만이 아니다. 그것은 유럽의 봉쇄 정책에 곧바로 정당한 이유를 제공한다. 만약 '환경'이 국가 안보 문제라면, 그리고 '환경'이 특히 나쁘게 작용하는 곳이 어쨌든 남반구라면, 게다가 이 남반구가 국민국가적 특징 아래서 정치 안정과 경제 발전의 모든 전망을 생각할 수 없는 그러한 혼돈에 빠진다면, 북반구는 분명 자기의 문명적 성과를 방어하는 데 집중해야만 할 것이다. 그리고 바로 이러한 좀더 고차원적인 목적을 위해서는 남반구에서 유입되는 사람들을 멀리 떼어놓아야 한다.

문제는 다만 캐플런의 진단뿐만 아니라 오늘날의 난민 정책도 그 정당성 또는 신뢰성을 바로 두 가지 결정적인 연관성에 대한 침묵으로부터 이끌어낸다는 점이다. 첫째, 사람들은 단순히 자연 자원의 '부족'과 '기후변화'에 의해 내쫓기고 있는 것이 아니다. 그 대신 자원을 부족하게 만들고 기후 변화를 많은 사람에게 생존의 위협으로 만드는 것은 토지와 물 그리고 생산 수단에 대한 불평등한 접근 같은 불공정한 사회관계다. 둘째, 이런 관계는 우리가 직접적 인상에서 벗어나고 관련 지역의 경계를 넘어서 전 지구적 맥락에 눈길을 돌릴 때에만 파악할 수 있다. 요컨대 그 때에야 비로소 생태학적 위기와 폭력적으로 진행되는 분쟁을 그 모든 복잡성이란 측면에서 이해할 수 있을 것이라는 얘기다.

가령 콩고의 이른바 적대적인 '종족' 분쟁 배후에는 휴대전화나 노트북 생산에 쓰이는 콜탄(Coltan) 광석에 대한 북반구의 수요가 있다. 세계 많은 지역에서 물 분쟁은 기후 변화 과정에서 늘어나는 가뭄의 불가피한 결과로 보인다. 아울러 이러한 물 분쟁은 북반구의 농업 관련 기업들에 의해 남반구의 지역 및 국가 엘리트의 이해관계와 일치되어 가속화하는 소농 생산 양식 파괴의 결과로 이해할 수 있다. 그리고 인정할 만한 탈주 이유가 없는 까닭에 종종 '불법적'이라고 낙인찍히는 아프리카 소농들의 유럽 이주 원인 가운데 하나는 많은 보조금을 받는 농산물을 아프리카로 수출함으로써 그곳의 시장과 소득 기회를 파괴하는 유럽연합의 농업 및 대외무역 정책이다.[6]

이러한 관점에서 캐플런의 분석이 신뢰성을 잃어버리는 것과 꼭 마찬가지로 유럽연합의 정책도 정당성을 상실한다. 유럽연합의 정책은 다른 사람들의 희생 위에 이뤄진 복지를 바로 그 다른 사람들이 자기 몫을 요구하는 데 맞서 방어하려는 시도로 파악할 수 있다. 그런 면에서 이는 전 세계적으로 자연과 노동력을 이용하고 거기서 생겨나는 사회적·생태학적 비용을 외부화하는 데 기반하는 생활양식의 논리적 귀결이다. 그런 외부화는 북반구를 위한 소비재 생산 과정에서 배출되고 남반구의 생태계에 흡수되는 (또는 대기 중에 집중되는) 이산화탄소의 형태로, 북반구의 디지털화와 '4차 산업혁명'의 불가결한 전제인 남반구에서 생산하는 금속 원료의 형태로, 또는 광물과 금속을 추출하고 폐전자제품을 재활용하며 북반구에서 소비하는 '열대 과일'을 생산하는 농약으로 오염된 플랜테이션에서 뼈 빠지게 일함으로써 자신의 건강과 생명을 위험에 빠뜨리는 남반구의 노동력 형태로 이루어진다.

책의 의도

우리는 이와 같은 전제에 기반하고 언제나 생산 양식도 함께 포함하는 생활양식을 제국적이라고 부른다. 이 개념을 가지고 우리는 첫째, 북반구 사람들 및 점점 더 많아지는 남반구 사람들의 생산과 소비 같은 일상을 가능케 하지만 대체로 의식적 지각이나 특히 비판적 반성의 문턱을 넘어서지 못하는 것을 가시화하고자 한다. 우리에게 문제 되는 것은 정상 상태가 어떻게 그 근저에 놓여 있는 파괴를 드러내지 않고 형성되는가 하는 점이다. 다시 말하면, 이 책의 주제는 인간과 자연에 대한 지배를 산출하고 지속시키는 일상적 실천과 그 근저에 놓여 있는 사회적이고 국제적인 세력 관계다.

둘째, 우리는 너무도 다양한 영역(사회적 재생산, 생태계, 경제, 금융, 지정학, 유럽 통합, 민주주의 등등)에서 문제와 위기가 축적되고 첨예화하고 중첩되는 시기에 어떻게 그리고 왜 정상 상태와 같은 것이 만들어지는지 설명하려고 한다. 이와 관련해 제국적 생활양식은 우리에게 중심적인 것으로 나타난다. 여기서 문제 되는 것은 매우 다양한 위기 현상의 진원지에 자리 잡고 있는 하나의 역설이다. 제국적 생활양식은 앞에서 언급했듯 세계 많은 지역에서 기후 변화, 생태계 파괴, 사회적 양극화, 많은 사람의 빈곤화, 지역 경제의 파괴나 지정학적 긴장 같은 위기 현상을 강화하고 있지만, 그러한 현상에 대해 사람들은 몇 년 전까지 이를 냉전의 종식과 더불어 극복했다는 데서 출발했다. 더 나아가 제국적 생활양식은 이런 위기 현상을 본질적으로 함께 만들어낸다. 그러나 동시에 제국적 생활양식은 그 이익이 집중되는 곳에서 사회관계의 안정화에 기여한다. 그래서 다른 곳의 인간과 자연을 희생시켜 생산하고 바로 그런 까닭에 값싼 식품이 없었더라면, 아마도 2007년 이후의 심각한 경제 위기에 직면했을 때 북반구 하위 사회 계층의 재생산을 보장하는 게 훨씬 더 어려웠을 것이다. 물론 그렇다고 해서 이 위기에 의해 북반구에서 다시 한 번 가속화한 사회 분열을 결코 경시해서는 안 된다.

셋째, 우리는 현재의 위기와 분쟁을 제국적 생활양식의 모순성이 발현된 것으로서 파악하고자 한다. 오늘날 많은 문제가 그토록 위기적으로 첨예화한 것은 현재 승리를 쟁취한 제국적 생활양식이 사망 시점에 있다는 사실로도 환원할 수 있다. 제국적 생활양식은 그 본질에 따르면 전 지구적 차원에서 자연과 노동력에 대한, 다시 말하면 '외부'에 대한 과도한 접근 가능성을 내포한다. 그러므로 제국적 생활양식은 다른 사람들이 자기의 적절한 몫을 포기하는 것을 전제한다. 그러나 이 다른 사람들이 그렇게 할 준비가 되어 있지 않거나 그들 자신이 외부로 손을 뻗어 자기 비용을 이 외부로 옮기는 데 더 많이 의존하면 할수록, 그만큼 더 빨리 제국적 생활양식은 존재 기반이 사라진다.

바로 현재 상황이 정확히 그렇다. 중국, 인도, 브라질 같은 신흥 경제국이 자본주의적으로 발전하고 그곳의 중간 계급과 상위 계급이 '북반구의' 좋은 삶의 관념과 실천을 자기 것으로 삼는 바로 그만큼 그들의 자원 수요와 가령 이산화탄소의 형태로 비용을 외부화할 필요가 증대된다. 그에 따라 그들은 경제적 측면에서뿐만 아니라 생태학적 측면에서도 북반구의 경쟁자로 떠오른다. 그 결과는 가령 전 지구적 기후 정치와 에너지 정치에서 나타나는 것과 같은 생태 제국적 긴장이다. 여기에 더해 남반구 사람들은 점점 더 북반구의 제국적 생활양식에 의해 그들의 삶이 망가지는 것을 원치 않는다. 현재의 탈주와 이주 움직임은 이러한 배경도 고려해 파악해야 한다. 또한 그런 움직임에서는 제국적 생활양식이 지금까지 거기에 참여할 수 없었던 사람들에게 행사하는 약화되지 않는 매력이 드러난다. 난민은 제국적 생활양식이라는 조건하에서 다른 곳이 아닌 바로 자본주의 중심부에서 실현할 수 있는 안전과 더 좋은 삶을 추구한다.

이것은 또한 자원 분쟁이나 난민에 대한 봉쇄의 형태로 나타나는 제국적 생활양식의 억압적이고 폭력적인 측면이 왜 바로 오늘날 그토록 분명하게 드러나는지도 설명해준다. 제국적 생활양식은 배타성에 기반하며, 자기 비용을 전가할 수 있는 외부를 지니는 동안에만 유지될 수 있다. 그렇지만 이 외부는 사라진다. 왜냐하면 점점 더 많은 경제가 거기에 손을 뻗치고, 점점 더 적은 사람만이 외부화 과정의 비용을 기꺼이 부담하려 하거나 그럴 수 있기 때문이다. 그에 따라 제국적 생활양식은 그 자신의 매력과 보편화의 희생물이 된다.

그렇다면 자본주의 중심부에는 봉쇄와 배제를 통해 그 생활양식을 배타적으로 안정화시키려는 시도가 남을 뿐이다. 따라서 이러한 정책을 집행하는 일반적으로 '부르주아적 중도파'라고도 부르는 세력은 자신이 스스로 반대편으로 파악하는 바로 그것, 즉 권위주의적이고 인종주의적이며 국가주의적인 열망을 끄집어낸다. 이런 열망은 현재 어디에서나 강화되고 있는데, 이러한 사실은 제국적 생활양식이 위기에서 그 정상적인 작동의 기초에 언제나 이미 놓여 있는 저 배타성의 좀더 일관적인 이유에 본래적인 보증자로서 기획될 수 있다는 점에도 기인한다. 그리고 그것은 자기의 '부르주아적' 경쟁자들과 달리 자기 유권자에게 그들을 하위 지위에 고정시킴과 동시에 그들을 포스트 민주주의적인 수동화로부터 해방시키는 제안을 할 수 있다. 노라 레첼(Nora Räthzel)은 이러한 메커니즘을 1990년대 초 독일에서 분명히 표현되었던 인종주의와 관련해 적절하게도 "반항적 자기 굴복"이라고 표현한 바 있다. 여기서는 행위자 "스스로가 내맡겨져 있는 상황에서 자기를 행위자로서 구성하는" 것이 가능해진다.[7]

이러한 진단이 옳다면 넷째, 대안에 대한 요구는 생태학 논쟁의 주류에서 이루어지는 것보다 더 철저하게 정식화되어야 할 것이다. 그 경우 "녹색 혁명"[8]이나 새로운 "사회 계약"[9]을 요구하고, 강력한 수사학에도 불구하고 문제의 정치·경제 및 제국적 생활양식을 그대로 놔두는 것으로는 더 이상 충분하지 않다. 또한 함축적으로나 명시적으로 '정치'가 과학적으로 좀더 정확하게 입증된 까닭에 거부할 수 없는 생태학적 위기라는 사실로부터 결국 올바른 결론을 끌어내리라는 데 기대는 것도 너무 근시안적이다. 그러한 안목에서는 이른바 조정 주체인 '국가'가 제국적 생활양식의 잠재적 도전자가 아니라 그것을 제도적으로 보장하는 본질적 계기라는 점을 간과한다.

그 대신 우선적 관건은 생태학적 위기를 바로 그 참된 모습으로서 인정하는 것이다. 즉 그것은 자본주의와 함께 생겨나고 마침내 보편화한 북반구의 생산 및 소비 규범이 생태학적으로 현대화한 그 변형들에서도 점점 더 많은 폭력과 생태학적 파괴 및 인간적 고통을 대가로만 유지될 수 있으며, 이마저도 세계의 작은 부분에서만 그럴 수 있다는 데 대한 분명한 경고인 것이다. 계속해서 자연의 가치화와 사회적 분열에 기대는 권위주의적 정책으로 인해 우리는 현재 유례없는 모순의 축적을 겪고 있다. 사회와 그것의 생물리학적 기초의 재생산은 자본주의적 성장 명령에 의해서는 점점 더 확보할 수 없다. 우리는 위기관리의 위기, 헤게모니와 국가 위기를 겪고 있다.

이러한 통찰로부터 출발해 곧바로 문제 되는 것은 현재 지배적 발전에 반대해 실천되는 다양한 대안의 보편화 가능성과 사회적 작용력을 증대시키는 그것들의 결합 요소에 대해 물음을 던지는 것이다. 몇 가지만 언급해 묻자면 에너지 민주주의, 식량 주권 또는 연대 경제를 위한 운동에서는 강력한 의미에서 민주주의적이고 따라서 결정의 결과와 관련된 모든 사람이 그 성립에 평등한 권리를 가지고 참여한다는 원칙에 근거하는 사회화의 윤곽이 과연 얼마나 나타나는가? 이것은 우리의 시각에서 볼 때 핵심적 질문 가운데 하나다. 왜냐하면 그것은 제국적 생활양식의 질서 원칙에 정면으로 대립하는 사회 질서 원칙을 가리키기 때문이다.

책의 구성

여기서는 이 책에서 다루어야 할 핵심 주제들의 윤곽을 제시하고자 한다.[10] 우리는 2장을 최근 '다중적 위기'로 응축되어 점점 더 권위주의적으로 다루어지는 문제를 분석하는 데서 시작한다. 거기서 눈에 띄는 것은 위기관리가 권위주의적일 뿐만 아니라 논쟁의 대상이 되고 있다는 점이다. 국민국가 내부에서, 유럽연합 수준에서, 유럽연합과 미국 간 관계 내에서, 또는 전 지구적 환경 정책 기관들 내에서는 지난 몇 년간의 경제적·정치적·생태학적 충격을 어떻게 다루어야 할 것인지를 둘러싸고 대립적인 견해가 존재한다. 도널드 트럼프의 선거 승리로 새로운 정점 내지 최저점에 이른 점증하는 권위주의도 여전히 정치 엘리트들 사이에서 확산된 불안감의 표현이라고 해석할 수 있다.[11] 헤게모니 프로젝트와 정치적 리더십을 정식화하기 위한 능력은 '부르주아 중도파'에게서는 분명히 상실되었다. 그사이 좌파 자유주의적인 정치적·학문적 스펙트럼 내에서는 다양한 위기 현상을 국민 경제의 생태학적 현대화와 함께 다룰 수 있다는 합의가 형성되었다. 그러나 이러한 발상은 지나치게 조심스러울 뿐만 아니라 우리가 제국적 생활양식에서 볼 수 있는 다중적 위기 문제의 핵심을 건드리지도 못한다.

3장에서 다루는 것은 이 문제의 핵심에 대한 좀더 정확한 개념 규정이다. 우리는 '제국적 생활양식'을 사람들의 일상 행위와 그 근저에 놓여 있는 사회 구조를 매개하는 범주로서 도입한다. 이 범주를 가지고 우리는 구조 속에 놓인 지배 관계가 정상적인 것으로 자리 잡는 메커니즘을 보여주고자 한다. 중심적인 것은 우리가 비판적 사유의 다양한 전통, 무엇보다도 마르크스, 그람시, 페미니즘 이론, 부르디외 그리고 푸코에 의거해 시도하는 다양한 개념 차원의 구별이다. 그렇게 하는 데 있어 지금 이 서론에서 설명한 외부화뿐만 아니라 북반구에서의 사회적 위계화도 제국적 생활양식의 중심 차원으로서 밝혀내야 한다. 우리는 사회적·생태학적으로 파괴적인 생산과 소비 규범에 대한 책임과 그것들로부터 도출할 수 있는 이익이 계급과 젠더 그리고 인종 관계에 매개되어 있다는 것을 보여주고자 한다. 그에 더해 구조적 강제와 행위 가능성의 확대로서 제국적 생활양식의 이중적 성격을 밝혀내야 한다.

4장과 5장은 제국적 생활양식의 역사를 식민주의의 시작부터 오늘날의 보편화에 이르기까지 개략적으로 스케치해 보여준다. 4장의 중심에는 포디즘 시기가 놓여 있다. 그 시기는 1950년대부터 1970년대까지 자본주의의 중심부를 각인했고, 포디즘의 광범위한 영향 속에서 사람들에게 그때까지 알려지지 않았던 물질적 복지의 증대를 가져다주었지만, 그럼에도 불구하고 그 복지는 사회적 불평등에 토대했으며 이 불평등을 재생산했다. 포디즘에서 우리의 관심을 끄는 것은 무엇보다도 우선 그때까지 상위 계급에 유보되어 있던 자원과 배출 집약적인 소비 규범이 어떻게 북반구의 중간 계급과 하위 계급에 침투함으로써 오늘날의 사회적·생태학적 위기의 기반을 마련했는가 하는 점이다.

5장은 정치적 '기회의 창', 즉 1970년대 포디즘의 위기에서 시작한다. 여기서 문제 되는 것은 특정 축적 모델의 경제적 잠재력의 고갈뿐만 아니라 노동과 공동생활 및 자연 이용의 지배적 형식이 오랜 사회 운동과 새로운 사회 운동에 의해 정치화한 포괄적 사회 위기이기도 하다. 하지만 이 창은 곧 닫혔다. 뒤따른 것은 중심부에서 제국적 생활양식의 심화, 그리고 자본주의 주변부에 있는 점점 더 많은 국가들로의 그러한 생활양식의 확산이었다. 우리의 테제에 따르면, 최근에 관찰할 수 있는 지정학적이고 지경학적인 긴장과 변화는 보편화할 수 없는 것의 이러한 보편화를 배경으로도 파악해야 한다.

6장은 제국적 생활양식의 역사와 현실적 특징을 그 규정 가운데 여럿이 응축되어 있는 사회 영역, 즉 자동차 이동성(Automobilität)과 관련해 고찰한다. 우리는 생태학적 위기에 대한 의식이 증대되는 시대에 하필이면 스포츠형 다목적 차량(SUV) 같은, 특히 자원과 배출 집약적인 자동차에 대한 수요가 늘어나고 있다는 관찰에서 시작한다. 이러한 역설은 자동차 이동성을 변화하는 주체화 형식 및 계급 관계와 젠더 관계의 맥락에서 탐구할 때 파악할 수 있다. 그 경우 SUV 운전은 신자유주의적인 자본주의의 자동차 이동 주체성의 표현으로서, 즉 사회적이고 생태학적인 위협 및 사회생활의 모든 영역에서 퍼져가는 경쟁과 관계하는, 보편화할 수 없는 까닭에 배타적인 형식으로서 나타난다. 이는 그것이 대응한다고 주장하는 그런 현상을 실질적으로 재생산하고 강화하는 행동 양식이다.

현재 많은 곳에서 나타나는 자동차 이동성 및 다른 사회 영역의 생태학적 현대화는 제국적 생활양식의 전제와 결과를 결국 변화시키지 못할 것이다. 거기서 다루는 것은 우리가 7장에서 탐구하는 잘못된 대안 가운데 하나다. 그러나 '잘못'은 '효과 없음'을 의미하지 않는다. 반대로 세계 여러 지역에서 관찰할 수 있는 녹색 경제(green economy)라는 발상은 녹색자본주의라는 이름의 프로젝트로 응축될 수 있을 것이다. 이 녹색자본주의는 강력한 화석주의적 요소에 의해 관철될 것이지만, 이 점에 대해서는 전 세계의 우파적, 신자유주의적, 부분적으로는 사회민주주의적 정부가 증거를 제공할 수 있을 것이다. 그에 더해 녹색자본주의는 생산과 사회적·생태학적 비용의 외부화라는 근본 문제를 전혀 변화시키지 못할 것이다. 왜냐하면 이를 위해서는 생산 및 소비와 관련해 '어떻게'뿐만 아니라

'무엇'에 대해서도 의문을 제기해야 하기 때문이다.

8장에서 우리는 정확히 이것을 행하는, 따라서 바로 제국적 생활양식의 생태학적 현대화에 만족하는 게 아니라 그것을 극복하기 위해 노력하는 행위자를 다룬다. 물론 계획 및 실천된 근본적이고 다양한 대안을 겨우 몇 쪽으로 정당하게 평가하기는 불가능하다. 그런 까닭에 여기서도 우리에게 문제 되는 것은 빠짐 없는 연구가 아니라 현실적 경험과 우리가 지각한 전략적 요구에 따른 체계적 설명이다. 가령 범대서양무역투자동반자협정(Transatlantic Trade and Investment Partnership, TTIP)에 대한 투쟁에서 나타나는, 한층 더 거세지는 제국적 생활양식에 대한 억제 또는 저항, 예를 들어 에너지 민주주의와 식량 주권을 위한 노력 같은 새로운 것을 전개할 수 있는 열린 공간의 창출과 확보, 그리고 이 새로운 것을 언제 어디서나 존재하는 마음의 불편함에도 불구하고 지금까지 그것이 거의 발판을 마련할 수 없었던 사회 영역들로 확장하는 일, 바로 이러한 일을 체계적으로 제시하는 것이다.

2

다중적 위기와 사회적·생태학적 전환

생산의 지속적 변혁, 모든 사회 상태의 부단한 동요, 영원한 불안정과 운동은 다른 모든 시대와 구별되는 부르주아 시대의 특징이다.

—카를 마르크스와 프리드리히 엥겔스[1]

우리는 역설적 상황에 살고 있다. 한편에서는 생태학적 위기, 특히 기후변화에 관한 광범위한 사회·정치적 논의가 존재한다. 에너지 전환도 많은 나라에서 중요한 주제가 되었다. 미디어에서는 각종 환경 정책을 언급하고, 그에 관한 다양한 연구가 진행되고 있으며, 더 이상 한눈에 알아볼 수 없을 정도로 많은 전문가 회의가 생태학적 위기 및 그에 대한 대처의 특수한 측면을 다루고 있다. 국가 정책과 행정 당국은 몇 년 전부터 지속 가능성 문제를 집중적으로 다루어왔으며, 많은 기업과 협회 및 점점 더 늘어나는 고용인과 노동조합에도 그 주제가 '도래'한 것으로 보인다. 학교 교육에서 환경과 지속 가능성은 그동안 교과 과정의 확고한 구성 요소가 되었고, 대학에는 해당 연구 과정 및 전통적 분과에서의 교수 모듈에 관한 광범위한 제안이 존재한다.

무언가가 행해지고 있다. 그리고 다양한 논쟁과 활동에는 오랜 전사(前史)가 있다. 가령 에너지 전환은 1980년대 이후 (서)독일의 환경 운동 없이는, 원자 에너지의 위상을 둘러싼 격렬한 논쟁 없이는, 그 개념이 아직 전혀 존재하지 않았을 때 이미 에너지 전환을 시작한 시민 사회와 지역 정치의 개척자들 없이는 거의 생각할 수 없을 것이다. 오스트리아에서는 1978년 츠벤텐도르프 원자력 발전소에 관한 국민 투표와 1980년대 초 하인부르크 수력 발전소를 둘러싼 논쟁이 환경 정책을 민감하게 인식하는 이정표였다.

그러한 만큼 더욱더 역설적인 것은 계속해서 경보음을 울리는 연구와 보고가 보여주듯이 환경 파괴가 계속해서 더욱더 빠르게 진행되고 있다는 사실이다. 지구의 자원 소비는 급속한 가속화에 따라 세기 전환기에 1970년 이후 3배가 되었다.[2] 사회의 필요한 사회적·생태학적 개편은 몇 안 되는 영역에서만 이뤄지고 있으며 전혀 충분하지 못하다.[3] 더 나아가 그것은 대단히 역동적인 지속 불가능한 발전에 의해 좌절되고 있다. 자동차는 평균적으로 더 커지고 더 강력한 엔진을 장착하고 있으며, 항공 교통은 계속 증가하고, 독일과 오스트리아·스위스에서 육류 소비는 높은 수준에 머물러 있으며, 생태학적으로 거의 지속 불가능하게 생산한 스마트폰은 지난 몇 년 사이 사람들의 일상에 확고하게 자리 잡았다. 이러한 배경에 비추어 최근의 몇 가지 발전을 생각해보자.

이중적 위기로부터 다중적 위기로

25년 전 리우데자네이루에서 이뤄진 '지속 가능한 발전' 시대의 선언은 하나의 이정표였다. 1992년 6월의 유엔 환경개발 세계회의에서 이른바 세계 공동체는 환경과 개발의 '이중적 위기'를 해결하는 데 착수하기 위한 출발 신호를 발표하고자 했다.[4] 진영 대결이 끝난 후 많은 나라에서 고조되는 환경 의식과 거의 완벽하게 생태학적인 문제를 무시한 고전적 개발 전략의 명백한 실패에 직면해 방향 전환을 추구했다. 기후와 생물 다양성에 관한 두 가지 '리우 협약' 및 의제 21은 지역과 국가 및 역내의 정책을 위한 전 지구적 틀을 창출해야 했다. 국제적 수준에서 '지구 환경 관리'라는 생각이 전개되었다.[5] 올바른 정치적 틀 조건과 인센티브를 창출하기만 한다면, 문제를 해결하고 사회적·생태학적 전환을 촉진할 수 있다고 가정했다. '지속 가능한 발전'이라는 이상이 눈부시게 빛났다.

예를 들어 동맹조정국제주의(Bundeskoordination Internationalismus, BUKO) 주변에서의 비판적 목소리가 이미 그 당시에 야심찬 목표에도 불구하고 많은 것이 언급되지 않았다고 지적했다. 그중 하나가 이를테면 자본주의적 세계화였다. 그것은 1980년대 중반 이래로 논의되고 그 후 1995년 실제로 출범한 세계무역기구(WTO)를 통해 협상되었음에도 불구하고 주제가 아니었다. 그 기구를 창출한 정신은 국제 환경 정책에도 침투했다. 기후 변화 협약뿐만 아니라 생물 다양성 협약도 생태학적 위기와의 싸움에서 본질적으로 시장 메커니즘에 의거했다. 그와 마찬가지로 제2차 걸프 전쟁이 리우 회의 1년 반 전에 발발하고 당시 미국 대통령 부시가 미국의 라이프스타일은 협상 대상이 아니라고 강조했음에도 불구하고 제국적인 남북 관계도 주제가 아니었다. 그리고 결국 리우 이후 거의 어느 누구도 지역과 국민국가적 수준의 것이든 국제적 수준의 것이든, 기존의 정치 제도가 과연 그 문제의 해결에 착수할 수 있는지 캐묻지 않았다. 세계화와 국가의 약화 또는 변화에 관한 논쟁은 지속 가능한 발전을 둘러싼 논의에서 거의 이루어지지 않았다. 거기서는 국가와 정부에 대한 강력한 신뢰가 지배했다.

2007/2008년에 지속 가능성을 둘러싼 논의는 경제와 금융 위기로 인해 수정되었다. 환경 정책적 관심사는 이제 (이른바) '핵심 과업', 요컨대 자본주의적 성장과 생산 및 일자리 확보가 문제로 대두했기 때문에 억제되었다. 독일의 폐차 프리미엄(Abwrackprämie)과 오스트리아의 폐품 프리미엄(Schrottprämie)은 위기에서 기업과 노동조합 및 정치가—단축 노동과 결합해—어떻게 독일과 오스트리아 산업의 핵심 부문을 안정시켰는지 보여 주는 사례다. 2009년 제2차 경기 부양책의 일환으로서 독일 연방정부는 '환경 프리미엄'으로 신차 구매에 2500유로(총 50억 유로에 달했다)를 지원했다. 2009년 1월부터 9월까지 이 프리미엄으로 175만 대의 신차를 판매했다. 오스트리아에서는 자동차 부품 공급업체를 지원하기 위해 3만 대의 신차 구입에 각각 1500유로의 보조금을 지원했다. 단기적인 경제적 관점에서 볼 때, 이것은 사람들을 해고하지 않고 경우에 따라서는 상실될 수도 있는 중요한 생산 능력을 유지하기 위해 단연코 의미가 있었다. 사회적 관점에서 볼 때, 폐차 프리미엄과 폐품 프리미엄은 일정하게 한편으로 기울어져 있었다. 왜냐하면 그것에 의해 바로 노동조합이 있고 보수가 많으며 주로 남성 일자리를 가진 강력한 산업이 지원을 받았기 때문이다. 경제적으로 똑같이 중요한 간호와 같은 다른 부문에서는 종사자에 대한

정치적 지원이 훨씬 적었다. 그리고 생태학적 관점과 장기적인 경제적 관점에서 볼 때, 본래 근본적으로 개편해야만 하는 부문의 안정화는 단연코 문제가 있다. 물론 신차는 일반적으로 구형 모델보다 유해 물질을 덜 배출한다. 그러나 자동차의 '생태적 배낭', 즉 그것의 제작과 이용 및 폐기를 위해 필요한 물질과 에너지 소비 전체가 그 수명 전체에 걸쳐 감가 상각되기 때문에 차량을 필요보다 일찍 폐차하면, 감가 상각되지 않은 '잔여 부채'가 남는다. 그리고 바로 이런 폐차 프리미엄과 폐품 프리미엄에서 인센티브가 창출되었다.[6]

그러한 생태학적으로 거의 현명하지 못한 위기 정책에도 불구하고 같은 시기에, 특히 2009년 코펜하겐 기후 회의의 실패와 기후 정의를 위한 전 지구적 운동의 출범 이후 생태학적 위기가 다시 정치화되었다. 몇몇 나라에서 재생 가능 에너지의 좀더 강력한 진흥으로 이어진 (또는 이런 진흥이 최소한 정치적 선언의 목표가 되는 계기를 이룬) 2011년 3월의 후쿠시마 원자로 대재앙 및 1997년의 교토 의정서에 대한 후속 협정 문제 그리고 2015년 말 파리 기후 회의에서의 드라마는 많은 사람에게 여전히 선명하게 기억되고 있다.

그렇지만 1990년대의 환경 정책 논쟁과 비교하면 두 가지 측면에서 맥락이 분명히 옮겨졌다. 첫째, 몇몇 개발도상국의 눈부신 경제 성장과 그에 따른 일부 인구의 복지 획득은 자연 자원의 채굴과 이용의 엄청난 증가 및 가파르게 상승하는 온실가스 배출을 동반했다. 이미 오늘날 가령 몇몇 신흥 경제국은 절대 수치에서—요컨대 1인당 수치가 아니라—여러 OECD 국가보다 많은 이산화탄소 배출량을 보여준다. 중국은 2014년 약 97억 톤, 즉 1인당 약 7톤의 이산화탄소를 배출했고, 이에 비해 미국은

56억 톤(그러나 1인당으로는 17톤)을 배출했다.[7] 이러한 수치를 정리하며 연방 정부 지구환경변화과학자문위원회(WBGU)는 각각의 모든 사람이 2010~2050년에 이르는 시기에 연간 2.7톤의 이산화탄소 '예산'을 보유하고 있다는 데서 출발한다.[8] 이는 기후 정책에서 섭씨 2도 목표[9]를 66퍼센트의 확률로 달성하기 위해서는 각각의 인간이 평균적으로 매년 이 양보다 더 많이 배출해서는 안 된다는 것을 의미한다. 하지만 이러한 계산은 세계 인구의 증가를 고려하고 있지 않다.

둘째, 2007/2008년의 위기가 시작된 이래 현재의 위기는 다중적 또는 다면적 위기라는 인식이 점점 더 폭넓게 퍼지고 있다.[10] 금융과 경제 위기 외에도 생태학적 차원 또한 고려된다. 좌파 자유주의적인 런던의 싱크 탱크 신경제재단(New Economics Foundation, NEF)은 3중 대란(triple crunch), 즉 금융 시장, 기후 변화, 자연 자원 고갈의 3중적 위기에 대해 이야기한다.[11] 그러나 다중적 위기 개념은 그 이상의 측면을 고려한다. 예를 들어, 정치적 대표성과 기존 정당의 위기는 그 정당들이 긴급한 문제를 처리할 수 있다는 믿음이 점점 줄어든다는 사실과 연관이 있다. 특히 2007/2008년 이후의 위기는 보수주의, 자유주의, 사회민주주의 정당이 무엇보다도 우선 엘리트의 이익을 대표한다는 것을 보여주었다. 그것은 많은 국가에서 새로운 정당의 형성 또는 지금까지 거의 의미가 없었던 그러한 정당들의 강화로 이어졌다. 그 경우 유럽의 대부분 나라에서 문제되는 것은 우파와 극우 정당이지만 그리스, 포르투갈, 슬로베니아 또는 에스파냐에서는 좌파 정당이 힘을 얻기도 했다.[12] 2015년 여름 이후 터키의 정권처럼 때로는 이미 오래 지속되고 있는 권위주의적 또는 폭력적 정권의 야당 그룹에 대한 억압이 심화되었으며, 시리아 분쟁 같은 내전이야만성을 더하고 있다. 아울러 다른 나라들에서는 자본주의적 세계화의 부정적 영향이 더욱 분명히 나타나고 있다. 세계 시장 경쟁이라는 압력 아래서 그렇지 않아도 불안정한 삶의 상태는 더 이상 견딜 수 없다. 난민 운동('난민 위기')은 그에 대한 대응이다. 북반구의 많은 사람이 난민과 연대하고 있지만, 다른 이들은 그들을 공공연히 인종주의적으로 대한다. 또한 우리는 빈곤과 사회적 분열 및 사회적 관계망의 변화에서 비롯된 사회적 재생산의 위기를 겪고 있다. 그와 더불어 기존의 젠더 관련 위기도 나타나는데, 왜냐하면 특히 여성이 추가 노동의 짐을 짊어지기 때문이다.[13]

다중적 위기는 나라와 인구 집단 및 개인에게서 매우 다양한 모습으로 나타나지만, 그럼에도 불구하고 전 세계적 위기에 대해 말할 수 있다. 25년 전에는 여전히 환경과 개발의 '이중적 위기'가 무엇보다도 우선 남반구 나라 사람들에게 닥칠 거라고 가정했다. 오늘날 다중적 위기는 전 지구적 발전 모델의 위기다.

17개의 구체적 처리 방법을 명확히 규정한 '지속 가능 발전 목표(Sustainable Development Goals, SDGs)'는 이것의 탁월한 표현이다. 이는 3년간의 심리 끝에 2015년 9월 유엔 총회에서 '2030 개발 의제'로 채택되었다. 이제는 어느 정도까지 광범위한 변화가 일어날 것인지, 또는 과연 그러한 노력이 생태학적 현대화의 방식으로 지속될 것인지를 보여주어야만 한다(7장 참조). 그렇지만 이와 관련해 중요한 것은 2001년에 채택한 '새천년 개발 목표(Millennium Development Goals, MDGs)'가 여전히 강하게 남반구 나라와 고전적 개발 주제에 맞춰져 있었다면, SDGs는 모든 나라에 적용되며 사회적·생태학적 문제에 높은 가치를 부여한다는 점이다.

전문에서는 고차적인 요구를 정식화한다. "우리가 의제의 모든 영역에서 우리의 야심찬 목표를 실현할 수 있다면, 모든 사람의 삶은 근본적으로 개선될 것이며, 더 나은 세계로의 전환이 일어날 것이다."[14] 몇 가지 중요한 목표는, 예를 들어 화석 에너지나 농산물 수출을 위한 보조금을 단계적으로 폐지해야 한다는 것이다(목표 12.c와 2.b). 그렇지만 193개 정부가 채택한 그 문서에는 많은 타협도 존재한다. 가령 기업에는 지속 가능한 방법과 지속 가능성 보고를 도입하도록 '장려'해야 한다는 식으로 아주 부드럽게 정식화하고 있다(목표 12.6). 목표 8은 "지속적이고 포괄적이며 지속 가능한 경제 성장"이다.

지속 가능 발전 목표는 세계 정치 엘리트의 다음과 같은 예측으로 해석할 수 있을 것이다. 첫째, 자본주의 세계 시장의 고전적 발전 전략은 무엇보다도 생태학적이고 다중적인 위기의 맥락에서 점점 더 역할을 수행하지 못한다. 둘째, 대규모 세계 지역의 통제라는 제국적 정책은 더 이상 성공하지 못한다. 셋째, 하나의 메커니즘, 즉 가장 부정적인 영향을 끼치는 위기를 다른 지역, 요컨대 남반부 지역으로, 특히 기후 변화나 핵폐기물의 예에서 볼 수 있듯 미래로 외부화하는 메커니즘은 아마도 과거에 속할 것이다. 그렇지만 정치적 조정이 가능하다는 약화되지 않는 낙관주의는 이전 문서들과 연속성이 있다.

거대한 전환?

더 나아가 지속 가능한 발전에 관한 오늘날의 아주 다양한 논의와 그것이 SDGs나 녹색 경제(7장 참조) 같은 다른 전략의 형식으로 세분화된 것은 대단히 중요하다. 그리고 이 모든 것을 포괄하는 아이디어도 존재하는 것으로 보인다. 지난 5년간의 학문적 논의를 추적하면 우리는 전환, 즉 거대한 또는 사회적·생태학적 전환, 지속 가능성을 향한 전환의 시대로 접어든 것처럼 보인다.[15] SDGs에 대한 협정도 '우리의 세계 전환시키기—지속 가능한 발전을 위한 2030 의제'라는 제목이 붙어 있다. 20여 년 전의 지속 가능한 발전 개념에서처럼 전환이라는 개념에서도 우리 시대의 엄청난 문제에 맞서 정치적·전략적 공간을 열어야 한다는 의미다.

독일어를 사용하는 지역에서 WBGU의 보고서는 2011년부터 오늘날까지 중요한 지침이다. 그 중심에는 사회가 그들의 에너지 기반을 재생 가능 에너지로 바꿔야 한다는 주장이 있다. 그 구호는 '탈탄소화'와 '화석-핵' 경제 양식의 극복이며, 이는 재생 가능 에너지의 확대와 에너지 소비의 감축 및 에너지 효율의 증대를 통해 달성해야 한다. 그러한 전환은 무엇보다도 먼저 그리고 긴급하게 선진 산업 국가들에서, 그러나 중기적으로는 전 세계에서 일어나야 한다. WBGU 보고서뿐만 아니라 전환을 다루는 대부분의 다른 기고문은 지속 가능성을 향한 변화 과정을 점검하고 이를 촉진할 뿐만 아니라 다른 것들을 자극하고자 한다.

물론 전환 개념은 오랫동안 '지속 가능한 발전' 개념만큼 그렇게 두드러지지 않았다. 그럼에도 불구하고 그것은 현재의 전문가 논의에서 유사한 기능을 수행한다. 생태학적 위기가 좀더 넓은 맥락에 놓이는 것이다.

하지만 지속 가능한 발전 개념과 비슷하게 전환 개념도 그리 구체적이지 않다. 대표적인 정의에 따르면, 전환은 "의사 결정과 발전 경로를 좀더 합리적으로 만들기 위해 가치와 일상 행동에 대해 질문을 던지고 도전하며 이전의 관점을 변화시키는 기본적인 변화(shift)"로 이해할 수 있다.[16]

그것은 "사회의 체계적 특성의 변화와 관련이 있으며 사회적, 문화적, 기술적, 정치적, 경제적 및 법적 변화를 포괄한다".[17]

전환 개념이 사회·정치적 중요성을 거의 지니지 않는다 하더라도, 그것은 전문가 집단에서 단연코 중요하다. 전환 개념은 다중적 위기를 기존의 자본주의 구성체 틀 내에서 어떻게 처리해야 할 것인지에 대한 엘리트들의 의견 불일치를 시사한다. 점차 인정되고 있는 점은 신자유주의적 방향 정립이 잘못 나아가고 있다는 것이다. '전환'은 분명히 지금까지 지배적 환경 정책적인 지속 가능성의 관점, 즉 기술과 투자 그리고 그에 상응하는 자금 조달 가능성과 정치적 틀 조건을 가지고 저탄소 사회로의 이행을 달성할 수 있다는 데서 출발하는 관점을 넘어선다. 그 대신 생태학적으로 방향을 정립한 기업과 시민의 내부 이니셔티브 또는 과학자 같은 '변화의 개척자'에 의해 추동되어야 하는 좀더 근본적인 변화가 필요하다고 여겨진다.[18] 이는 지속 가능성을 향한 사회적 가치 변화에 대한 희망에 의해 보완된다.

이러한 관점은 지배적 학문 체계뿐만 아니라 경로 의존성, 에너지와 자동차 산업의 강력한 이해관계 같은 장애를 단적으로 거론한다. "거대한 전환을 유도하기 가장 어려운 변화, 가령 라이프스타일의 변화, 혁신적인 전 지구적 협력, 정치적 봉쇄의 극복 및 세대를 포괄하는 장기적 변화에 대한 책임감 있는 태도는 기술 저편에 자리 잡고 있다."[19]

여기서 거대한 전환이라는 개념을 경제역사학자 칼 폴라니가 19세기에 이루어진 산업자본주의로의 이행을 특징지은 같은 이름의 책에서 빌려 쓴 것은 철저히 의도한 것이다.[20] 거대한 전환은 급진적으로 들리며, 근본적인 문제에 대해서도 적합하다. 하지만 폴라니 분석과의 차이는 오스트리아의 경제역사학자가 그 당시에 대두하고 있던 자유주의적 산업자본주의의 움직임을 분석하고 이해하려 했다는 데 존재한다. 그의 주장에 따르면, 그때까지 지배적이었던 도덕적이고 대체로 지역적인 경제는 복잡한 기계와 급속하게 증가하는 생산 그리고 국가적 시장, 특히 노동 시장의 창출에 의해 '돌출되었다'. '자기 조절하는 시장'은 19세기에 유토피아로 끌어올려졌고, 그리하여 가격 메커니즘과 이윤에 대한 관심을 가능한 한 방해받지 않고 관철할 수 있었다. 노동력과 자연은 화폐와 더불어 상품으로 취급된다. 하지만 그것들은 생산에서 훨씬 더 풍부한 조건을 갖춘다. 왜냐하면 그것들은 바로 단순히 자본주의 시장을 위한 상품으로서만 생산되는 것이 아니라 고유한 생산 양태를 지니기 때문이다. 그것들은 복잡한 생물리학적 동역학의 일부분이다. 또한 노동의 경우에는 젊은이의 사회화 과정이나 지불 근무 시간 외의 노동력 재생산 같은 사회관계의 산물이다. 따라서 폴라니는 마르크스를 따라 자연과 노동력의 가치화로 밀치고 나아가는 자본은 만약 반대 운동이 나타나지 않는다면 노동과 자연의 기초를 파괴하는 경향이 있다고 주장한다.

우리가 아래에서 좀더 자세하게 설명하듯 전환 논쟁에서 상상할 수 있는 변화는 폴라니에게서 차용한 용어보다 훨씬 덜 급진적이다. 어쨌든 폴라니가 분석한 거대한 전환에서 형성되고 현재의 위기 동역학의 진앙지를 이루는 자본주의적 사회화의 근본 메커니즘에 대해 논쟁은 의미심장하게도 끝까지 침묵한다. 구체적으로 우리는 세 가지 축소를 본다.

사회적·생태학적 전환의 한계: 새로운 비판적 정설?

첫째, 지속 가능성을 향해 전환을 맥락화하고 촉진하려는 중요한 움직임들이 자주 과소평가된다. 이것은 특히 인류의 3분의 2가 여전히 산업 사회에 살고 있지 않으며, 그 상당 부분이 자기 사회를 산업화하기 위해, 더 나아가 화석 에너지를 기반으로 그렇게 하기 위해 엄청난 노력을 기울이고 있다는 사실과 관련이 있다.[21] 그에 반해 사람들은 전환 논쟁에 대한 많은 기고문에서 현재의 움직임이 어쨌든 이미 지속 가능성 방향으로 달려가고 있으며, 중요한 점은 다만 커다란 몇 가지 장애를 제거하는 것일 뿐이라는 인상을 받는다.

둘째, 현재의 논의에서 세계의 (생태학적) 상태에 대한 급진적 문제 진단은 전환 과정을 어떻게 일궈내야 하는지에 대한 다소 온건한 관념과 대조를 이룬다. 여기서 출발점에 놓여 있는 것은 비록 개혁적인 것일지라도 기존의 제도 체계 내부에서 근본적 전환 과정을 성취해야 한다는 것이다. 이에 따르면 거대한 전환은 "현대 사회의 제도 틀을 그 반성 능력, 참여 능력, 권력 균형 가능성 및 포괄적인 혁신 능력과 관련해 '강화하는' 포괄적인 제도적 개혁 프로젝트로서 이해할" 수 있다.[22] 더 나아가 "경제는 이윤 지향의 익숙한 시장 적합적인 행위 모델에서" 그리고 투자 안전을 보장하는 가운데 "기후 친화적이 되어야 한다".[23]

여기서 계속해서 감춰져 있는 것은 투자자들이 미래에도 자연을 가능한 한 '공짜 생산력'으로서 이용하는 데 주목할 것이라는 사실이다. 그리고 많은 소비자는 계속해서 가능한 한 값싸게 많이 구입하는 것을 매력적이라고 생각하며, 강력한 광고 메커니즘에 의해 그렇게 하도록 유도된다.

많은 사람은 또한 그들의 불안정한 사회 상황으로 인해서도 싼값으로 사도록 강요받는다.

이는 논쟁의 주창자들에게 문제 되는 것이 오히려 정치적·경제적 의사 결정자로 하여금 전환이 필요하다는 점을 납득시키는 것이라는 인상을 준다. 이를 '군주 교육'의 관점이라고 표현할 수 있을 것이다. 엘리트들에게 싸움을 걸고 그들에게서 특권을 빼앗으며 그들의 권력을 제한하는 대신, 그들이 올바른 일을 하도록 설득해야 한다.[24] 이것은 앞서 언급한 WBGU 보고서의 한 희극적인 일화에서 잘 드러난다. 이 일화는 자문위원회 의장이 미국 대통령 오바마에게 효과적인 기후 정책의 긴급성을 설득하기 위해 전화로 어떻게 이야기하는지를 보여준다. 그 근저에 놓여 있는 것은 특히 실케 베크(Silke Beck)가 기후 변화에 관한 정부 간 협의체(Intergovernmental Panel on Climate Change, IPCC)의 사례에서 설득력 있게 비판했듯 과학과 정치의 관계에 대한 고전적이고 매우 단순화한 이해다.[25] "진리는 권력에 말한다." 즉 과학은 정치인에게 문제에 대해 계몽하고, 그리하여 권력으로 하여금 적절한 해결책을 개발할 수 있게 한다는 것이다. 그러나 이러한 생각은 자본주의 사회의 구조와 세력 관계에 부딪쳐 무너진다. 현재의 구조와 세력 관계는 국가 정치에 새겨져 정치로 하여금 세계 기후 문제보다는 가령 자동차 산업이나 은행 문제에 대해 훨씬 더 수용적이게 만든다. 비슷한 것이 국가가 경향적으로 자원 고갈과 환경 파괴의 부정적 영향을 받는 인구 집단의 요구에 비해 광산 기업에 대해 좀더 커다란 관심을 기울이는 데에도 적용된다. 클라우스 오페(Claus Offe)[26]와 니코스 풀란차스(Nicos Poulantzas)[27]는 이러한 주제와 관련해 자본주의 국가의 "구조적 선택성"에 대해 이야기한다.[28]

이는 세 번째 측면과 결합되어 있다. 다중적 위기에 대한 그 모든 인정에도 불구하고 전환 개념은 여전히 폭넓게 생태학적 현대화의 측면에 제한되어 있다. 핵심적으로 사회적 전환이나 거대한 전환에 대한 대부분의 기고문은 특히 에너지 체계의 개편을 추구하며, 거기에 변화된 소비 규범 및 국가 특히 기업의 적극적 역할이 덧붙여진다. 과학과 기술은 '하부구조'를 제공해야 한다. 성공적 전환의 핵심적인 것은 아니더라도 하나의 기준은 이산화탄소 배출량의 감소다. 하지만 사회적 전환의 고전적 질문, 요컨대 정의와 모두를 위한 좋은 삶 및 권력과 지배를 억제하는 데 관한 질문 그리고 예를 들어 이것들과 결합되어 있는 소유 관계의 변화는 분명히 불충분하게 조명된 채로 남아 있다. 또한 전환 논쟁은 지금까지 여전히 사회적 분업의 재편성을 둘러싼 논쟁과 결합되어 있지 않다.[29] 여기서는 생계 노동 및 공익 노동과 돌봄 노동 이외에 다른 형식의 생계 보장을 좀더 체계적으로 고려 및 평가해야 한다.[30]

이것은 특히 지구의 한계[31]와 인류세(Anthropozän), 즉 "인간의 시대"[32]에 관한 담론에서 드러난다. 이러한 담론은 정당하게도 인류가 전 지구적으로 추동해가는 지구물리학적 힘이 되었다고 지적한다. 자연적 체계는 인간에 의해 더 이상 거의 '자연적'이라고 부를 수 없을 정도로 변화되었다. 플라스틱, 알루미늄, 방사능 낙진 또는 분진의 생산은 생물권에 분명한 흔적을 남겼다. 인류세 개념은 특히 이것을 가리킨다. 여러 영역과 그것들의 공동 작용, 즉 기후 변화, 생물 다양성 상실, 질소 순환의 교란에서는 변화의 역학이 더 이상 통제할 수 없을 정도로 그 하중 한계를 이미 초과했다는 데서 출발할 수 있다. 그러한 '티핑 포인트'에 도달하면 이는 인간의 삶 자체에 대한 위험으로 이어질 수 있다.

2016년 8월 말, 케이프타운에서 열린 국제지질학회의 한 워킹 그룹은 거의 만장일치로 인류가 1만 2000년 동안 지속해온 충적세 이후 20세기 중반 이래로 새로운 지질학적 시대를 살고 있다는 것을 가리키는 데 인류세라는 개념을 사용하기로 찬성했다. 그럼에도 불구하고 '인류세'와 '지구의 한계'라는 개념에서 문제 되는 것은 (자연)과학적으로 정의된 엄격한 개념이라기보다는 오히려 '문화적 상상력'이다. 인류세 개념은 '명확히 정치적인 목표 설정'을 지닌다. "그것은 행동에 동기를 부여하고 기후 변화에 대처하기 위한 불충분한 노력에 자극을 주고자 한다."[33]

하지만 인류세 개념에서 보이지 않게 되는 것은 여기서 작용하는 것이 단순히 '인류'가 아니라는 점, 오히려 자연에 대한 인간의 영향은 언제나 이미 사회적으로, 즉 계급·젠더·인종 관계에 의해 매개되어 있다는 점이다. 아울러 중요한 것은 이러한 매개다. 즉 북반구의 자본주의 사회 사람들은 평균적으로, 가령 토착 공동체의 생계 수준을 겨우 유지하며 살아가는 남반구 구성원보다 훨씬 더 많은 자원을 소비한다.

생태학적 위기의 전 지구적 대표 기관은—그들이 아무리 현 상태에 대해 비판적이라 하더라도—바로 이러한 연관을 모호하게 만든다. "한마디로 인류세는 인간의 힘을 드러낸다. 하지만 그것은 누가 그리고 무엇이 강력한 힘을 지니며 그 힘이 어떻게 행사되는지를 감춘다."[34] 또는 마르크스와 엥겔스의 말을 빌려 정식화하자면, 인류라는 추상물이 아니라 "그렇게도 강력한 생산 수단과 교환 수단을 만들어낸 근대 부르주아 사회는 자기가 주문으로 불러낸 저승사자의 힘을 더 이상 감당할 수 없게 된 마술사와 같다".[35]

그런 측면에서 요한 록슈트룀(Johan Rockström) 등이 쓴 유명한 논문의 부제가 보여주듯 지구의 한계를 엄수하는 것이 인류에게 "안전한 행동 공간"을 부여한다는 약속은 매우 불확실할 뿐만 아니라 일정한 방식으로 냉소적이기도 하다.[36] 왜냐하면 이미 오늘날에도 전 세계적으로 호우와 홍수 및 가뭄의 영향을 받는 많은 희생자가 있기 때문이다. 환경 논쟁에서 두드러진 개념인 '취약성(vulnerability)'은 추상적인 지구적 물음이 아니라 지극히 구체적이고 사회적으로 매개된 문제다.[37]

이런 점을 규명하는 것은 긴급한 행동의 필요성을 고려할 때 그저 2차적인 관심의 대상일 뿐인 학문적 섬세함 그 이상의 것이다. 왜냐하면 위기에 직면해 행동의 통로는 무엇보다도 우선 과학적이고 정치적인 위기 진단으로부터 형성되기 때문이다. 자본주의 사회에 대한 개념이 없고 이를 함축적이게 자연적으로 수행되는 인류 발전의 가장 높은 단계로 이해하는 사람은 위기에 맞서 기술적인 시장 형식의 해결책 이상을 내놓을 수 없다. 따라서 인류세 개념을 제기한 파울 크루첸(Paul J. Crutzen)이 인류가 새로운 지질학적 시대에 직면해 있는 문제를 해결하기 위해, 가령 사회관계의 근본적 변화를 제안한 것이 아니라 무엇보다도 "예를 들어 기후를 최적화하기 위한 대규모의 지구공학 프로젝트"를 제안한 것은 그리 놀라운 일이 아니다.[38]

이러한 비판은 어느 정도 완화된 형태로 지배적인 전환 논쟁에 대한 분석적으로 가장 내용이 풍부하고 전략적으로 가장 포괄적인 기여 가운데 하나, 즉 새로운 거대한 전환의 필요성에 대한 WBGU의 연구에도 적용된다.[39] 물론 그것은 기후 변화, 토양 황폐화, 도시화 또는 토지 이용 경쟁 같은 다양한 '메가트렌드'를 식별하고, 그것들의 극복 또는 사회적·생태학적 형태화에 대립하는 이해관계를 지목한다. 그러나 자본주의적 사회화의 근본적 동역학의 맥락에서 그 동향이나 이해관계를 분석하지는 않는다. 따라서 그것은 라이너 릴링(Rainer Rilling)이 정확하게 요약한 중요한 축소에 도달한다. 즉 실제 문제는 "자본주의를 변화시키는 것이지만, 바로 절반만 그러하다. 거기서 중심에 놓여야 하는 것은 자본주의의 산업주의와 그 에너지 기반이지 그 정치·경제가 아니다".[40]

이러한 방식의 급진적 사유, 요컨대 자본주의적 형식의 변화를 고려하는 전환은 폴라니에 의해 비로소 정당하게 평가되었다. 요컨대 그는 단순히 오늘날 종종 볼 수 있는 이중 운동의 이론가가 결코 아니었다. 미하엘 브리(Michael Brie)가 보여주었듯 "거대한 전환에 대한 수용이 19세기에 이중 운동이라고 불렀다는 설명에 집중하는 것은 …… 폴라니의 본래적 메시지, 요컨대 20세기 초반의 바로 이 이중 운동의 실패에 대한 시각"을 방해한다.[41] 폴라니는 "시장 사회에 기초한 사회적 보호 운동에 대해 …… 자신의 시대를 위해서는 더 이상 아무것도 기대하지 않았다. 이것은 그에게 파시즘과 밀접하게 결합된 문제의 부분이었지 해결이 아니었다".[42] 브리에 따르면 1930년대와 1940년대에 시장 사회는 폴라니에게 있어 오직 사회주의적 전환에 의해서만 자유를 옹호할 수 있는 단계에 도달했다.[43]

폴라니가 《거대한 전환》을 저술한 시대와 오늘날의 상황 사이에는 일정한 방식의 비유가 가능하다. 가령 사회적·생태학적 위기를 자본주의적 조건하에서는 사회적으로나 공간적으로 지극히 선택적으로만 처리할 수 있다는 점에 대해 이야기해주는 많은 것이 존재한다. 7장에서 좀더 자세히 논의하겠지만 '녹색자본주의'는 그람시가 말하는 의미에서의 수동 혁명, 요컨대 지배적인 힘에 의해 인도되는 전환의 구성 요소가 될 수 있다.

그렇지만 이러한 혁명은 사회적·생태학적 위기를 산출한 형성적 힘을 멈추게 하는 것이 아니라 기껏해야 지극히 선택적으로만 생태학적 현대화를 이루게 될 것이다. 경쟁적 조건하에서의 교환 가치 생산과 결합해 있는 근본 문제는 그것에 의해 세계의 일부에 대해 그리고 또한 계급과 젠더 및 인종에 매개된 일부에 대해 견딜 만한 것으로 형태화할 것이다. 그에 반해 녹색자본주의가 생산하는 사회적·생태학적 비용도 공간적으로나 사회적으로 외부화한다. 그런 까닭에 용어상으로뿐만 아니라 내용상으로도 폴라니와 연결된다는 것은 전환을 자본주의를 넘어서는 과정으로 파악한다는 것을 의미한다.

따라서 전환 개념은 언어적으로 급진적이며, 이런 점이야말로 그 성과의 한 부분이다. 그것은 분명히 근본적 변화에 대한 욕구와 다중적 위기를 해결하기에는 불충분한 것으로 받아들여지는 현재의 정책들에 대한 널리 퍼져 있는 불만을 나타낸다. 그러한 욕구와 불만은 특히 엘리트의, 그러나 또한 고임금 산업의 핵심 인력과 부유한 나라에 사는 많은 사람의 기득권과 지위 보장 정책의 위기와 예측할 수 없는 역동성의 시대에 적지 않다.

그럼에도 불구하고 거대한 또는 사회적·생태학적 전환이라는 엄청나게 중요한 주제에 대한 기고문은 일종의 '새로운 비판적 정설(Orthodoxie)', 즉 대안적 관점을 주변화하는 지배적 위기 정의로 응축될 위험을 무릅쓴다. 〔오르토스(orthós)는 그리스어로 '올바른', 독사(dóxa)는 '의견' 또는 '믿음'을 의미한다.〕 새로운 비판적 정설은 스스로를 지배적 발전에 대해 비판적이라고 이해하지만, 계속해서 기존의 제도 체계에 고정되어 있고 엘리트의 통찰을 신뢰한다. 그것은 물론 논쟁에 동기를 부여하지만, 문제와 위기의 뿌리 깊은 원인을 과소평가할 위험을 무릅쓰는 일종의 정치적·전략적 과잉을 제공하는 것으로 보인다. 전환 논쟁의 많은 부분에서는 분명히 변화가 기존의 세력 관계와 제도를 고려해 바로 이것들로부터 출발해야만 한다는, 대부분 함축적인 평가가 지배적이다.

요약하자면 '새로운 비판적 정설'은 의심할 여지없이 비판적 담론이다. 그것은 시대의 첨단에서 화석 연료 이후 시대로의 이행을 위한 조건을 정식화하려 한다. 그렇지만 거기서 대개 빠져 있는 것은 비판받는 현상을 사회 구조와 세력 관계 속에 자리 잡게 하는 것, 그리고 바로 이러한 구조와 세력 관계를 넘어서는 가능한 움직임에 대한 안목이다. 다시 말하면 거기에는 해방의 관점, 즉 기대와 배제, 힘 있고 부유한 자의 요구, 그러나 또한 부유한 나라에 사는 대다수 인구의 다양한 특권을 비판적으로 반성하는, 모두를 위한 좋은 삶의 관점이 없다.

전환의 논리, 이해관계와 갈등

따라서 만약 우리가 사회적·생태학적 전환 프로젝트에 대해 생각하고 그것을 위한 현재의 조건을 탐색한다면, 우리는 하나의 사태를 분명히 해야 한다. 그것은 부르주아적·자본주의적 사회 자체에는 전환의 논리가 내재적이라는 점이다.[44] 최근의 세계화 논쟁에서 자주 인용되는 자본주의 분석의 가장 유명한 인용문 가운데 하나는 그 점을 정확히 표현하고 있다. 그것은 바로 마르크스와 엥겔스의 《공산당 선언》에 나오는 한 구절이다. "부르주아 계급은 생산 도구를, 따라서 생산 관계를, 따라서 전체 사회관계를 끊임없이 혁명하지 않으면 생존할 수 없다. 이에 반해 낡은 생산 양식을 변화시키지 않고 그대로 유지하는 것은 그 이전의 모든 산업 계급의 첫 번째 생존 조건이었다. 생산의 지속적 변혁, 모든 사회 상태의 부단한 동요, 영원한 불안정과 운동은 다른 모든 시대와 구별되는 부르주아 시대의 특징이다. 노후화하고 고정된 온갖 관계는 그에 따른 낡고 고루한 여러 관념이나 견해와 더불어 해소된다. 그리고 설령 그런 관계가 새로이 형성되더라도 그것들 모두는 골격을 갖추기도 전에 시대에 뒤떨어지게 된다. 신분적인 것이나 기존에 존립하던 일체의 것이 연기처럼 사라지고, 일체의 신성한 것이 더럽혀지며, 인간은 마침내 자신들의 생활상 지위, 자신들 상호 간의 관계를 서로 냉담한 눈으로 보도록 강요받는다."[45]

그러므로 문제는 변화에 대한 긍정과 부정이 아니라 변화 또는 전환의 논리다. 이를 통해 우리는 전환 개념의 중요한 차이점을 규정할 수 있다. 오늘날 지배적 논리는 이윤 형성, 자본 축적, 팽창적 경제 활동, 자연 착취의 논리다. 이것은 우리에게 잘 알려진 문제, 즉 다면적으로 노동 압축과 번아웃(burnout)으로 이어지는 인간 노동력의 과도한 이용에 이르는 착취와 결부되어 있다. 여기서 전환 개념의 의미를 훨씬 더 명확하게 발전시켜야만 한다. 부르주아 사회에서는 영구적 자기 혁명화라는 전환의 지배적 논리가 문제로 대두한다. 이러한 논리는 더욱더 강력하고 더욱더 통제 불가능한 위기를 불러일으킨다. 그리고 이는 유력하고 압도적이며, 민주적 형성과 자기 결정, 해방과 모두를 위한 좋은 삶에 대한 어떤 전망도 열어주지 않는다. 그러므로 사회적·생태학적 전환이나 거대한 전환은 이러한 다른 동역학, 즉 지속 가능하지 않고 종종 위기를 불러일으키지만 엄청나게 전환적인 동역학을 고려해야만 한다.[46] 우리는 이 책의 여러 곳에서 다시 이 질문으로 돌아올 것이다.

그것은 우리를 또 다른 요점으로 데려간다. 현재의 전환 논쟁은 근본적인, 다시 말하면 구조적인 사회적 변화의 피할 수 없는 긴장을 고려할 수 있게 해준다. 한쪽에는 대부분 실험과 틈새, 구체적 개혁 정책과 자체 내에서 점진적으로 변화하는 담론 및 조직적이고 일상적인 실천에서 표현되는 필연적으로 세부적인 접근법이 있다. 이것들은 전략적으로 타협의 표현으로 의도된 것일 수 있지만, 의도치 않게 위기에 근거한 것일 수도 있다. 왜냐하면 이것들은 사람들에게 그럴듯하고 매력적으로 보이기 때문이다. 가령 새로운 기술에 의해 변화하는 의사소통 형식에 대해 생각해 볼 수 있다. 중기적으로 그것들은 단연코 제도의 변화로, 그러므로 기업과 가족, 연구와 교육 기관, 미디어 분야, 국가나 정당 같은 정치 조직에서 공동생활의 다양한 형식으로 이어질 수 있다.

그러나 사회적·생태학적 의미에서 구조와 지배적(자본주의적, 인종주의적, 가부장적) 논리의 진정한 변화는 그저 어차피 일어나는 변화 과정이나 현대화 과정으로부터만 '자라나는' 것이 아니다. 그것은 전략적 행동을 필요로 하며, 이 점에 대해서는 전환 논쟁에서 광범위한 합의가 이루어지고 있다. 이는 무엇보다도 우선 기존의 지속 불가능한 생활양식과 그것의 심화가 다양한 이해관계 및 확립된 일상과 결합되어 있다는 사실과 연관되어 있다.

전환적 행동은 사회적·생태학적 관심사를 밀고 나가기 위해서는 학습 과정 및 다각적으로 일어나는 혁신과 더불어 갈등도 필연적이라는 것을 함축한다. 갈등은 대개 강력한 행위자가 자신의 이해관계를 추구하는 데서 비판과 저항에 부딪칠 때 발생한다. 대부분의 갈등은 정당들 사이에서, 의회에서, 법정에서, 고용주와 노조 사이에서 규칙에 따른 방식으로 해결된다. 타협이 어렵거나 달갑지 않은 경우 지배적 행위자는 대개 공적인 갈등과 스캔들로부터 벗어나 자신의 이해관계를 관철할 수 있는 수단과 방법을 지닌다. 권력 수단을 거의 갖고 있지 못한 사람이나 조직이 스스로를 대표하지 못한다고 느끼는 곳에서 그들은 경우에 따라 저항한다. 이것은 정치적으로 우파적일 수도 있고 좌파적일 수도 있으며, 사회적·생태학적이거나 다른 내용을 지닐 수도 있다.

그런 까닭에 중요한 것은 사회적·생태학적 전환의 관점이 필연적으로 수많은 지배적인 경제적·정치적 행위자, 즉 바로 그러한 근본적 변화에 관심이 없거나 제한된 이해관계만을 지니는 사람들과 싸우게 된다는 걸 함축한다는 점이다. 현재의 중요한 베팅 포인트는 엘리트들 사이의 불일치다. 여기서 엘리트의 진보적 부분은 행동할 수 있어야만 하고 또한 동맹을 맺을 수 있어야만 한다. 이 점은 언제나 거듭해서 드러나는 것인 만큼 실제보다 더 단순하게 들린다. 왜냐하면 사회적·생태학적 관점에서 전환적인 행위자도 결코 미리 결정되어 있지 않기 때문이다. 이는 과정과 갈등 속에서, 다른 생활양식과 사회의 조직 경험 속에서, 그리고 그런 까닭에 일어나는 대결 속에서 드러난다. 아울러 일반적으로 행위자가 자신이 밀고 나가는 과정을 자칭 '전환적'이라고 표현하는 것에 의해서가 아니라, 예를 들어 '슈투트가르트 21'이나 석탄의 추가 채굴과 전력 생산 이용에 대한 저항에서, 동물 공장에 대한 비판과 육류(또는 최소한 농산업적으로 생산한 육류) 소비에 대한 광범위한 거부에서, 그리고 개인과 집단의 근본적으로 다른 일상적 실천에서 드러난다.

일정한 방식으로 그 과정에서 비로소 형성되는 이러한 전환적인 사회적·생태학적 행위자에 대한 하나의 도전은 구체적인 것들에서 구조적 변화와 단절을 안목에 넣고 준비하며, 그것들에 대해 고심하고, 이미 일어나고 있는 것을 밀고 나가는 가운데 그것을 확고히 하는 데 존재한다. 전환적 행동은 개혁 정책에 반대하지 않지만, 그것을 포괄적이고 방향을 정립하는 지평 안에 배치한다(8장 참조). 이런 점은 현재의 사회 정책적 논쟁에서 대개 빠져 있는 측면이다. 그리고 이는 앞에서 말했듯 전환 논쟁을 아주 중요한 것으로 만든다.

25여 년 전 요아힘 히르쉬(Joachim Hirsch)와 동료들은 이를 위해 급진적 개혁주의라는 개념을 만들어냈다.[47] 이는 자본주의의 현대화라는 사회민주주의적 개혁 표상과 국가사회주의에 대한 비판을 반영한 것이었다. 이 둘은 사회가 본질적으로 국가에 의해 형성될 수 있다는 생각에 동의한다. 그에 반해 급진적 개혁주의의 관점에서는 사회관계가 전적으로 포괄적으로 변화해야만 하는데, 이를 위한 아르키메데스의 점(일반적으로 관찰자가 탐구 주제를 총체적 관점에서 객관적으로 지각할 수 있는 유리한 가설적 지점을 의미하지만, 여기서는 급진적 개혁주의가 사회관계의 포괄적 변화를 위해 기대할 수 있는 국가와 같은 단일한 주체를 의미—옮긴이)은 존재하지 않는다. 예전부터 오늘날까지 급진적 개혁주의에서 근본적인 것은 그것이 다각적인 혁신과 학습 과정 및 갈등 이외에, 축적과 지배 위에 서 있고 위기와 빈곤화 및 파괴를 대가로 치르는 자본주의적 전환 동역학을 대신해 들어서는 사회적 재생산의 전혀 다른 양태와 논리를 필요로 한다는 점이었다. '새로운 비판적 정설'은 의식적으로든 무의식적으로든 기존의 지배 관계에 대한 분석을 포기하거나 심지어 그것을 긍정함으로써 이러한 측면을 무시한다.

사회적·생태학적 전환을 위한 전제로서 제국적 생활양식의 극복

그렇다면 왜 지속 가능성으로의 전환은 지금까지 겨우 착수하는 데 성공했을 뿐 지속 가능하지 않은 다른 동역학을 저지하거나 뒤집을 수 없는 것인가? 앞에서 말했듯 그에 대해서는 강력한 경제적 이해관계가 대립한다. 전환 논쟁에서 자주 간과하는 점이지만, 현대 위기 정책을 구조화하는 힘은 생산적 투자 가능성에 대한 자본의 모색에서 출발한다. 경제적·정치적 엘리트들의 합의는 신자유주의 시기 동안 강화된 그들의 권력적 지위를 문제시하지 않기를 요구한다. 2007/2008년의 위기에서, 자산가들에게 문제는 그들의 자산과 거기에 결합된 지위를 확고히 하는 것이었다. 그들이 자주 거기에 성공하고 부채를—특히 은행 구제를 통해—국가로 이전시킬 수 있었던 것은 오늘날 유럽 및 다른 곳에서 '예산 규율'과 '부채 상환'이라는 구호로 표현되는 긴축 정책이 지배적인 이유 중 하나였다. 현재의 위기에서는 또한 국가들의 정치적 활동 공간이 신자유주의적인 긴축 정책이라는 조건하에서 얼마나 좁은지가 드러난다. 엘리트의 권력 유지와 더불어 경쟁력은 계속해서 우선권을 지니고, 국가들은 스스로가 경쟁과 성장에 고착되어 있는 것에 대해 숙고하는 대신 신자유주의의 집행자가 되었다.

생태학적 위기와 관련해 높은 수준의 위기의식에도 불구하고 왜 방향 전환은 그렇게 불충분한 것인가? 이 장에서 우리는 몇 가지 이유, 예를 들어 명백히 빠르게 그 한계에 도달하고 있는 '생태학적 현대화' 방식의 국가적이고 국제적인 환경 정책을 다루었다. 문제로 드러난 것은 유럽의 긴축 정책에 대한 진보적인 정치적 대답들이 성장 패러다임에 머물러 있고, 필요한 사회적·생태학적 개편을 거의 다루지 못한다는 것이었다. 우리는 다중적 위기를 다루기에는 생태학적으로 거의 지속 불가능한 정치적 우선권에 대해 알아보았다. 이 책의 다른 장들에서 우리는 완전히 고전적으로 산업화나 자원 개발에 의거하고, 그러함에 있어 기업과 정부 및 지구 북반구의 소비자에 의해 뒷받침되는 남반구 나라들의 발전 전략을 다룰 것이다.[48] 마지막으로 우리는 이 장에서 서로 다른 위기 차원의 연관성을 논의하고, 생태학적 위기를 극복하는 관점을 가지고 최근 몇 년 사이 더욱 중요해지고 있는 논쟁, 즉 사회적·생태학적 전환을 둘러싼 논쟁을 개괄했다. 그것이 중요한 만큼 거기서 고안된 전략은 생태학적 위기의 핵심, 즉 제국적 생활양식에 다가가고 있지 못하다. 다음 장에서 우리는 이 개념을 좀더 자세히 펼쳐보고자 한다.

3

제국적 생활양식의 개념

명백히 헤게모니의 진실은 그 헤게모니를 행사해야 할 집단들의 이해관계와 경향을 고려하는 것을 전제한다.

—안토니오 그람시[1]

이 책에서 우리는 지금까지 해방적인 사회적·생태학적 전환을 어렵게 만들어온 일련의 문제를 지적하려 한다. 정치 제도와 경제, 문화와 정신적 태도, 정치적·사회적 행위자의 지향과 관심 및 일상적 실천에 깊이 뿌리박고 있는 제국적 생활양식은 우리가 보기에 왜 구조 변화가 그토록 어려운지에 대한 하나의 주된 이유다. 아래에서 우리는 이 개념을 체계적으로 소개할 것이다.

개념 정의

이 개념의 핵심 사상은 자본주의 중심부에서의 일상생활이 본질적으로 다른 곳에서의 사회관계와 자연 관계의 형성에 의해, 즉 전 지구적 척도에서 노동력과 자연 자원 및 흡수원에 대한 원리적으로 무제한적인 접근에 의해, 따라서 자신이 자기 환경에 방출하는 것보다 더 많은 특정 물질을 받아들이는 생태계(이산화탄소의 경우에는 열대 우림이나 대양 같은)에 의해 가능해진다는 것이다.[2] 자본주의 중심부에서의 삶에 결정적인 것은 다른 곳, 특히 남반구 사회들이 조직되고 자연에 대한 그들 사회의 관계가 형성되는 방식이다. 왜냐하면 이것은 북반구 경제에 필요한, 남반구로부터의 노동과 자연의 이전이 보장되어 있는지 여부에 근본적으로 좌우되기 때문이다. 역으로 북반구에서의 제국적 생활양식은 다른 곳의 사회들을 결정적인 위계적 방식으로 구조화한다. 우리는 철저히 의식적으로 애매모호한 '다른 곳'이라는 표현을 선택했다. 가정용 제품, 의료 기기 또는 운송 및 물과 에너지 공급의 기반 시설에 들어가는 원료의 출처, 그 원료를 추출하거나 섬유와 식품을 생산하는 노동 조건 그리고 이를 위해 필요한 에너지 소비는 수많은 필수 일상 용품의 구매와 소비 또는 이용에서는 보이지 않는다. 여기에는 또한 예를 들어 인쇄 매체나 디지털 매체 같은 '문화적 식품'도 속한다. 구매와 이용의 자명성을 비로소 가능하게 만드는 것은 바로 이러한 사회적이고 생태학적인 전제의 비가시성이다. 농촌사회학자 필립 맥마이클(Philip McMichael)은 식품의 원산지와 생산을 모호하게 함으로써 시공간적으로 무제한적인 식품의 이용 가능성을 정상화하는 이 전략을 "어디에서도 오지 않은 먹거리(Food from nowhere)"라고 명명했다.[3] 겨울에 독일의 학교 급식실에서 제공하는 중국산 딸기, 불법 이주자들이 안달루시아에서 북유럽 시장을 위해 생산하는 토마토, 그리고 북반구 소비자를 위해 태국이나 에콰도르의 맹그로브 숲을 파괴해가며 양식하는 새우를 예로 들 수 있다.

우리가 제안한 '제국적 생활양식' 개념은 북반구 주민의 정치적, 경제적, 문화적 일상 구조와 실천에 깊이 자리하고 있으며 점차적으로는 또한 남반구의 신흥 경제국에도 유입되고 있는 생산과 분배와 소비 규범을 가리킨다. 생각할 수 있는 것은 물질적 실천뿐만 아니라 특히 그것을 가능케 하는 구조적 조건 및 그것과 결합한 사회적 이상과 담론이다. 이를 간단히 정식화하면 이렇다. 즉 다양한 제국적 생활양식으로 이루어지는 '좋은' 그리고 '올바른' 삶의 기준은 일상에 각인된다. 제국적 생활양식이 비록 포괄적인 사회관계와 특히 물질적이고 사회적인 하부 구조의 일부분일지라도 말이다.[4]

이런 측면에서 생활양식에 대한 우리의 구상은 우리가 자본주의 사회 구성체 같은 모순적인 사회 구성체는 일상적 실천과 상식에 자리 잡고, 그에 따라 이를테면 '자연적'인 것이 될 때에만 재생산할 수 있다고 가정하는 안토니오 그람시의 전통에 서 있다. '제국적'이라는 형용사를 가지고 우리는 그람시를 넘어서 생활양식의 전 지구적이고 생태학적인 차원을 강조하고자 한다.

제국적 생활양식은 자본주의 사회의 재생산에서 본질적인 계기다. 그것은 담론과 세계관에 근거해 세워지고, 실천과 제도 안에서 공고화하며, 시민 사회와 국가의 사회적 대결의 결과다. 그것은 불평등과 권력 및 지배에, 때로는 폭력에 토대하며, 동시에 이런 것들을 산출한다. 그것은 주체들로부터 분리되어 있지 않다. 오히려 주체들의 상식[5]을 산출하고, 그들에게 규범을 제공하는 동시에 행위할 수 있는 능력을 부여한다. 여성과 남성으로서, 이익을 극대화하고 스스로를 다른 사람보다 우월하다고 느끼는 개인으로서, 특정한 형태의 좋은 삶을 추구하는 자로서 말이다. "헤게모니적 세계관의 전유와 주체의 구성은 일치한다. 나는 자신의 방향을 정하고 그것으로 향함으로써 나 자신을 주체화한다. 바로 헤게모니는 강요와 등치될 수 있는 것이 아니라 합의에도 의거하기 때문에, 헤게모니적 세계관의 상식으로의 통합은 단순히 강요되는 것이 아니라 오히려 자기 활동성도 있다."[6] 그러나 이러한 것은 또한 생활양식이 여전히 논쟁의 여지가 있음을 의미한다. 생활양식에는 언제나 대안적이고 전복적인 해석과 실천이 유입되며, 요구와 대안적 원망이 통합된다. 그런 측면에서 각각의 모든 생활양식은 언제나 복종과 전유의 모순적인 동시성을 포함한다.[7]

제국적 생활양식 개념은 사람들의 일상을 사회 구조와 결합한다. 그것은 지배적인 생산과 소비 규범의 사회적이고 생태학적인 전제 및 이러한 전제에 내포된 지배 관계를 가시화할 것을 요구한다. 그리고 그것은 어떻게 지배가 신식민지적인 남북 관계에서, 계급과 젠더 그리고 인종주의화한 관계에서. 소비와 생산의 일상적 실천에서 정상화함으로써 더 이상 그러한 지배로서 지각되지 않는지 설명하고자 한다. 따라서 생활양식 개념은 생산 양식 개념도 포함하며, 생산의 기술적 조건 및 기업과 노동 조직의 형식을 지배적인 소비 규범에 대한 그것들의 관계로 받아들인다.

그리하여 이 개념은 의미론적으로나 부분적으로는 이론적으로도 가까운 두 개념, 즉 생활 영위(Lebensführung) 개념 및 라이프스타일(Lebensstil)

개념과 구별된다. 일상적 생활 영위라는 잘 다듬어진 사회학적 개념은 개인이 다양한 일상적 요구를 어느 정도 일관된 삶의 계획으로 통합하는 방식과 관계가 있다. 그것은 "한 사람이 삶의 다양한 영역에서 날마다 실행하는 다양한 실천적 활동의 배열 또는 연관을 가리킨다".[8] 생활 영위의 구체적 모범과 관련해 중요한 것으로 여겨지는 것은 물질적, 문화적, 사회적 자원에 대한 접근과 그 소유 가능성이다.[9] 이것들은 불평등하게 분배되어 있으며, 따라서 불만과 비판의 출발점이다. 여기서 생활 영위 개념과 생활양식 개념이 만난다. 그럼에도 불구하고 생활 영위 개념에서는 대체로 '행위자의 등 뒤에서' 그리고 단연코 전략적이고 권력 형식을 지닌 행동의 결과로 형성되는 사회적 조건이 여전히 그늘에 가려져 있다. 그런 까닭에 우리의 생활양식 개념은 물질적일 뿐만 아니라 문화적이기도 한 생활 영위 조건의 생산과 분배의 양태를 좀더 강하게 설명에 포함한다. 또한 위기의식과 지배적이거나 대안적인 문제도 좀더 크게 주목을 받는다. 마지막으로 생활 영위 개념이 사람들이 어떻게 신자유주의적으로 각인된 노동 과정과 소비 강제의 기대에 대처하고 그것을 자기 삶의 계획으로 받아들이는지 파악하는 것을 목표로 삼는 데 반해, 제국적 생활양식 개념은 신자유주의적 조건하에서 일상적 생활 영위가 어떻게 사회적·생태학적으로 파괴적인 결과를 외부화함으로써 성공적일 수 있는지에 대해 묻는다.

우리가 라이프스타일 개념[10]과 거리를 둘 때는 그것이 개인화 논쟁의 맥락에서 이용되고 계급 구조나 젠더 관계와 인종 관계 및 자본주의 사회의 국민국가적 체제를 끌어내는 선택의 자유의 계기를 포함하는 경우다. 그에 반해 우리의 생활양식 개념은 개인에게서 각각의 선택의 자유를 부정하지 않으면서 사회 구조에 내포된 비대칭을 강조한다. 라이프스타일 개념을 피에르 부르디외의 전통에서 사용하면, 그것은 우리의 생활양식 개념에 좀더 가깝게 다가온다. 요컨대 그 경우 이 개념은 가령 취향의 선호에서 신체적으로 드러나는 불평등한 사회관계에 관한 생각을 함축한다. 취향과 그로부터 결과하는 행동의 "미묘한 차이"[11]에서는 사회적 불평등이 재생산되고, 개인의 신체에 새겨지며, 이러한 방식으로 이를테면 '자연'이 된다. 아래의 상세한 논의에서 볼 수 있듯 비록 그러한 행동 모델의 제국적 전제를 강조하고 있지만 이것이 우리가 참여하는 지점임은 말할 것도 없다.

개념 수준: 일상 행위와 사회 구조

제국적 생활양식 개념의 행위 관련 측면은 "가령 운전이나 걷기, 식사, 샤워나 노트북 사용 같은 일상적 관행의 실천이 주로 습관과 반복적 일과 및 일상적 규칙에 의해 각인되어" 있다는 점을 강조한다.[12] 또한 일상적 실천의 수용이나 거부를 결정하는 데는 직접적인 지각과 정서 및 감정뿐만 아니라 가령 소비 증대, 육류 소비나 개인 차량의 운전 같은 사회적으로 정착된 보편적 주제도 중요하다. 그로 인해 대안은 어려워진다. 단적으로 말하자면, 지속 불가능성은 일반적으로 무의식적으로 실행되는 완전히 실천적인 사태다.

그러나 무의식적이라는 것은 제국적 생활양식이 다양한 전략과 결합되어 있지 않다는 것을 의미하지 않는다. 제국적 생활양식은 의심할 여지없이 다양한 전략과 결합되어 있다. 자동차 공장이나 동물 공장 또는 석탄 발전소에 대한 투자, 자유 무역 정책과 "당신의 행복을 사세요(Kauf dich glücklich)!" 같은 마케팅 슬로건, 원료 시장에서의 행동을 생각해보라. 또는 열대 우림 같은 복잡한 생태계를 이산화탄소 흡수원의 기능으로 축소하는 기후 정책, 원료의 전 지구적 교역을 비로소 가능케 하는 항구 같은 기반 시설의 창출, 다음번에 구입할 자동차를 위한 저축도 생각해볼 수 있을 것이다. 그러나 이런 다양한 형식의 의도적 행위와 가령 그것들에 선행하는 국가 정책이나 기업 경영의 전략적 결정은 행위와 의사 결정 순간보다 오래전에 시작되어 반드시 주체들에게 의식되어 있지는 않은 역사를 지닌다. 피에르 부르디외가 표현한 대로 하자면 "상호 작용의 진실"은 "결코 전적으로 이것 자체에" 근거하지 않는다.[13] 행위와 결정은 그것들을 합리적이거나 정상적인 것으로서 나타나게 하고, 그것들을 실행하거나 결정하는 주체들에게 습관적인 것으로 새겨진 사회적 맥락에 깊이 자리 잡고 있다. 상호 작용이나 그것과 결부된 결정을 파악하기 위해서는 아비투스, 즉 "자연·본성이 된, 다시 말하면 합체된 문화, 신체가 된 계급",[14] 그러므로 주체들에 의해 내면화한 사회관계를 고려해야만 한다. 그 경우 행위와 결정은 "인식"과 "오인"의 행위로서,[15] 즉 그 속에 수많은 무의식적 전제가 포함되는 의식적 행위로서 파악할 수 있다.

가령 자동차 구매는 의심할 여지없이 의식적인 행위다. 그렇지만 그것을 개인적 비용 편익 계산을 따르는 합리적 선택의 행위로 이해한다면, 이 행위가 하부 구조적이고 제도적인 경로에서 또는 사회적 이상에 의해 규정되고 습관적으로 내면화한 경로에서 수행된다는 점이 계속해서 불충분하게 조명된다.[16] 공공 여객 운송에 불리하게 구축된 도로망, 승용차에 대한 구매 및 사용 인센티브, 개인적 독립성이라는 지배적 남성 이미지와 관념, 다른 곳의 자원과 노동력을 값싸게 전유할 수 있도록 하는 가치 창출 사슬, 배출 가스 규제 완화, 자동차의 소유에 따라 이뤄지는 사회적 지위 경쟁, 이러한 모든 초개인적이고 개인에게 반드시 의식적이지는 않은 요인이 구매 결정에 영향을 미친다. 그러한 요인이 결정에 비로소 '합리성'을 부여하며, 결정이 정상적인 것으로 보이게 할 뿐만 아니라 또한 그 결정을 내리게 하는, 요컨대 지배를 근거 짓고 재생산하는 전제를 사라지게 하며, 경우에 따라서는 그 결정의 폭력성도 사라지게 한다.[17]

아비투스 범주가 의식적 행위와 그 행위의 무의식적 전제 사이를 매개한다는 점에서, 그것은 동시에 일상 행위 수준을 사회 구조 수준과 결합시킬 수 있게 한다. 후자의 수준과 관련해 우리의 맥락에서는 다음과 같은 연관이 중요하다. 즉 자본주의는 그 중심부에서 그리고 점차적으로는 이른바 신흥 경제국들에서 다른 곳의 노동력과 자연 생산력을 가치화하고, 그곳에서 창출한 가치를 중심부로 이전함으로써 자기의 경제적 생산성과 더불어 사회적 생산성을 달성한다는 것이다. 그리하여 전 지구적 상품 교환에 의해, 더 나아가 최종 생산물뿐만 아니라 원료 같은 중간 생산물에 의해 다양한 생활 관계가 서로 결합한다. "인간의 시간과 자연적 공간을 전 지구적 사회에서 일정한 가격으로 공급하는 불평등한 형식이 존재하지 않는다면, 트랙터나 기차 엔진은 불가능할 것이다."[18] 마르크스는 일찍이 값싼 원료가 자본주의 발전에 필수적이며, 더 나아가 한편으로는 그것에 동반되는 자본주의 중심부로의 가치 이전 때문에, 다른 한편으로는 이윤율의 저하 경향에 대한 '반대 경향'으로서 떨어지는 원료 가격의 중요성 때문에 그렇다는 점을 지적한 바 있다.[19]

시장에 매개된 이러한 가치 이전 형식에는 정치적으로나 법적으로 또는 폭력에 의해 관철되는 수용, 가령 공유재의 사유화 형식으로 이루어지는 수용이 더해진다. 그것은 특히 현장에서는 거의 눈에 띄지 않는, 북반구 기업이나 최종 소비자의 압력의 결과로서 이루어진다. 일반적으로 이는 추방과 빈곤화 과정 및 자연 파괴를 동반한다.

이산화탄소 흡수원을 축출하는 것이나 생태계를 이산화탄소를 흡수하는 기능으로 축소하는 것은 때때로 수용과 시장에 매개된 교환의 요소를 포함한다. 가령 남반구의 소농이 광범위하게 이용해온 토지를 '휴경지'로 선언하고 그때까지 거기에 적용하던 관습법을 지금까지의 이용자를 주변화하는 형식적인 법체계로 변형할 때 문제 되는 것은 하나의 수용 행위다.[20] 이어서 바로 그 토지가 그곳에 유칼립투스 플랜테이션을 만들어 이산화탄소 흡수 능력을 창출하고 그로써 자기의 이산화탄소 배출 축소 의무의 일부를 이행하고자 하는 북반구 에너지 기업에 양도되면, 이는 국제적인 배출권 거래에 통합된다.[21] 그러므로 시장에 매개된 과정이 문제다. 수용 과정과 거기에 이어지는 사유화 및 전 지구적 시장으로의 통합에 의해 이전에 공동체적으로 이용해온 토지는 녹색자본주의적 교환 가치라는 논리에 종속된다. 지금까지의 이용자는 주변으로 밀려나고, 관련 지역의 생태학적 복잡성은 북반구의 생태학적으로 파괴적인 생산과 소비 규범을 지속하기 위해 지극히 의심스러운 형식의 기후 보호로 축소된다. "생태 발자국"[22]이라는 강력한 은유는 일정한 방식으로 공간에서의 이런 불평등한 생태학적 교환을 표현한 것이다. 왜냐하면 나라나 집단에 특수한 '발자국'은 매우 상이하고, 어떤 지역이 생태학적으로 다른 지역을 희생시켜 살고 있는지 밝혀주기 때문이다.

그러므로 특히 남반구의 자원과 노동력의 전유, 또한 마찬가지로 주로 남반구에 있는 전 지구적 흡수원의 과도한 사용은 시장에 매개된 교환 그리고/또는 법적, 정치적, 폭력적 수용의 형식을 취한다. 그것들은 사회적, 경제적, 생태학적으로 대단히 불평등하고 권력과 지배에 의해 각인되어 있다. 모든 사람이나 집단이 같은 정도로 다른 곳의 노동력과 자원을 이용할 수 있는 것은 아니다. 오히려 이러한 접근은 다양한 불평등선(Ungleichheitslinien), 즉 계급적·성적·인종적 속성에 따라, 특히 신식민주의적 남북 관계에 따라 이루어진다. 제국적 차원은 인간과 자연에 대한 지배적이고 일반적으로 파괴적인 접근에서 드러난다.

개념의 차원

제국적 생활양식 개념은 '일상 행위'와 '사회 구조'라는 개념 수준을 가로지르는 다양한 차원을 지닌다. 개념 차원이란 특수한 소비와 생산 규범의 제국적 특성에 대한 분석과 비판 및 변화의 방향 설정에 이바지할 수 있는 측면을 지칭한다. 동시에 이는 제국적 생활양식 개념이 그로부터 자양분을 얻어내는 이론적 원천을 가리킨다.

가치화, 축적, 재생산

전 지구적 자본주의의 발전과 특정 단계에서 그것의 상대적 안정성은 제국적 생활양식과 밀접한 연관이 있다. 특히 자본주의 중심부의 자산가와 생산 수단 소유자는 이로부터 이익을 얻었으며, 나중에는 임금에 의존하는 사람 대부분도 그러했다. 식민주의의 논리는 자본주의 발전사 전체에 걸쳐 있다. 또한 남반구 나라의 얼마 안 되는 엘리트부터 중간 계급에 이르는 다소 커다란 집단도 수혜자에 속했다. 따라서 사회관계와 자연 관계는 자본주의 중심부에서뿐만 아니라 다른 곳의 생활에 필요한 생산물을 특수한 경제적, 정치적, 노동 조직적 및 자연 공간적 조건하에서 생산하는 식민지 또는 국가들에서도 구조화한다.

자본주의적 동역학은 세계 시장 경쟁이라는 조건하에서 성립한다. 그것은 국가적으로 그리고 국제 정치에 의해 보호 및 규제를 받는다. 기업은 가능한 한 최선의 이용 조건을 추구하며, 마르크스와 엥겔스가 《공산당 선언》에서 강조하듯 자본은 세계 시장을 만들어내는 경향을 지닌다.[23] 노동력과 자연의 상품화는 자본주의적 확장의 본질적 계기다. 처음부터 상품화는 전 지구적 차원에 이르는 초지역적인 차원을 지녔다. 따라서 자본주의는 언제나 사회 내부와 그 경계를 넘어서 가치화 또는 땅 차지하기를 의미하며,[24] (신)식민주의 및 인종주의와 밀접한 관련이 있다.[25]

가치화와 땅 차지하기는 자본주의와 그 외부, 즉 비자본주의적 환경 사이의 관계에서 관찰할 수 있는 자본주의 생산 양식의 동역학에서의 계기를 가리킨다. 여기서 후자, 즉 외부에 있는 것은 지역과 나라뿐만 아니라 사회적·물리적 하부 구조 같은 사회 분야 및 인간의 욕구와 활동이다. 그에 반해 가치화와 결합한 축적의 계기는 생산 과정에서 잉여 가치의 창출과 유통 영역에서 잉여 가치의 실현 그리고 투입된 자본의 증가와 관계가 있다. 여기서 문제 되는 것은 자본주의의 내부적 과정이지만, 그럼에도 불구하고 그 과정은 자본의 팽창 경향에 의해 비로소 가능해진다.[26]

제국적 생활양식 개념의 관점에서—여기서 우리는 조절 이론에 의거한다[27]—강조할 중요한 점은 다음의 두 가지다.[28] 첫째, 자본주의적 축적은 언제나 생산과 소비를 포함한다. 기능적 축적은 예를 들어 제2차 세계대전 이후 수십 년 동안, 즉 포디즘의 시대에 표준화하고 내구력 있는 대량 생산품(자동차, 텔레비전, 세탁기, 냉장고 등등)의 경우에서 존재했던 것과 같은 생산 규범과 소비 규범 사이의 대응 관계를 전제한다(4장 참조). 자본주의적으로 생산한 상품의 소비를 통해 노동력의 재생산은 "자본 순환의 내부적 계기"가 된다.[29]

둘째, 생산 규범과 소비 규범 사이의 대응은 자동적으로 또는 필연적으로 이루어지지 않는다. 오히려 그것은 사회적 투쟁 및 이러한 투쟁으로부터 결과하는 세력 관계와 타협의 국가적이고 사회적인 제도화의 가능한 결과다. 예를 들어 포디즘에서는 노동 운동이 쟁취한 복지 국가적인 성과와 임금 상승을 노동 생산성 증가와 결합하는 것이야말로 북반구 나라에서 사회적 복지를 엄청나게 증대시킬 뿐만 아니라 그곳의 노동 계급으로 하여금 그때까지 알려지지 않은 복지 증대에 참여할 수 있도록 한 '조절 방식'의 핵심 요소였다.

그리하여 북반구에서는 그때까지 상위 계급과 (상층) 중간 계급에게 유보되어 있던 제국적 생활양식의 사회적 보편화를 위한 토대가 창출되었다. 동시에 인구 대다수의 재생산은 기능적인 제국적 관계에 여러 가지 방식으로 의존하게 되었다. 첫째, 신식민주의적 남북 관계와 관련해 재생산에 필요한 재화의 생산과 사용을 위한 자원(광물, 석유, 농업 원료)은 대부분 남반구의 값싼 노동력에 의해 채굴 또는 재배되었다. 나중에 "새로운 국제 분업"[30]의 틀 내에서 섬유 및 의류 산업 같은 노동 집약적 부문은 생산 자체가 남반구 나라들로 옮겨갔다. 둘째, 광업과 원유 채굴뿐 아니라 산업과 농업 생산은 생태학적으로 종종 파괴적이었고, 남반구의 대안적 경제 운용 형식으로부터 그 존재의 기초를 탈취당하는 사회적 자연관계의 의존성이 나타났다. 셋째, 제국적 생활양식은 젠더 관계에도 새겨졌다. 포디즘적 임금 관계의 보편화가 '가족 부양자'로서 기능한 남성 노동자와 직원에게 유리한 반면, 여성은 무보수 돌봄 노동을 하거나 미숙련 노동력으로서 전자오락 기구와 가전제품의 표준화한 생산에 고용되었다.[31] 따라서 '헤게모니적 남성성'의 남성 중심주의적이고 유럽 중심주의적인 삶의 계획은 제국적 생활양식의 필수적 구성 요소다.[32] 마지막으로 구조적 인종주의와 신식민주의를 여기에 덧붙일 수 있다. 그것들은 예를 들어 남반구 노동력에 대한 저평가에서 모습을 드러냈으며, 착취와 억압을 정당화할 뿐만 아니라 북반구 사회에서 우월감을 창출하기도 했다.[33] 그러므로 물질적, 사회적, 생태학적 비용의 외부화는 슈테판 레세니히(Stephan Lessenich)가 지적하듯 "피해에 대한 책임이 피해자 자신에게 투사됨으로써 상징적 배제 과정 및 평가 절하 경험과 …… 피해 전이 및 책임 전가의 관행과 결부되어 있다".[34]

개인과 가족의 재생산은 생산과 소비 규범을 통해 제국적 생활양식의 구성적 계기, 그리고 전제와 성과물이 된다. 자본주의의 본질적 징표는 노동력의 재생산이 시장 의존적이라는 점에 존재한다. 이를테면 자신의 생존을 확보하기 위해 필요한 수단(토지, 노동 수단)으로부터 '해방'되고, "도덕적 경제"[35]의 공동체적 맥락에서 풀려난 대다수 사람은 살아가기 위해 시장에서 자신의 노동력을 팔아야 한다. 동시에 이러한 필연성은 그들이 자신의 소득을 벌어들이는 생산 과정과 자신의 재생산을 위해 필요한 상품이 다른 곳의 노동력과 자연의 불평등한 전유에 의거하는 만큼 그들을 제국적 생활양식으로 이끈다.

그렇지만 다른 곳에서 때때로 고통과 파괴를 초래하는 제국적 생활양식으로의 구조적 강제가 반드시 그와 같이 지각되는 것은 아니다. 오히려 그것은 종종 행위 가능성의 확대로 받아들여진다.[36] 많은 사람에게 제국적 생활양식은 주관적으로 충족된 삶의 가능성을 의미한다. 노동력과 자연의 불평등한 전유는 소득을 창출하는 생산뿐만 아니라 일상생활을 쉽게 영위하거나 좀더 살 만한 가치가 있는 것으로 만들어줄 수 있는 생산물(가정용 기기, 자동차, 스마트폰 등등)의 구입을 가능케 한다. 또한 그것은 여가 활동과 도달 가능한 여행 목적지의 스펙트럼을 확대하며, 있을 수 있는 위기 상황에서 실재적이거나 적어도 그렇게 느껴지는 안전을 창출한다.

게다가 제국적 생활양식으로의 구조적 강제는 국민국가적이고 계급적인 소속성과 성 정체성 그리고 인종에 따라서도 다르게 나타난다. 일부 사람이 예를 들어 지역적이고 계절적인 식품을 구입함으로써 선택적으로 그러한 강제로부터 벗어날 수 있는 데 반해, 다른 사람은 특히 그들의 일상적 생계 노동과 소비 또는 사회관계의 형성이 문제 될 때는 아주 적은 행위 능력만을 지닌다. 적은 소득과 자산을 소유하거나 실업 보험 또는 사회적 이전으로 살아가는 사람은 예를 들어 티셔츠나 값싼 식품의 구매에서 다른 곳의 열악한 노동 조건과 자연 착취로부터 이익을 얻는 정도로만 사회적 복지에 참여할 수 있다.

그러므로 제국적 생활양식은 삶과 사회적 참여의 필연성인 동시에 약속, 강제인 동시에 전제다. 강제와 그 강제로부터 벗어날 가능성 및 능력의 관계는 개인의 사회적 지위에 따라 다양하다. 지위 배치가 행위를 결정하는 것은 아니지만, 그것은 행위 공간을 표시한다. 그러므로 그것은 개인이 이용할 수 있는 행위 선택지의 스펙트럼에 결정적이다. 따라서 우리가 제안하는 관점에서 특수한 것은 그것이 인간 행동에 의해 다양한 일상적 행위를 생산하는 구조적—즉 제한하고 가능케 하는—틀 조건을 통해 일상적인 삶의 공간적 확대 재생산을 가시화한다는 점에 있다.

헤게모니와 주체화

제국적 생활양식은 생산력 발전에서 그 물질적 핵심을 지니는 특정한 진보 관념과 결부되어 있다. 컴퓨터는 점점 더 성능이 좋아지고, 식품은 더 값싸진다. 그것들을 생산하는 사회적이고 생태학적인 조건과 대체로 또는 전적으로 상관없이 말이다. 이러한 관념이 생산 규범과 소비 규범 사이의 일관성에 토대한다면, 따라서 그것들이 자본주의적 축적의 동역학과 일치하고 그것의 부정적 결과를 외부화하는 데 성공한다면, 제국적 생활양식에 의문을 제기하기는 어렵다. 그 경우 제국적 생활양식은 헤게모니적이다. 그것은 널리 받아들여지고, 사회경제적으로나 정치·제도적으로 단단해지며, 사람들의 일상적 실천에 깊숙이 자리 잡는다.

안토니오 그람시에게 헤게모니는 광범위하게 공유된 "피지배자들의 합의"[37]가 존재하는 지배 상황을 가리킨다. 이러한 지배적인 물질적·이데올로기적 합의 요소는 사회적 지배의 중심 차원과 그 배후를 캐물을 수 없는 것으로서, 자연적인 것으로서 나타나며, 따라서 바로 지배처럼 나타나지 않는 "상식"[38]을 통해 안정화된다. 기존의 사회관계는 개인과 기업, 노동조합, 정부 기관, 미디어 등과 같은 집단적 행위자에 의해 광범위하게 수용되며, 세계관과 의미 형성의 일부를 이룬다.

첫째, 헤게모니는 전략적 차원을 지닌다. 그것은 지배 계급이 자기 이익과 세계관을 보편화할 수 있는 능력을 나타낸다. 종속 계급은 지배 계급의 (예를 들면 경제적 성장과 경쟁력 측면에서) 이해관계를 자기 것으로 받아들이거나, 아니면 그것을 각각의 사회적 지위에 따라 자기 것으로 받아들여야만 한다. 그에 따라 지배자의 이익은 보편적 이익, 즉 사회적으로 '정상적'이거나 심지어 '자연적'인 것으로 광범위하게 공유된 관념이 된다. 지배 계급은 '지도적' 계급이 된다. 이는 그들이 자신의 이해관계가 사회 전체에 대해서나 최소한 사회의 다수에 대해 매력적인 방식으로 그것을 정식화하고 추구한다는 걸 전제한다. 이러한 일은 마스터플랜에 의해서가 아니라 지배 계급의 서로 다른 당파 사이에서, 한쪽의 지배 계급과 다른 한쪽의 종속 계급 사이의 갈등을 거치는 과정에서 이루어진다.

그람시가 〈미국주의와 포드주의〉[39]에 대한 분석에서 지적한 헤게모니의 중심적인 물질적 요소는 생산 과정의 일정한 조직과 그에 상응하는 소비 규범의 관철과 함께 다수의 개인적 행위와 예상할 수 있는 궤도에서 수행되는 규칙성이 창출된다는 데 존재한다. 역사적으로 구체적 행동 방식인 호모 오이코노미쿠스(*homo oeconomicus*: 경제적 인간)를 통해 자본주의의 전형적인 교환 가치 및 경쟁의 방향 정립이 인간 본성의 일부가 되었다.[40] 이러한 "지배적 행동 모델의 비역사적인 자연화"[41]는 또한 지배적인 경제학의 산물이기도 하다. 스스로 자본주의 생산 양식의 압인 아래 있는 가운데 그러한 경제학은 단순히 기술할 뿐이라고 내세우는 주체들의 구성에 이바지한다.

호모 오이코노미쿠스의 인간상에서는 헤게모니의 두 번째 차원이 드러난다. 앞에서 언급한 피지배자의 합의는 '위대한 정치'뿐만 아니라 생활양식 및 상식과도 관련이 있다. 그것은 사회 구성원 각각의 특수한 삶의 상황에서 그들의 실천적 방향 정립을 포괄한다. 그런 측면에서 헤게모니, 따라서 합의적 지배를 둘러싸고 전략적으로뿐만 아니라 제국적 생활양식, 즉 자동차 이용, 자기 집에 대한 꿈, 저렴한 오락 및 통신 기기의 구매 근저에 놓여 있는 자명하고도 반복적인 일과를 지닌 일상에서도 싸움이 벌어진다. 전략적 행위를 가지고 추구하는 이익이 다시금 현존하는 삶의 조건이나 방향 정립과 연관 있는 실천과 일상적 작업의 부분이 되지 않는 한 전략적 행위만으로는 충분하지 않다. 이런 의미에서 헤게모니는 포괄적인 물질적이고 상징적인 실천이다. 그것은 "수많은 개인과 사회적 집단이 대규모 집단의 공유된 습관에 적극적으로 자기 복종의 형태로 지배에 대한 동의를 표명하는 그들의 일상적 이니셔티브"를 포함한다.[42]

상식과 일상적 실천에 커다란 의미를 부여하는 헤게모니 이론은 동시에 지배에 복종하는 주체와 그들이 그렇게 하는 방식에 대한, 따라서 지배를 수립하고 안정화되지만 또한 의문시될 수도 있는 주체화 과정에 대한 시각을 열어준다.[43] 지배가 개인을 단순히 강제하고 규율하고 억압하는 것이 아니라 그들의 욕망과 욕구에 호소한다면, 이는 개인적 정체성의 일부가 되며, 그에 따라 더욱더 효과적이게 된다. 지배는 더 이상 개인에게 외면적인 것이 아니다. 대신 지배는 자기 자신에게 작용하는 바로 그 메커니즘을 이용하며, 따라서 그 작용이 지배로 감지되지 않음으로써 영향을 펼친다.

이것을 예를 들어 설명하자면 이렇다. 즉 자본주의는 사람을 그들의 속성에 따라 합리적으로 행동하고 자신의 성공이나 실패에 대해 스스로 책임지는 개인으로 간주한다. 신자유주의 단계의 자본주의는 1960년대와

1970년대의 새로운 사회 운동이 해방적인 의도에서 포디즘의 국가와 사회를 특징지었던 가부장적이고 후견적인 경향에 대해 행사한 근본적인 비판과 연결된다. 자본주의는 이런 비판을 자신의 현대화를 위한 계기로 전환시킨다. 거기서 일부 사람에게는 삶의 기획과 소비 가능성이 증가하는 데 반해, 경쟁과 사회적 불평등은 더욱 심해진다. 노동력과 자연의 불평등한 전유와 더불어 제국적 생활양식을 강화하는 파멸적인 입지 및 지위 경쟁이 정상으로 여겨진다. 신자유주의적 자본주의에서 주체성의 지배적 형태인 '기업가적 자아'는 그것에 온전히 전념한다. 그 자아는 신자유주의적 자본주의의 명령이 지니는 지배 형식을 사라지게 하는 방식으로 그 명령을 내면화한다.

주체화는 또한 신체적 차원도 지닌다. 위에서 피에르 부르디외를 언급하며 지적했듯 계급과 젠더 그리고 인종은 신체가 된다. 그것들은 움직임과 감각과 취미의 방식으로 새겨진다.[44] 이를 통해 지배는 이를테면 '자연적'이 된다. 지배는 소비를 통해 차이를 표시하고 자신의 사회적 지위를 확인하며 자기 자신을 실현하려 노력함으로써 재생산된다. 슈테파니 그레페(Stefanie Graefe)가 지적했듯 이러한 종류의 자기 확인과 구별화는 바로 "증대되는 사회적 위기 상황의 시대에" 더욱 중요해진다.[45] 소비를 통해 매개되어 그것은 제국적 생활양식의 추동력이 된다.

생산 규범 및 소비 규범 사이의 일관성 형성과 비슷하게 주체화와 헤게모니 형성도 '자본'이 단순히 자기의 그때그때마다의 요구에 상응하는 주체와 일상적 실천을 창출하는 과정은 아니다. 그 대신 문제 되는 것은 사람들이 동등한 권력 자원을 지니지 못한 채 그들 자신의 욕망과 사회적 가능성 사이에서 끊임없이 타협을 끌어내는 투쟁이다. 게다가 헤게모니와 주체화는 결코 총체적이지 않다. 오히려 참여 요구와 거기에 포함되는 정의(justice) 관념이 사회관계를 비판하는 반성적 방식으로 표현될 수 있다. 이런 점은 제국적 생활양식이라는 약속을 점점 더 많은 사람이 달성할 수 없거나, 마음의 불편함과 고통을 산출하는 소비에 대한 강제가 가능한 구별 획득을 덮어버릴 때 사실일 수 있다. 신자유주의적 주체성의 병리 현상에 관한 최근의 (노동사회학적) 연구는 많은 사람이 지금 시점에서 단연코 이를 달성할 수 있었다는 것을 보여준다.[46]

위에서 언급한 아비투스 개념과 관련해서도 다음과 같이 질문할 수 있다. 어떤 상황에서 아비투스는 더 이상 존속되지 않으며, 요구와 욕망은 언제 충족될 수 없는가? 이는 위기의 시대에 사실일 수도 있지만, 상황에 따라서는 수많은 작고도 일상적인 염려와 새로운 경험의 결과로서 또는 더 이상 그렇게 살고 싶어 하지 않는 계기로서 나타날 수도 있다. 그것은 때때로 개인적 일상의 작은 변화에서 나타나고 종종 일시적인 것으로 머물지만 단연코 지속될 수 있으며 사회적인 영향을 미칠 수도 있다.[47] 부르디외를 넘어서 생각해보면, 아비투스에 대한 마음의 불편함은 기존 관계의 정치화와 대안에 대한 실천적 탐색으로 이어질 수도 있다.

하지만 그 경우조차도 증가하는 불평등 경험과 해방적 실천으로 옮겨지는 반성적 사회의식 사이에는 어떠한 자동성도 존재하지 않는다. 수많은, 특히 우파 형식의 정치화를 생각할 수 있다. 또한 2008년 이후의 정치적 발전이 보여주듯 위기 상황은 바로 제국적 생활양식을 구성하는 실천에 대한 국가적 뒷받침에 의해, 예를 들면 '폐차 프리미엄'에 의해 자동차의 생산과 판매를 촉진하거나 농산업적으로 생산한 식품을 자유 무역 협정을 통해 값싸게 만드는 시도를 함으로써 안정될 수 있다.

그러나 불평등 경험은 대안을 둘러싼 사회적이고 정치적인 대결을 위한 공간을 열어준다. 물론 그 공간은 제국적 생활양식의 약속이 많은 사람에게 실재적인 것이 되거나 최소한 달성 가능한 것으로 드러나는 한, 따라서 지배적인 방향 설정이 잘 작동하고 정상적인 것으로 간주되는 한 이러한 형식으로는 존재하지 않는다. 이런 상황에서 해방적인 힘에 대한 핵심적 도전은—우리는 마지막 장에서 이 문제로 돌아올 것이다—"도덕적 경제"[48]라는 관념이나 잔고를 확인하고 그로부터 생태학적으로나 사회적으로 정당한 만큼 좋기도 한 삶의 매력적인 이상을 형성하는 데 놓여 있다.

위계화

비록 우리가 제국적 생활양식에 대해 단수로 이야기한다 할지라도, 그것이 나라와 지역, 도시와 농촌, 계급과 젠더, 인종 간 그리고 사회와 자연 간 다양한 사회적 분열선을 따라 재생산된다는 것은 이미 여러 곳에서 시사된 바 있다. 제국적 생활양식은 그것이 특정 장소의 특정 사람들에게 가능한 더 좋은 삶이 다른 장소에 있는 다른 사람들의 삶의 조건을 훼손하는 것을 전제한다는 측면에서 다양한 권력과 지배 관계를 함축한다.

이런 점은 예를 들어 부자가 그들의 사회적 위치를 확보하고 상층 중간계급의 구성원이 자신들의 사회적 상승 욕구를 강조해 보여주는 자기 과시 또는 지위 소비에서 드러난다. 사치품 소비에서 상품의 상징적 가치는 그 사용 가치보다 중요하다. 2만 유로짜리 롤렉스가 이 액수의 100분의 1도 안 되는 가격으로 구입할 수 있는 손목시계보다 시간을 더 잘 보여주는 것은 아니다. 하지만 그것은 적절한 환경에서 은근히 과시함으로써 그 소유자로 하여금 위신을 획득하게끔 해줄 수 있다.[49] 지위 소비의 구별화와 더불어 프레트 히르쉬(Fred Hirsch)가 지적한 위계화의 또 다른 형식이 있다.[50] 즉 부유한 사람들은 예를 들어 브랜드 제품같이 일반화할 수 있는 것이 아니라 희소하고 그것을 다른 사람들이 소비하는 정도만큼 그 가치를 잃는 재화에 의해서도 구별된다. 이러한 '위치적' 재화는 예술품과 골동품 또는 비싼 지역에 있는 부동산이 포함된다.

또 다른 예를 들면, 기후 변화의 원인에는 가령 이동 행위나 높은 수준의 육류 소비라는 뚜렷한 두 가지 구별이 존재한다.[51] 더 나아가 생태학적 위기에 대한 책임은 포디즘에서의 화석 연료에 기초한 소비 규범의 사회적 보편화에도 불구하고 계급적 소속에 따라서도 다양하다. 부퍼탈 연구소(Wuppertal Institut)가—물론 계급 개념을 회피하는 가운데[52]—분명히 밝히고 있듯 "사회적 환경이라고도 부르는 라이프스타일 공동체는 공교롭게도 최상의 교육과 소득 상태 그리고 최고의 환경 의식을 지니고 동시에 최고의 자원 소비를 보여준다. ……여러 곳에서 철저히 환경 의식적인 그들의 결단이 지니는 환경 보호 결과는 실질적으로 무시된다. 왜냐하면 그들은 자신의 물질적 상황으로 인해 낮은 사회적 환경에 있는 사람들보다 많은 생산물과 서비스를 누릴 수 있기 때문이다. ……교육을 적게 받고 돈이 적은 사람들은 물론 환경 의식 없이 행동하는 경우가 많지만 사실상 환경 친화적이다. 그 까닭은 대개 그들이 자원 집약적인 라이프스타일을 누리기에는 너무 적은 소득을 올리기 때문이다".[53]

제국적 생활양식 개념은 강력한 자본주의적 행위자들이 노동력의 재생산에 대한 그들의 구조적 권력과 점점 더 미묘한 마케팅 장치를 가지고 사람들을 특정한 생활양식으로 밀어붙인다는 사실을 무시해서는 안 된다.[54] 이 개념은 모든 사람이 똑같이 살고 있다는 게 아니라 '좋은 삶' 및 사회 발전과 관련해 구체적이고 폭넓게 공유된 관념이 지배적이라는 것을 의미한다. 사회적으로 위계화하는 생활양식의 측면은 헤게모니적인 통합적 측면과 영구적인 긴장 속에 놓여 있다. 제국적 생활양식은 사회적 불평등에 토대하며 그것을 재생산한다. 동시에 그것은 사회적 불평등을 다룰 수 있게 한다. 제국적 생활양식은 상위 계급의 풍요가 종속 계급에게 적어도 부분적으로나마 실현 가능한 행복의 약속으로 나타나는 동안에만 사회적으로 불평등한 사회를 안정시킨다.

외부화

'가치화, 축적, 재생산' 절에서 이미 시사했듯 자본주의적 상품 생산, 경쟁, 교환 가치 지향, 노동력의 상품화 및 잉여 가치 전유는 사회적·경제적·생태학적 측면에서 그로부터 이익을 얻는 외부 없이는 생각할 수 없다. 노동력의 재생산은 경제적으로 좀더 강력한 나라들에서 다른 곳의 노동력과 자원 및 흡수원에 대한 '유리한' 접근을 통해 한층 단순해지는 경향을 보인다. 이런 점은 무엇보다도 우선 다른 나라들에서 생태학적으로나 사회적으로 파괴적인 조건 아래 생산하는 식품이나 내구 소비재 또는 그 중간 생산물 같은 값싼 상품에서 드러난다. 임금이 침체되거나 심지어 떨어지더라도 '장바구니'는 커질 수 있다.[55] 마르크스는 이것을 "상대적 잉여 가치"의 증가라고 불렀다. 노동력의 재생산에 필요한 상품의 가치를 줄임으로써 노동력의 가치가 떨어지고 잉여 가치 또는 이윤율이 상승한다.[56] 자본주의 세계 시장과 중심부에서 강력하게 제도화한 산업적 관계라는 조건 아래서, 이런 현상은 단연코 본질적으로 다른 곳에서 생산한 중간 생산물이 생산 과정에 투입되는 것에 토대한다. 슈테판 레세니히는 부정적 효과를 영속적으로 아웃소싱하는 '외부화 사회'에 대해 이야기한다. "우리가 외부화하는 것은 우리가 그렇게 할 수 있기 때문에, 사회 구조가 우리로 하여금 그렇게 할 수 있도록 하기 때문에, 사회적 기제가 우리로 하여금 그렇게 하도록 허락하기 때문에, 우리 주변의 일반적 실천이 우리가 그렇게 하도록 확증해주기 때문이다. 그러나 우리가 외부화하는 것은 일정한 방식으로는 또한 우리가 다르게 할 수 없기 때문에, 사회 구조가 우리를 그렇게 하도록 강제하기 때문에, 사회적 기제가 우리를 그렇게 하도록 추동하기 때문에, 우리의 사회적 환경의 일반화한 관행이 우리로 하여금 그렇게 하도록 동기를 부여하기 때문이다."[57]

페미니즘적 사회 이론과 경제 이론은 외부화의 관점을 확대해준다. 종종 폭력적 가치화가 그에 선행하는, 시장에 매개된 인간과 자연에 대한 착취뿐만 아니라 돌봄 노동도 자본주의적 생산의 구성 요소다. 여기서 외부화는 포괄적 의미에서 자본주의 경제의 기능화에 결정적으로 기여하는 '원리'로 이해할 수 있다.[58] "분리된 것(사회적으로 여성적인 무임금 노동과 생태학적 본성에 따른 봉사)의 평가 절하"라는 의미에서 자본주의적 외부화 구조는 "그것을 무상 또는 저비용으로 전유하기 위한 기초다. 따라서 자본주의의 세계화는 또한 이 원리의 세계화로 이어진다. 그것은 새로운 경계 긋기와 결합해 있는 새로운 최신의 전유 과정에서 표현된다".[59]

구체적인 생산 과정 이외에 어디서나 뚜렷해지는 생계 노동과 재생산 간 결합의 중요성은 점점 더 조밀하게 좀더 즉각적으로 '돌봄 사슬'과 연결된다. 크리스타 비히테리히는 이와 관련해 "세계의 중간층은 더 가난한 다른 지역들로부터 돌봄 역량을 획득함으로써 자기 자신의 재생산을 확보하고, 그들을 수탈함으로써 자신의 재생산 위기를 그들에게 전이한다"며 이것이 어떻게 작동하는지를 보여주는 "초국가적 돌봄 채굴주의(transnationalen Sorgeextraktivismus)"라는 개념을 제안한다.[60] 동시에 이주와 초국가적으로 조직된 재생산 노동에도 불구하고 여성화하고 인종화한 돌봄 도덕과 그에 상응하는 활동 및 그에 대한 사회적으로 낮은 가치 평가는 계속해서 유지된다. "북반구의 위기 상황과 공급 부족은 이런 방식으로 극복되고, 본국의 가계 및 그 나라들로 전이된다. 공존 가능성 문제의 한 변형으로서 남반구나 동구 출신 돌봄 노동자는 돌봄 유출(Care Drain)에 의해 발생한 자기 가족의 돌봄 빈자리를 개별적으로 채워야만 한다. 자신의 아이들과 늙은 가족 구성원에 대한 보살핌을 친척 여성이나 이웃 또는 또 다른 좀더 가난한 지역이나 나라에서 온 이주자에게 맡기는 식으로 말이다."[61]

따라서 제국적 생활양식은 특정한 지역과 특정한 (특권을 부여받은) 집단의 노동관계와 생활 관계를 상대적으로 살 만하고 매력적으로 유지하는 가운데 다른 지역과 사회 집단을 희생시키는 사회경제적이고 생태학적인 위기의 외부화를 내포한다. 자본주의 생산 양식의 지배를 받고 세계체제에서 정치적으로나 경제적으로 강력한 지위를 가진 사회에는 이러한 문제와 위기의 외부화 경향이 내재해 있다. 에릭 올린 라이트(Erik Olin Wright)는 "부정적 외부 효과를 산출하는, 이윤을 최대화하는 기업에 대한 체계적 압력"에 대해 이야기한다.[62]

이 개념의 사용 가치

우리는 마지막으로 우리가 생각하기에 제국적 생활양식 개념이 지니는 정치적이고 학문적인 사용 가치를 아홉 가지로 요약하고자 한다. 첫째, 이 개념은 자본주의 생산 양식과 일상적 실천 및 주체화 형식 사이의 밀접한 연관을 명확히 해준다. 여기에는 또한 생계 노동과 무임금 형식의 노동도 속한다. 가치화와 자본 이용 전략, 국가 정책의 구조와 과정 그리고 지배적 세력 관계는 사고와 행동의 메커니즘으로 분명히 표현되고, 사람들의 정체성과 신체에 새겨지며 선택 및 욕망된다. 이런 방식으로 그것들은 일상의 모세관으로 침투한다.

둘째, 바로 '제국적'이라는 형용사 덕분에 정치적으로 강력한 의미를 지니는 제국적 생활양식 개념을 가지고 자동차를 소유 및 운전하며, 너무나도 당연히 그리고 다른 대안이 있음에도 불구하고 짧은 거리를 이동하는 데 비행기를 이용하거나 산업적으로 생산한 육류를 먹는 사람을 도덕적으로 손가락질해서는 안 된다. 이런 일은 비판받고 개선해야 한다. 사실상 개인적 행동을 통해, 의무 또는 금지를 통해, 그리고 사회적으로 가능한 대안을 통해서도 그렇게 해야 한다. 그러나 이는 우리가 분석적·정치적으로 사용하는 개념의 범위가 아니다. 그런 면에서 사회적 변화를 위한 변화의 중심적 출발점은 "스스로 책임을 떠맡는 것"과 "도덕적 행동과 부도덕한 행동 사이에서" 인격적으로 결단하는 것이 아니라[63] 일차적으로 제국적 생활양식을 재생산하는 사회 구조와 불평등 모델을 보여주는 데 있다.

셋째, 제국적 생활양식 개념은 널리 퍼진 생태학적 위기의식에도 불구하고 자원과 배출 집약적인 실천이 높은 지속성을 보여주는 중요한 원인을 가리켜 보여준다. 이 개념은 무엇보다도 우선 자본주의 중심부에서의 사회적 재생산이 바로 신자유주의적 세계화의 위기에서도 안정화 효과를 지닌다는 것, 즉 다른 곳의 노동력과 자연에 대한 접근을 통해 수행된다는 데 주의를 환기한다. 그에 더해 이 개념은 다른 곳에서의 사회적 관계가 바로 세계 시장으로의 편입을 통해 구조화한다는 점을 시사한다.

넷째, 이 개념은 특히 1990년대 이래로 확립된 형식의 전 지구적 환경 정책이 왜 그렇게 효과가 없는지를 보여준다. 우리는 위기관리의 진정한 위기를 겪고 있다. 왜냐하면 위기의 핵심 요소로서 제국적 생활양식이 정책에서 일반적으로 아무런 역할도 하고 있지 않기 때문이다. 그 가장 좋은 표현이 해마다 개최되는 기후 변화에 관한 유엔 기본 협약 총회다. 가령 예를 들어 2015년의 파리 기후 협정에서는 기후 변화의 주요 원인 제공자로서 화석 연료에 대한 단 하나의 경고도 제기되지 않았다. 또한 국가적 환경 정책의 지배적 형식도 생태학적 현대화라는 방식으로 행해지고 있으며[64] 많은 문제를 제기하는 생산 양식과 생활양식에는 접근하고 있지 않다. 그런 까닭에 제국적 생활양식 개념은 자연 관계의 근본적 전환과 관련해 국가의 정책이나 정부 간 정책에 너무 많은 기대를 걸지 않게끔 해준다. 그것들을 자기 책임에서 벗어나게 해주거나 이미 확립된 형식의 정책을 냉소적으로 바라보지 않으면서 말이다. 왜냐하면 지배권을 장악한 사회적 (세력) 관계와 지배적 방향 정립이 자연 관계의 근저에 놓여 있을 뿐만 아니라 나아가 이는 국가의 정책만으로는 극복할 수 없기 때문이다. 이런 점은 라틴아메리카의 이른바 진보적 정부들에서도 나타난다. 그들은 지금까지 세계 시장 지향적인 신채굴주의에 대한, 따라서 원료의 무조건적 채굴과 농업 생산물의 재배 및 세계 시장에서의 판매에 대한 대안을 거의 발전시키지 못했다. 그들은 더 나은 분배를 위한 사회적 투쟁의 결과로서 세계 시장 파이에서 더 많은 몫을 받길 원하지만, 그 파이 자체와 생산 조건에 대해서는 의문을 제기하지 않는다.

다섯째, 이 개념은 지속 가능성에 대한 다양한 고백과 생태학적 위기에 대한 효과적인 형식의 대처에도 불구하고 최근에 왜 오히려 신제국적인 자원 정책과 새로운 형태의 채굴주의 그리고 문제의 외부화 정책이 지배적인지를 설명해준다. 더 나아가 자연에 대한 자본주의적 가치화는 위기를 다루는 동시에 자본주의 경제를 자극하도록 가정한다. 지배적인 세력관계와 제도 그리고 이해관계 그룹뿐만 아니라 헤게모니적인 생활양식도 이를 촉진한다. 그러나 어떤 식으로든 이를 따른다고 해서 우리가 반드시 제국적 생활양식 개념을 가지고 제국주의 개념을 완화시키려는 것은 아니다. 오히려 우리는 제국주의적 정책이 일상적 실천과 무엇보다도 우선 북반구 사회의 중간 계급과 상위 계급의 지각 속에 헤게모니적으로 자리 잡고 있다는 걸 분명히 할 것을 요구한다. 우리에게는 제국주의적 정책의 지속성을 헤게모니 이론적으로 기초 지음으로써 설명하는 것이 문제다. 특히 제국적 생활양식의 사회적·생태학적 모순이 점점 더 명백해지고 있는 시대에는 말이다.

여섯째, 제국적 생활양식 개념은 좋은 논증, 합리적 공공 담론 또는 '인류'나 심지어 지배 세력의 계몽된 자기 이해관계에 대한 높은 기대를 상대화한다. 왜냐하면 이런 메커니즘은 종종 깊이 자리 잡고 있는 방향 정립과 실천의 지각 체계에 의해 실추되거나, 아니면 특정한 소비와 생산 규범에 의문을 제기하는 대신 부분적인 현대화를 통한 공고화라는 결과와 선택적으로 통합되기 때문이다. 비슷한 방식으로 이는 녹색 경제 전략의 경우에서처럼 그 속에 제국적 생활양식이 깊이 자리 잡고 있는, 적어도 아주 불충분하게 조명된 채 남아 있는 수많은 (이른바) 대안적 접근법에도 적용된다(7장 참조).

일곱째, 이 개념은 언제나 투쟁과 변화의 계기를 포함한다. 우리는 2장에서 자본주의 사회의 본질은 바로 스스로를 영구히 전환시키는 데 존재한다고 논증했다. 문제는 이런 일이 어떤 방향으로 그리고 어떤 논리와 이해관계 편제 및 세력 관계 아래서 일어나는가 하는 것이다. 제국적 생활양식은 부분적으로 생태학적 지속 가능성이라는 의미에서 단연코 '좀더 녹색'이 된다. 그러나 이는 또한 화석 연료 및 기타 재생 불가능한 원료의 이용 증가라는 의미에서 '좀더 갈색'이 되기도 한다. 그러므로 제국적 생활양식은 자체의 근본 특징을 유지하기 위해 영구적으로 스스로를 변혁해야 하거나 각기 특수한 이해관계를 지닌 수많은 행위자에 의해 변혁되어야만 한다. 이는 또한 생활양식의 구체적 형태화를 둘러싸고 투쟁이 벌어진다는 것을 의미하기도 한다. 남반구 나라의 노동자나 그곳의 정부 같은 행위자들은 사회적 기준과 환경 기준을 높임으로써 외부화의 방식에 부정적 영향을 미칠 수 있다.

여덟째, 제국적 생활양식 개념은 생태학적 위기를 해방적으로 정치화하기 위한 전제와 출발점 및 형식에 빛을 던져준다. 우선 우리에게 중요한 것은 널리 퍼진 생태학적 대재앙설, 즉 상상할 수 있는 대재앙의 원인인 사회적 관계를 지속시키는 도구에 저항하는 것이다. 이는 예를 들어 IPCC에서 잘 묘사한 것과 같은 시나리오에 눈을 감는다는 걸 의미하지 않는다. 그러나 특히 (엄청난 양의 공격적인 온실가스 메탄을 방출할 영구 동토층의

해빙 같은) 기후 급변점의 도래 가능성 때문에 시간이 급박할 때조차도 중요한 점은 복잡하고 모순적인 해방 프로젝트를 견지하는 것과 문제를 오히려 첨예화하는 권위주의적이고 기술적인 형식의 위기관리에 저항하는 것이다.

따라서 아홉째, 이 개념은 가능한 해방 프로젝트를 위한 출발점과 사회적·생태학적 전환의 지평을 형성한다. 대안은 지배적 상태와 거짓 대안에 대한 비판과 반(反)헤게모니적 전략 그리고 매력적이고 사람들이 살아낼 수 있지만 사회적으로나 생태학적으로 파괴적이지 않은 형식의 생활양식을 필요로 한다. 이는 강력한 행위자들과의 갈등과 억제를 내포한다. 또한 생활양식에서 현재의 제국적 실천과의 갈등과 억제도 내포한다. 이 문제는 8장에서 다룰 것이다.

4

제국적 생활양식의 역사적 발생

이러한 우리의 세계, 거대한 대도시와 억압된 배후지의 세계에서 적어도 의심스럽지 않은 부(富)란 존재하지 않는다.

—에두아르도 갈레아노[1]

제국적 생활양식의 포괄적 역사는 고유한 연구 프로젝트일 것이다. 이 프로젝트는 포괄적인 역사적 자료와 역사학적 작업으로 돌아가 그것들을 그 개념의 빛에 비추어 재해석해야만 한다. 거기서는 때때로 구조적으로 공고화한 경험적으로 관찰할 수 있는 다양한 삶의 실천이나 투쟁과 요구 같은 구조적 발전뿐만 아니라 역사적으로 관철되지 않았거나 단지 틈새에서만 살아남은 것도 추적해야만 한다. 그에 더해 특수한 지역과 서로 다른 시기의 다양한 인구 집단이 보여주는 일상생활의 다층적인 미시사(Mikrogeschichte)도 문제가 된다. 특히 후자를 이 작은 책에서 적절하게 다루는 것은 불가능하다.

그럼에도 우리는 이 자리에서 제국적 생활양식이 서로 다른 역사적 단계에서 어떻게 전개되었는지, 그리고 오늘날까지 어떤 연속성과 영향 작용을 지녀왔는지 예를 들어 보여주고자 한다. 여기서 우리의 관심을 끄는 것은 첫째, 자본주의 생산 양식의 동역학이 어떻게 체계적으로 확대되었으며, 사회관계와 자연 관계가 땅 차지하기 과정을 통해 어떻게 점점 더 상품 형식성에 종속되었는가 하는 것이다. 이러한 동역학은 언제나 거듭해서 체계적 모순과 위기를 산출해왔다.

둘째, 유의미한 것은 특정 시기와 세계의 특정 지역에서 더 나은 삶의 조건과 확대된 행위 가능성을 둘러싼 서로 다른 계급과 계급 분파 그리고 사회 집단의 투쟁이 매우 성공적이었다는 사실이다. 하지만 성공적인 투쟁조차 식민주의적이고 가부장적이며 인종주의적이고 계급 형식적인 지배 조건 아래 언제나 편입되는 경향을 보여주었다. 따라서 사회관계의 개선을 위한 다양한 투쟁은 결과적으로 흔히 제국적 생활양식의 확장과 심화로 이어졌으며, 연대적이고 생태학적으로 파괴적이지 않은 형식의 공동생활과 경제로는 거의 이어지지 않았다. 우리의 핵심적 주장에 따르면 제국적 생활양식은 지배자의 이해관계와 종속 계급의 요구 및 욕망 간 일종의 타협이며, 여기서는 삶의 조건을 생산하는 데 따른 중요한 전제와 부정적 결과가 부분적으로 외부화한다. 이는 생활양식의 제국적 차원이다.[2] 아주 종종 제국적 생활양식은 일반적으로 더 좋은 삶의 조건을 둘러싼 투쟁을—자본주의적 동역학과 잉여 가치 생산을 보장하는 국제 분업에서의 좀더 유리한 위치에 근거해—성공적으로 수행한 바로 그 세계 일부의 사회적 타협의 결과다.

셋째, 역사적으로 자본주의 내에서 생겨난 대안과 더불어—이러한 대안은 종종 자본주의에 철저히 편입되었으며, 그럼으로써 커다란 인구 집단의 물질적 삶의 조건을 다소 개선하는 기능을 했다—언제나 또한 자본주의에 대한 대안도 존재했다. 후자는 때때로 자본주의의 현대화에 영향을 미치기도 했으며, 통합 또는 억압당하면서도 제 역할을 유지했다. 그러므로 우리에게 문제 되는 것은 단적으로 제국적 생활양식의 역사가 아니라, 이를 범례적으로 그 역사적 발생과 더불어 그 변화 가능성에서 파악하는 것이다. 그럼에도 불구하고 제국적 생활양식을 위해 또는 거기에 반대해 언제나 거듭해서 생겨나는 개입 가능성을 파헤치는 것은 반드시 해야 할 일이다.[3]

제국적 생활양식이 역사적으로 관철되는 몇 가지 국면을 스케치하기 위해 다음 두 장에서는 네 개의 단계를 구별하고자 한다. 첫 번째는 18세기 말까지의 초기 자본주의와 최초의 식민지화 단계다. 두 번째는 19세기와 20세기 초의 역사적 제국주의를 관통하는 자유주의적 자본주의와 발전하는 식민지화 단계다. 두 차례의 세계대전이 있었던 좀더 긴 이행 이후, 20세기의 50년대부터 70년대까지 펼쳐진 포디즘의 형태로 비교적 짧은 세 번째 단계가 시작되었다. 신자유주의적인 자본주의적 세계화의 네 번째 단계는 이미 세계의 몇몇 곳에서 위기를 겪고 있지만 오늘날까지 지속되고 있다.[4]

그러나 자본주의 발전의 여러 단계에 대해 이야기하는 것은 언제나 발견적 성격을 지닌다. 왜냐하면 그 모든 유사성에도 불구하고 실제 역사는 서로 다른 분야에서 시간적으로 다르게(예를 들어 포디즘은 미국에서 분명히 더 일찍 확립되었다), 지역적으로 다양하게(예를 들어 역동적 산업화가 모든 곳에서 발생한 것은 아니다) 그리고 불연속적으로 이뤄지기 때문이다. 우리는 또한 식민주의적이고 신식민주의적인 지배의 통일성을 주장하거나, 유럽 이외

지역의 발전과 행위자를 그 고유한 중요성과 내부적 권력 관계나 동역학 없이 이해하고자 하지 않는다.[5] 그러한 것은 유럽 중심주의적일 것이고, 비유럽 사회를 수동적으로 보이게끔 할 것이다. 비유럽 사회의 '현대화'는 오로지 외부로부터(유럽으로부터)만 가능해 보일 것이다. 그런 측면에서 제국적 생활양식의 역사 서술은 유럽 이외의 지역도 역량 중심과 권력 요소 그리고 행위자로 받아들이는 것이다.

'전 지구적인 사회사'라는 의미에서 지구사(Globalgeschichte)의 대상은 스스로 자리 잡고 작용하며 해소되는 구조에 대한 분석과 더불어 "세계 지역들 사이에서 반복적으로 강화되는 상호 작용 및 이전(Transfer)과 경제적, 정치적, 사회적, 문화적 네트워크 그리고 그것들을 가능케 하고 조직하며 추동하는 제도와 미디어"다.[6] 그리하여 곧바로 '전 세계'를 파악하지 않고서도 국경을 넘어선 '이전과 네트워크화'가 시야에 들어올 수 있다.[7]

여기서 중요한 것은 세계의 상이한 지역들 사이의 상호 작용이 결코 대칭적 과정이 아니라는 점을 고려하는 것이다. 북반구의 선진 자본주의 사회가 남반구의 비자본주의 사회 또는 대체로 비자본주의적인 환경을 지닌 사회와 '상호 작용'할 때, 일반적 규칙은 전자가 상호 작용의 속도를 규정하고 후자의 비자본주의적 부분을 사라지게 하거나 거기에 최소한 자기의 논리를 강요한다는 것이다. 겉보기에 '단순한' 이런 규칙을 견지하는 것은 경제주의나 결정론에 자리를 내어주는 것이 아니다. 오히려 문제는 '과잉 결정'에 커다란 영향을 끼치는 가정(假定)이다. 사회적 관계와 과정이 다수의 서로 환원될 수는 없지만 상호 영향을 미치는 원인들에 의해 산출될 때 과잉 결정이 존재한다. 그러므로 그것들은 경제 법칙의 필연적 결과로서가 아니라 자본주의 경제가 "다양한 형식의 상부 구조와 지

역 전통 및 국제적 상황을 지닌 세계를 통해" 자신의 길을 개척해나가는 복합적 효과로 생각해야 한다.[8]

그에 더해 우리는 사회와 자연을 서로 분리된 단위로서가 아니라 "사회적 자연 관계"의 틀에서 이해하는 정치생태학의 전통에서 논증하고자 한다.[9] 그에 따르면 자연은 "매개하는 사회적 활동을 가능케 하는 전제를 나타내며, 사회적으로 형태화될 수 있지만 좀더 완전하고 포괄적인 형태화와 통제로부터 벗어나는 작용 잠재력과 맥락의 배열을 포괄한다. 이를 통해 자연의 독립성과 자립성의 경험이 이뤄진다".[10] 사회뿐만 아니라 자연도 자기 안에서 분화되어 있다는 생각은 동종적인 실체라는 의미에서 '사회'가 '자연'과 매개되어 있는 게 아니라, 그러한 매개가 과정적으로 광범위하게 지역적인 것에서 전 지구적인 것에 이르는 전적으로 상이한 공간적 수준에서 그리고 영양, 주거, 이동성 또는 옷차림 같은 아주 다양한 분야에서 일어나는 상황을 가리킨다. 이는 또한 역사적 과정과도 관련이 있다.

따라서 이번 4장에서는 앞서 언급한 단계에 의거해 식민지 시대가 시작된 이후 제국적 생활양식의 발전을 개략적으로 보여준다. 그러고 나서 제국적 생활양식이 18세기 말 이후 산업자본주의의 발전과 마지막으로 포디즘에 대해 지니는 의미를 개괄할 것이다. 후자의 단계는 최초로 제국적 생활양식의 '보편화'로 이어졌으며, 특히 북반구의 산업 국가뿐만 아니라 '중간 계급'이 등장한 준주변부 나라들(특히 라틴아메리카)에서도 그러했다.[11] 1960년대 말부터 전후 자본주의는 위기에 빠져들었는데, 이는 그때까지 헤게모니를 쥐고 있던 자연 전유 형식의 위기이기도 했다.[12]

5장은 여기서 시작된다. 우리는 포디즘의 위기와 더불어 제국적 생활양식의 배후에 대해 물음을 제기하게 된 역사적 창이 어떻게 열리는지 보여주고자 한다. 한편으로 세계는 제2차 세계대전 이후 몇 십 년 사이에 수많은 사회의 강력한 탈식민지화를 체험했고, 이는 1970년대에 새로운 세계 경제 질서를 둘러싼 논쟁으로 이어졌다. 다른 한편으로는 생태학적 위기가 주제로 대두했다. 유가 폭등과 자동차 없는 일요일, 대안적 삶의 실천에 대한 열망과 그 발전, 1972년 스톡홀름에서 열린 최초의 세계 환경회의 그리고 로마클럽의 보고서 《성장의 한계》가 이를 보여준다. 또한 지배적인 제국적 생활양식을 개념적으로 또는 매우 실천적으로 변화시키고 도전하는 새로운 사회 운동, 즉 연대와 평화 운동, 여성과 청소년 그리고 특히 생태 운동이 생겨났다. 이 단계에서 오랫동안 영향을 미치고 오늘날까지 연결되고 작동하는 경험이 만들어졌다.

하지만 이 창은 다시 닫혔다. 1980년대 이래로 자본주의는 그 중심부에서 제국적 생활양식의 심화 및 남반구 나라들로의 확장을 이끈 구조 조정을 겪었다.[13] 이는 현재의 정치적, 사회적 상황에 엄청난 영향을 미친다. 중심부에서 제국적 생활양식의 전제와 결과를 외부화하는 것은 점점 더 영향을 주지 못한다. 왜냐하면 신흥 경제국 자신이 제국적 생활양식을 확보하고 그에 관한 사회적 타협을 가능케 하기 위해 외부화 정책을 추구하기 때문이다. 이는 또다시 환경 제국적인 긴장으로 이어지며, 어느 정도 효과적인 국가적이고 국제적인 지속 가능성 정책에 대한 주요 장애물을 형성한다. 그 대신 현재 상황은 한편으로는 기존 제도 내에서 대안을 정식화할 수 없는 '탈정치적인' 불가능성, 다른 한편으로는 점점 더 권위주의적인 정책으로 특징지을 수 있다.

식민주의와 초기 자본주의

제국적 생활양식은 16세기부터 식민지화의 일부였다. 그동안 새로운 공간들이 점점 더 자본주의적 전용(땅 차지하기) 및 가치화의 대상이 되었다. 이는 직접적인 물리적 폭력을 통해, 폭력의 위협과 더불어 그리고/또는 구조적 강제를 매개로 이루어졌다. 주요 도시의 생산과 복지 발전은 처음에는 에스파냐와 포르투갈, 그다음에는 네덜란드가 지배한 상업자본주의에 의해 확보된 초기 자본주의 중심지에 유리한 세계 자원 질서에 토대했다.

그래서 특히 라틴아메리카 식민지에서는 중심부에서 생겨나고 있던 제국적 생활양식이 사회관계와 자연 관계를 결정적으로 각인했다. 오늘날까지 존재하는 자원 채굴주의 시스템은 이때 정착되었다.[14] 이는 개발 이론가 앙드레 군더 프랑크(André Gunder Frank)가 "저개발의 개발"이라고 표현한 것을 보장했다.[15] 플랜테이션 소유자와 광산 경영자, 식민지 행정 당국, 도시의 상업 부르주아지와 귀족이 사회를 지배했다. 16세기 중엽부터 자유롭지 못한 노동력에 의해 생산된 금과 은 그리고 커피와 설탕, 담배 같은 농업 생산물이 유럽으로 운송되었다.[16] 여기서 결정적이었던 것은 중심부의 수요였다. 16세기 중반 전 세계적인 은 생산의 중심지였던 오늘날의 볼리비아 포토시(Potosi)에는 당시 15만 명의 주민이 있었다. (같은 시기 런던에는 20만 명, 파리에는 40만 명이 거주했다.) 원주민 노동력—특히 광산의 토착민—과 아프리카 출신 노예는 재앙적일 정도로 나쁜 상황 아래서 착취당했다. 채집과 농업 또는 사냥에 기반한 다른 생활양식은 억압받는 경향이 있었고 많은 경우 파괴되었다.

약탈 원정과 땅 차지하기는 엘도라도(El Dorado) 신화에 의해 추동되었다. '황금의 나라'는 황금으로 이뤄진 도시가 있는 거대한 황금 지역의 지배자인 토착민 추장 이야기다. 여기에 더해 식민지 착취는 이데올로기적으로 문명화라는 이른바 '선교'를 통해 인종주의적으로 정당화되었다. 자연은 '야생'으로 간주되었고 '길들여져야'만 했다. 원주민의 다양한 문화와 경제 방식은 부정되고 대부분 파괴되었다.

소비(消費) 사학자 마누엘 슈람(Manuel Schramm)은 아프리카의 식민지에서와 비슷하게 라틴아메리카 식민지의 생활양식에서도 19세기까지 세계 시장으로의 저급한 수준의 통합을 공고화한 모델이 형성되었다는 점을 지적했다. "엘리트들은 유럽의 소비를 강력하게 지향했으며, 그래서 잠재적인 국내 소비재 산업은 구매자를 찾지 못한 까닭에 거의 성립할 수 없었다. 그 결과는 유럽화한 도시 엘리트들과 광범위한 부분에서 여전히 자급자족 경제에 의해 각인되어 있던 배후지 사이의 특유한 분열이었다. 그 중간에는 유럽의 소비를 모방하려 했지만 값비싼 수입 제품을 살 수 없던 중간층이 존재했다. 국내 생산자들이 가장 일찍 여기에 포함되었다."[17]

1770년대 이래로 새롭게 떠오른 경쟁자 영국에 직면해 점점 더 엄격해진 에스파냐와 포르투갈의 지배에 반대하는 저항이 거듭해서 일어났다. 1780년 페루 부(副)왕국에서 투팍 아마루(Tupac Amaru)의 지도 아래 일어난 원주민의 봉기는 전설적인 사건이다. 투팍 아마루는 강제 조세와 원주민 노동력을 강제 모집하는 데 반대했다. 이때 처음으로 에스파냐로부터의 독립이라는 외침이 울려 퍼졌다. 2년 후 진압된 이 반란은 오늘날까지 반(反)인종차별적이고 반제국적인 사회에 대한 집단적(토착적) 기억의 일부로 여전히 남아 있다.

프랑스 혁명의 결과, 북반구의 식민주의에 대항한 좀더 폭넓은 반란이 특히 프랑스 식민지 생도맹그(Saint-Domingue)에서 일어났다. 이곳에서는 인구의 거의 90퍼센트가 대부분 노예로서 프랑스를 위해 사탕수수를 재배했으며, 60만 명의 주민 가운데 나머지 약 10퍼센트는 매우 제한된 권리를 지닌 자유로운 아프리카계 유럽인이었다. 지배 계급을 형성한 것은 프랑스 출신의 백인 식민주의자들이었다. 프랑스 혁명의 영향 아래 아프리카계 유럽인과 얼마 후에는 반란을 일으킨 노예들이 시민적·정치적 권리를 요구했다. 그리고 실제로 수많은 유혈 봉기 후 노예들은 1794년 자유를 인정받았다. 몇 년 후에는 프랑스 권력자들이 또 다른 격렬한 투쟁 끝에 마침내 추방당했으며, 아이티는 미국에 이어 1804년 아메리카 나라로서는 두 번째로 정치적 독립을 쟁취했다.[18]

노예 제도에 대항한 혁명 이외에 라틴아메리카의 봉기는 영구적인 땅 차지하기와 제국적 생활양식의 외부화에 대한 반란이었다. 콜롬비아와 카리브해에서의 사탕수수 재배든 브라질에서의 고무 생산이든 아니면 칠레와 볼리비아 또는 페루에서의 광물 자원 채굴이든,[19] 모든 경우 패턴은 동일했다. 인간과 자연은 자본주의 중심부의 발전 리듬에 따라 가치를 부여받았다. 이는 원주민과 아프리카계 아메리카인 공동체의 도덕적 경제로부터뿐만 아니라 중심부로 이전된 복지에 좀더 폭넓게 참여하고자 하는 백인 엘리트의 열망으로부터도 저항을 초래했다. 그리하여 북반구의 제국적 생활양식이 그때까지 단지 사회적이고 생태학적인 비용만을 축적했던 곳에서도 하나의 이상으로서 그 매력을 발휘하기 위한 전제가 창출되었다.

식민주의는 식민지와 유럽의 발전을 위한 경제적이고 정치적인 중요한 조건을 만들어냈다. 이는 영토적 확장과 땅 차지하기뿐만 아니라 유럽 사회 자체의 근본적 전환에, 그리고 18세기부터는 화석 연료 사용에 토대했다. 롤프 페터 지페를레(Rolf Peter Sieferle)는 영국과 관련해 처음에는 무엇보다도 우선 좀더 손쉬운 운송 가능성 때문에 목재보다 땅속 깊은 곳에서 채굴한 석탄을 에너지로 사용하는 것을 선호했지만, 이는 많은 면적의 땅을 획득해야 한다는 걸 의미했다고 주장한다. 그때까지 에너지 목적으로 이용하던 땅을 이제는 직물 생산에 필요한 양모를 제공하는 양들을 위한 목초지로 이용할 수 있었다. 그렇지만 석탄 이용이 농업자본주의의 발전에만 유리했던 것은 아니다. 석탄의 에너지적 특성 덕분에 석탄의 산업적 이용은 철 생산의 생산성을 증대시키고 산업자본주의에 돌파구를 마련해 주었다.

이러한 발전의 선구자는 영국이었다. 여기서 자본주의의 성립은 '정치적 타협 체제'에 의해 뒷받침되었다. 이 체제의 핵심은 귀족이 16세기 이래로 중앙 집권 국가로 편입되었지만, 동시에 대단히 집중적이고 소유권적으로 보호받는 토지를 소유했다는 데 있었다. 지역 인구에 대한 인신적 지배(특히 농민에 대한 귀족의 지배)가 제거되었고, 귀족이 탈군사화했으며, 합법적 강제의 정치적 독점이 형성되었다. 국가 폭력은 공적이고 "비인격적인 것"이 되었다.[20] 물론 귀족은 처음에는 지배 계급으로 머물렀다. 그렇지만 엘런 메익신스 우드(Ellen Meiksins Wood)가 보여주었듯 그들은 자신의 힘을—유럽 대륙의 귀족과 달리—무엇보다 경제적인 의미에서, 다시 말하면 자기의 토지 소유를 매개로 행사했다.[21] 정치적으로 그들은 봉건제에 전형적인 방식, 즉 분할된 주권을 점점 더 중앙 집권화시킨 국가의 일부였다. 더불어 국가는 귀족의 경제 외적 권력에 필요한 기초를 무너뜨

렸다.

경제 외적이고 정치적인 권력의 상대적 상실은 지배 계급이 생산자의 잉여 노동을 더 이상 일차적으로 직접적 강제에 의해서가 아니라 무엇보다도 우선 경제적으로, 다시 말하면 시장을 매개로 전유할 수 있게 되었다는 것을 의미했다. 여기서 소유 관계는 지배 계급에 유리했다. 왜냐하면 토지 소유가 귀족에게 집중되어 있어 대부분의 토지를 농민 소유자가 아니라 임차인(farmers)이 경작했기 때문이다. 장원 영주의 경제적 압박을 견뎌내고 더 많은 토지를 이용하기 위해 임차인은 자신들의 토지 경영의 생산성을 지속적으로 높여 점점 더 늘어나는 무산대중(無産大衆)의 잉여 노동을 전유하지 않을 수 없었다.

시장의 명령은 이런 방식으로 점점 더 넓은 사회적 영역을 장악했다. 그 명령에 적응하는 것은 다른 대토지 소유자 및 임차인과의 경쟁을 견뎌내기 위해서든, 아니면 무산 농민의 경우처럼 자기 노동력을 구매할 사람을 위해서든 중요한 사회 계급의 재생산에 필수적이었다. 결국 이 과정은 자본주의 사회의 사회 구조를 만들어냈다. "장원 영주, 자본주의적 임차인, 임금 노동자라는 저 유명한 3요소는 …… 결과였다. 동일한 과정은 농업에 종사하지 않는 대규모 인구를, 그러나 또한 대규모 임금 노동자 계급뿐만 아니라 값싼 소비재에 대한 국내 시장을 형성해야 했던 증가하는 무산대중을 먹여 살려야 했던 생산성 높은 농업을 창조했다. 그러한 유형의 시장은 역사적으로 전례가 없는 것이었다. 이것이 영국 산업자본주의의 배경이다."[22]

영국에서 자본주의가 내부적 계급 관계와 소유 관계로부터 발전했다면, 유럽 대륙에서 (국가 주도의) 자본주의 발전을 위한 동력이 된 것은 영국으로부터의 외부적 압력이었다. 자본주의에 내재하는 공간적 팽창 경향은 또한 영국 기업들이 자신의 생산을 활용해 유럽 대륙의 기업과 국가에 이들이 오직 자체 생산력 발전을 통해서만 대응할 수 있는 압력을 가했다는 점에서도 분명해진다.[23]

우리의 맥락에서 더욱 중요한 것은 메익신스 우드가 지적한 자본주의의 동역학의 또 다른 공간적 측면이다. 자본주의의 구성적 측면, 즉 경제적 명령과 정치적 강제의 분리는 물론 경제 외적인 뒷받침을 필요로 한다. 하지만 전(前)자본주의적 경제와 달리 이러한 뒷받침은 경제적으로 착취해야 하는 영토에 대한 지속적인 정치적 통제와 결부되어 있었다. "봉건적 장원 지배권의 통일과 같은 경제적 권력과 정치적 권력의 전자본주의적 통일은 특히 봉건적 장원 영주의 경제적 권한이 결코 그의 인격적 결합이나 동맹 및 경제 외적 권력, 군사적 권력, 정치적 지배나 법률적 권위 너머로는 미치지 못한다는 것을 의미한다."[24] 그에 반해 자본은 "특수한 경제적 (시장) 명령에 근거해 …… 유일무이한 방식으로 직접적 강제라는 제한에서 벗어나 정치적 권위의 한계를 훨씬 뛰어넘어 움직일 수 있다".[25] 이는 제국적 생활양식이 발전하고 번창하기 위한 핵심 전제였다. 특히 지페를레의 결론에 따르면, 토지 제약으로부터의 에너지 공급의 해방을 세계화하는 것 또는 에너지 공급의 사회적·생태학적 비용을 외부화하는 것이 가능해졌다. "산업혁명은 그러한 제약으로부터의 절대적 해방이라기보다는 그러한 제약을 수출하고 세계적으로 분할하는 능력의 지역적 축적이었다. 그것은 (유럽의) 토지 제약을 일거에 사라지게 한 게 아니라 유럽에 다른 대륙의 토지 자원을 전유할 수 있는 방법을 창출해주었다."[26]

미국도 18세기 중반부터 점점 더 많은 농산물을 수출하고, 그 대신 유럽으로부터 소비재를 수입했다. 점차적으로 이미 광범위한 인구 집단을 위한 생산물을 만들어내고 있던 독자적인 소비재 산업이 구축되었다. 그리하여 어떤 점에서는 봉건적 사회 구조가 없는, 자원이 풍부한 나라에서 이후의 포디즘적 발전 양식이 정착했다.

그러나 처음에 북반구의 제국적 생활양식은 상위 계급에 사치품을 공급하는 것으로 제한되었다. 물론 사회적 보편화의 최초 계기들은 존재했다. 예를 들어 수입 설탕은 영국의 하류층에 중요한 식품이었다.[27] 하지만 증대되는 소비 지향에도 불구하고 제국적 생활양식은 그것이 인구 대다수의 재생산, 따라서 그들의 일상생활을 각인한다는 의미에서 헤게모니적이지는 않았다. 에드워드 톰슨(Edward P. Thompson)[28]은 산업혁명 시기의 영국 상황에 대해 다음과 같이 기술했다. "'평균적' 노동자는 최저 생존 수준에 매우 가깝게 살았다. 그 시대에는 분명 증대되는 국부가 노동자를 둘러싸고 있었다. 그 가운데 많은 것은 명백히 그 자신의 노동의 산물이었으며, 마찬가지로 명백히 많은 것이 기업가의 손으로 넘어갔다. 심리적 측면에서 이는 단연코 생활 수준의 저하로 감지되었다."[29] 그에 따라 제국적 생활양식은 19세기에 이르기까지 지배 계급과 종속 계급 사이의 중요한 타협 영역이 아니었다. 인간과 자연에 대한 착취의 특권은 대부분 상위 계급의 특혜로 남았다.

19세기의 자유주의적 자본주의와 신식민주의 및 제국주의

이런 상황은 19세기에 시작된 자유주의적 자본주의 단계에서도 원칙적으로 전혀 변하지 않았다. 이 단계에서 새로운 점은 북반구의 종속 계급, 즉 점차 스스로를 사회적 힘으로 조직해가는 노동자 계급이 상위 계급의 소비 규범을 그들의 것으로 만드는 데 있지 않았다. 예외는 앞서 언급한 설탕 소비뿐이다. 위르겐 오스터하멜(Jürgen Osterhammel)에 따르면, 사탕수수는 차와 더불어 "사치품 소비의 좁은 권역을 넘어서 광범위한 인구의 먹거리를 변화시킨 유일한 수입품이었다. ……세계의 설탕 생산은 1880~1900년 2배가 되었으며, 그때부터 1914년까지 또다시 2배가 되었다". 설탕은 "곧바로 가난한 사람들의 음식, 산업화에 착취당하는 노동력을 위한 빠른 에너지 공급원"이 되었다.[30]

제국적 생산과 소비 규범이 사회적 안전장치로 축적된 기능은 영양 공급 분야에서 명백해진다. 자유주의적 자본주의 단계에서 새로운 점은 부르주아 계급이 경제적으로 지배적인 계급으로 올라섰다는 것, 산업자본주의 및 제국주의와 더불어 노동력과 자연을 둘러싼 경쟁이 전 지구적 차원에서 강화되었다는 것이다. 이데올로기적 수준에서 '부르주아 가족'이 하나의 모델로 자리 잡았으며, '진보'는 식민지 정책을 포함하는 핵심적 근거 짓기의 기준이 되었다. 그 결과 광범위하게 유사 과학적 생물학 이론에 근거한 인종주의가 강화되었다. 이런 의미에서 이는 '우리'에게 통합적으로 작용하고 세계에 대한 착취를 정당화하는 후진적인 '타자'를 구성하는 제국적 생활양식의 일부가 되었다.

농업 분야에 근본적 변화를 가져온 북반구에서의 초기 자본주의로부터 산업자본주의로의 이행은 매우 비동시적으로 전개되었다. 이미 기술했듯 영국은 17세기 중엽부터 석탄과 나중엔 증기 기관의 이용을 통한 근본적 사회 변혁과 더불어 사회를 위한 새로운 에너지와 기술적 기초를 형성한 중심지였다. 1800년경 영국에서는 전 세계적으로 소비된 석탄의 약 90퍼센트를 채굴했으며, 부분적으로 이를 수출하기도 했다.[31] 그 후 석탄은 19세기 중엽부터 에너지 자원으로서 돌파구를 경험했다. 1850~1914년 전 세계 석탄 생산은 연간 약 8000만 톤에서 13억 톤 이상으로 증가했다. 이 시기 초반에 전 세계적으로 가장 커다란 석탄 생산국이던 영국은 이 역할을 제1차 세계대전의 발발과 함께 미국에 내주었다.[32] 전 세계적 산업 생산에서 유럽과 미국이 차지하는 비중은 1750년 23퍼센트에서 1880년 85퍼센트로 상승했다. (1800년경에는 중국이 전 세계적 산업 재화의 3분의 1을 생산했다.) 섬유와 철강이 핵심 산업이었으며, 나중에는 전기와 화학 그리고 식품 산업이 중요해졌다.

위에서 언급한 역사적 조건을 배경으로 칼 폴라니는 특히 19세기에 자본주의적으로 조직된 시장 과정이 이전에 사회적으로 조직된 관계로부터 폭력적으로 '이탈(Entbettung)'했음을 규명했다. "경제사는 국가적 시장의 성립이 결코 경제적 영역이 국가적 통제로부터 완만하고도 자발적으로 해방된 결과가 아니었다는 것을 보여준다. 반대로 시장은 정부 편에서의 의식적이고도 종종 폭력적인 개입의 결과였다."[33]

강력한 자본주의적 팽창의 한 측면은 유럽 인구가 1800년 약 1억 9000만 명에서 1900년 4억 명으로 늘어난 것이었다. 그에 더해 기대 수명 또한 늘어났다. 세르주 모스코비치(Serge Moscovici)는 사람과 원료를 한편으로 하고 지식과 능력을 다른 한편으로 하는 상호 보완적 자원에 대해 이야기한다.[34] 이것들은 산업혁명과 농업혁명 및 강력한 도시화 과정의 기초가 되었다. 기술적 발전과 과학의 산업적 응용 그리고 지속적 경영 합리화도 정확히 원료의 이용 가능성만큼이나 필요했다. 특히 이를 위해서는 역동적으로 산업화하고 있는 나라뿐만 아니라 식민지도 철도와 증기선 항해 및 전신 같은 강력한 사회 기반 시설을 필요로 했다.

정치적으로 제국적 생활양식은 "긴 19세기"—역사가 에릭 홉스봄(Eric Hobsbawm)은 프랑스 혁명과 제1차 세계대전 발발 사이의 단계를 이렇게 표현했다—에 팍스 브리타니카(Pax Britannica)의 틀 내에서 확보되었다.[35] 영국 정부는 국제 교역 규칙 및 금융과 생산 그리고 교환 규범을 폭넓게 규정할 수 있었다. 유럽의 중심 해양 권력이자 가장 현대적인 경제 권력으로서 이 나라는 세계 자본주의의 생산과 분배 규범을 설정했다. 영국은 1813년부터 1947년까지 인도를 지배하고, 1839~1842년과 1856~1860년의 두 차례 아편 전쟁 이후 중국에 교역을 강요하고, 독일 제국을 경제적으로 약화시킨 가장 강력한 식민지 권력이었다. 그러나 영국의 주도권은 19세기 후반 이후 압력을 받게 되었다. 특히 원료와 식민지를 둘러싼 경쟁은 1870년대부터 역사적 제국주의의 발전을 이끌었다. 1884년 11월부터 1885년 2월까지 베를린에서 열린 아프리카 회의(Africa Conference)는 그야말로 제국주의 세력의 이해관계가 서로 완전히 일치한다는 것을 보여주었다. 그럼에도 불구하고 특히 독일 제국과 더불어 긴장이 심화되었고, 이는 그 후 제1차 세계대전으로 이어졌다.

가파르게 증가하는 산업 원료에 대한 수요, 소비재 생산과 농업 생산물에 대한 수요는 주변부 나라들에서의 경제적·정치적·문화적 발전에 뚜렷한 함축을 지녔다. 커피·담배·설탕·금·은 같은 '고전적' 생산물과 목화·철광석 그리고 나중에는 곡물과—1880년대의 냉장 기술 발전과 더불어—육류 그리고 바나나 같은 새로운 생산물이 중심부에 더욱 중요해졌고, 그에 따라 식민지나 라틴아메리카의 신생 국민 국가들에서 이를 생산하기에 이르렀다. 인조 비료의 개발에 이르기까지 질산칼륨에 대한 커다란 수요가 있었으며, 1880년대의 자동차 발명과 세기 전환기 이후 트랙터의 발전은 아마존 지역의 고무와 더불어 점차 세계 경제의 새로운 윤활제인 석유에 대한 수요로 이어졌다. 광업은 투자 비용이 높아 주변부 나라들은 이를 둘러싸고 정치적, 경제적으로 복잡하게 얽혔다. 이른바 광산재벌(mining tycoons)은 "금융 자본가와 밀접한 관계를 맺었다. 또한 그들은 식민지 개척, 법률, 인프라 정책 및 기관(증권거래소, 연구소)을 운용하는 정부에 로비를 펼쳤다".[36]

라틴아메리카에서는 외국 자본에 완전히 종속된 "매판 부르주아지"[37]가 형성되었다. 그럼에도 불구하고 대지주가 여전히 경제적으로나 정치적으로 지배적이었다. 19세기 중엽부터 이들 나라는 소비재뿐만 아니라 기계 같은 자본재의 구매자가 되었다. 자본 수입은 철도 네트워크의 확장과 외국 기업의 손에 놓인 광산업의 근대화로 이어졌다. 이전의 몇 십 년과 비교해 좀더 안정적인 "신식민지 질서"[38]가 공고해졌으며, 이는 1929년의 세계 경제 공황에 이르기까지 지속되었고, 라틴아메리카에서는 특히 엘리트와 중간층에 어느 정도의 복지를 가져다주었다.

그에 더해 세계 시장의 구조 및 제국적 생활양식과 양립할 수 있는 담론이 전개되었다. 중요한 것은 "개발을 위해 이용할 수 있는 막대한 원료 잠재력"이었고, "문명화한" 도시는 활용 가능하고 통제받으며 경제적으로 가치화한 "야만적 배후지"와 대립했다.[39] 원주민은 잠재적으로 "진보에 대한 장애물"이었으며, 남반구 나라의 엘리트뿐만 아니라 점차 부상 중인 중간 계급과 노동자 계급이 지향하는 발전과 좋은 삶의 모델은 유럽 사회였다.

식민지뿐만 아니라 중심부에서도 자유롭게 정립된 시장의 자유주의적 자본주의는 대부분 사람에게 재앙적인 삶과 노동 조건을 동반했다. 동시에 자본주의는 그 자신의 잠재적인 적을 만들어냈다. 칼 폴라니에 따르면 자본주의 형성 과정의 동역학은 무엇보다도 "시장과 질서 정연한 사회생활의 기초적 요구들 사이의 갈등"에 존재했다.[40] 1860년대 이후 이러한 파괴적 경향에 근거해 노동 운동, 공장법과 사회법, 무역의 제한 및 중앙은행의 설립에 의한 화폐 통제에 관한 법률의 형태로 다양한 '반대 운동'과 '집단주의적 역류'가 발생했다.

자본주의 중심부에서 더 좋은 삶에 대한 임금 노동자의 요구가 응축된 19세기의 중심적인 갈등 축은 노동 시간 단축을 둘러싼 투쟁이었다.[41] 1830년대 영국에서 기원해 뉴질랜드와 오스트레일리아로 성공적으로 이어진 노동조합은 아동 노동의 종식과 더불어 처음에는 10시간, 그 후에는 8시간의 노동을 요구했다. 노동조합 운동은 19세기에 특히 노동 시간 단축을 둘러싼 투쟁에서 형성되었다.[42] 그러나 8시간 노동은 20세기에 들어서야 비로소 많은 곳에서 표준이 되었다. (이 표준은 최근 점차 의문의 대상이 되고 있다.) 주말 이후 첫 번째 날에는 전혀 일하지 않거나 덜한 강도로 일하는 블루 먼데이는 영국에서, 특히 수공업자 사이에서 20세기까지 이어지고 있는 오랜 전통이다.[43]

중심부에서 제국적 생활양식의 보편화

1930년대 미국에서, 제2차 세계대전 이후에는 서유럽에서 형성되고 미국의 자동차 생산업자 헨리 포드(Henry Ford)의 이름을 따라 명명된 자본주의의 포디즘(포드주의) 시기는 하나의 전환점을 나타냈다.[44] 물론 노동 시간은 여전히 노동과 자본의 관계에서 핵심적인 갈등 대상이었다. 그렇지만 전면에 놓인 것은 자본주의적으로 생산된 풍부한 상품에 대한 몫을 둘러싼 투쟁이었다. 줄리엣 쇼(Juliet Schor)가 기술하고 있듯 19세기나 20세기 초와 달리 제2차 세계대전 이후의 생산성 증가는 더 이상 노동 시간 단축에 이용되지 않았다. "그 대신 생산성 향상은 좀더 높은 소득으로 전환되어 아웃풋(output)의 확대를 위해 활용되었다. 임금과 이윤이 증가했다. 생산성과 실질 임금 상승은 심지어 명시적으로 연결되었다. 이제는 돈이 사람들의 주머니로 흘러들었기 때문에 소비 수요를 끌어올렸다."[45] 그리하여 사람들은 더 많은 소비를 위해 자유롭게 이용할 수 있는 시간을 늘리는 것을 포기했다. 이것이야말로 자본주의 중심부에서 비교적 안정적인 전후(戰後) 발전의 토대가 된 '포디즘적 계급 타협'의 핵심이다.

이러한 타협의 틀 안에서 노동력의 재생산은 자본 순환에 연결되었다. 포디즘이 가져온 핵심적 변화 가운데 하나는 노동 계급의 소비가 이제 상품, 즉 임금 노동자가 자신의 노동으로 생산한 것이 아니라 구매를 통해 획득한 일상적 수요의 재화에 대한 소유에 집중되었다는 것이다.[46] 생산 영역의 엄청난 역동성과 임금 노동자의 합리적이고 규율적이고 소비 지향적인 생활양식이 연결되었다. 자동차는 점점 더 많은 사람에게 이동성을 보장해주었고, 먹을거리는 점점 더 농산업적으로 생산한 육류(이것은 그에 더해 핵심적인 복지 지표가 되기도 했다)와 산업적으로 완성한 그 밖의 식품이 보장해주었다. 아울러 주거는 멋진 정원이 있는 일가족용 주택과 중앙난방, 냉장고와 TV에 의해 보장되었다. 반(半)자급자족 경제 형태(소규모 생업과 부업 농업, 채소 재배)는 억제되었다. '자유롭게 이용 가능한' 소득이 증가했다. 부르카르트 루츠(Burkhart Lutz)는 임금 노동자 재생산의 이러한 상품화를 "내부적 땅 차지하기"라고 표현했다.[47] 이와 더불어 임금 관계의 보편화가 소비 규범에 상응하는 과정을 내면화했다.

포디즘의 확실한 출발점을 이룬 것은 미국이었다. 미국은 제1차 세계대전 이후 세계 최대 채권국이었을 뿐만 아니라 세계 산업 생산에서 차지하는 비중이 1913년 3분의 1에서 세계 경제 공황 직전 42퍼센트로 증가했다. 제2차 세계대전의 종전은 냉전의 시작과 군대의 중요성에도 불구하고 군비 생산에서 산업적으로 생산한 소비재로의 방향 전환을 가져왔다.

미국은 산업 부문에서 가장 생산적이었을 뿐만 아니라 1940년대부터는 농업에서도 가장 생산성이 높았다. 교배종 재배는 높은 수확량 증가로 이어졌고, 식물의 균일화는 재배의 합리화, 즉 기계 투입의 증가와 살아있는 노동력의 대체를 가능케 했다. 농업의 산업화는 종자와 농화학 기업뿐만 아니라 식품 가공과 식품 유통 기업의 부상을 수반했다. 특히 남성 농민은 본국뿐만 아니라 주변부 나라들에서 현대적 농업 발전을 위해 재정 지원을 받았다.

그러한 소비 규범은 균일화를 촉진했을 뿐만 아니라—동물성 식품의 생산으로 강력하게 정향되는 가운데—늘어나는 목초지와 광범위한 사료 경작에 의한 전 세계 농업 체계의 변혁을 가져왔다. 특히 돼지와 가금류 사육에서 엄격한 경제적 기준 아래 놓여 있던 대규모 축산업(교배종 품종, 짧은 생산 주기, 현대적 축사 기술, 분업적 생산 과정)은 이종교배 옥수수와 더불어 일정한 방식으로 포디즘적 농업 생산의 상징이었다.[48] 시카고 도축장의 산업적 육류 생산과 가공은 그 자체로 포디즘적 생산 조직의 형성에 기여했으며, 더 나아가 헨리 포드는 여기서 컨베이어 벨트 기술을 모방했다.

또한 '현대적'이고 '서구적인' 소비 규범은 물질적으로뿐만 아니라 급변하는 '유행'의 리듬에 방향을 맞춘 생산물에 대한 가치 평가와 관련해서도 제품 수명의 단축을 동반했다. 유통 차원에서는 19세기 말 이후 늘어난 셀프 서비스와 통신 판매를 갖춘 체인점과 백화점이 정비된 1950년대에 교외 쇼핑몰이 생겨났다. 광고와 마케팅은 전문화하고 학문적 연구의 대상이 되었다. 생산성 증대를 통해 소비재 비용이 낮아졌고, 따라서 노동력 재생산을 위한 비용도 줄어들었다. 임금 노동자는 실질 임금 상승을 통해 잉여 가치 증대에 한 몫을 담당할 수 있었다.

포디즘적인 계급 타협은 예를 들어 계급 갈등을 해결하는 형식을 어느 정도 방해로부터 자유로운 자본 축적의 요구 사항과 조화시킨 사회 협조주의 형태로 제도화되었다. 그에 따라 서유럽에서는 사회민주주의 패러다임이 지배적으로 자리 잡았다. 핵심적 갈등은 생산 양식과 생산 수단에 대한 소유가 아니라 사회적 부의 분배를 둘러싸고 전개되었다. 국가는 점차 분배 요구를 받았고, 이에 따라 국가는 그 의미를 획득했다. 또한 국가는 점점 더 발전하는 산업화와 더불어 더욱더 중요해진 것들, 예를 들면 산업 재해 방지, 식품 위생 또는 건강 같은 분야의 규제에 개입하기 시작했다.

프레더릭 테일러(Frederick W. Taylor)의 아이디어에 따라 생산을 구상 작업과 실행 작업으로 엄격히 분리하고 노동 과정을 지속적으로 반복적인 최소 단계로 세분화하는 형태로 합리화하는 것과 여기에 수반된 자본주의 중심부에서의 생산성 증가는 포디즘적 발전 방식의 기초였다. 국가는 그에 상응해 에너지 자원과 그 밖의 원료 및 생산된 재화와 사람들의 운송을 위한 사회 간접 시설을 구축함으로써 이러한 변화를 가능케 했다. 포디즘 또한 '외부', 특히 보상받지 못하는 재생산 노동과 남반구의 노동력 그리고 원료에 대한 무제한적이고 끊임없는 접근에 기반했다. 이것들은 역동적인 땅 차지하기와 외부화의 대상이었다.

자동차는 자기 집 및 가전제품과 더불어 포디즘적이고 자본주의적인 생활양식과 그에 상응하는 주체화 형식의 상징적 수단으로서 기능을 수행했다. 고도로 분업적인 대기업에서의 표준화한 자동차 생산은 임금 노동자에게 일터에서뿐만 아니라 다른 곳에서도 고도의 규율을 요구했다. 북반구 대부분의 나라에서는 포디즘적 생산 및 소비 규범과 더불어 남성-백인 가족 부양자 모델과 가부장적이고 가정적인 젠더 관계가 관철되었다. 안토니오 그람시는 1934년 미국을 염두에 두면서 다음과 같이 정식화했다. "새로운 산업주의가 일부일처제를 원한다는 점, 일하는 사람이 성적인 기회 충족에 대한 무질서하고도 자극적인 추구에 자기의 정신력을 낭비하지 않을 것을 원한다는 점은 명확해 보인다. '방탕한' 밤을 보낸 후 일하러 가는 노동자는 좋은 노동자가 아니다. 열정의 과잉은 가장 완벽한 자동화에 결부된 인간의 생산 몸짓이 시간에 맞춰 움직이는 것과 양립할 수 없다."[49] 그람시는 이것을 "새로운 인간 유형"을 산출하는 "새로운 산업 구조에 대한 심리적-신체적 적응"이라고 부른다.[50] 그렇다면 헨리 포드가 노동자의 사생활을 엄격하게 통제하는 '사회학적 부서'를 운영한 것은 놀라운 일이 아니다. "그들은 절약하며 살아야 하고, 담배와 술을 많이 하지 말아야 하며, 아내는 돈벌이를 하지 않고 살림살이를 제대로 이끌어가야 한다."[51] 따라서 합리화는 작업장 차원에서 이루어졌을 뿐만 아니라 일상적이고 지적인 실천 및 국가적 개입의 일부가 되었다.

그런데 우리의 맥락에서 결정적인 것은 '내부적 땅 차지하기'와 더불어 자본주의 생산 양식이 임금 노동자의 일상의 모세 혈관 및 사회적이고 국가적인 제도로 침투했을 뿐만 아니라 중간 계급과 상위 계급의 제국적 생활양식이 사회적으로 보편화했다는 점이다. 이는 헤게모니적인 것이 되었고, 따라서 광범위하게 수용되고 사회적 (재)생산의 일상적 생동성과 매력의 구성 요소가 되었다. 〔사회학자 헬무트 셸슈키(Helmut Schelsky)가 1950년대 중반에 언급한〕 "소비 사회"나 "평준화한 중산층 사회" 같은 개념, "소비자"라는 새로운 형상이나 연방 공화국의 첫 번째 경제장관 루트비히 에르하르트(Ludwig Erhard)가 주창한 "모두를 위한 복지" 약속은 그 당시의 지배적인 사회적 자각을 표현했다. 따라서 제국적 생활양식은 자본주의적-제국적 중심부에서 자본과 노동의 타협 영역이 되었다.

포디즘적 생산과 소비 규범은 엄청나게 자원 집약적이고 배출 집약적이다. 이것은 역사적으로 전례 없는 규모로 전 지구적 자원과 흡수원을 요구한다. 무엇보다도 이것은 포디즘적 규범이 에너지적이고 비에너지적인 목적을 위해 화석 자원—특히 석유, 그러나 또한 여전히 석탄—의 투입을 강화한다는 점과 연관이 있다. "석유는 단지 수많은 제품(예를 들어 플라스틱과 의류 및 의약품)을 위한 물질적 토대인 것만이 아니었다. 운송을 위한 연료로서 그것의 중심적 성격은 또한 생산물이 석유의 도움을 받지 않고 생산되었을 때에도 석유 기반의 이동성 모델에 의해 분배 및 소비될 수 있도록 보장했다."[52] 화학, 농업, 원거리 통신, 기계 제작, 전자 및 운송 같은 분야에서의 또 다른 기술 혁신은 포디즘적 역동성을 떠받쳤다. 이것들도 역시 극도로 에너지 집약적이고 원료 집약적이었다. 무엇보다도 우선 자동차의 이동성은 강화된 자원 추출과 풍경 전환을 내포했다.

"1킬로미터의 고속도로마다 4만 톤의 시멘트와 철강, 모래와 자갈이 필요하며, 도로에 필요한 면적은 철도의 그것보다 10~15배에 이른다. 운송 부문은 이 단계에서 가장 커다란 직접적인 에너지 소비자로서 산업을 대체한다."[53]

1950~1970년 서구 산업 국가(서유럽, 북아메리카, 뉴질랜드, 오스트레일리아, 일본)에서 국내의 자원 사용은 평균적으로 2배가 되었다. 그에 더해 이 나라들에서는 전 세계에서 사용하는 원료의 거의 절반을 소비했다. 1960~1970년 서구 산업 국가들의 화석 연료 순수입은 주요 수출국인 오스트레일리아와 캐나다가 수치를 어느 정도 상쇄했음에도 3배로 증가했다.[54]

포디즘적 생활양식은 20세기 중엽부터 정치적으로 팍스 아메리카나(Pax Americana)라는 세계 질서에 의해 확보되었다. 이는 그 질서로부터 직접적으로 영향을 받은 세계의 지역들에서 미국의 경제력에 근거했다. 세계의 상당히 많은 지역에서 마찬가지로 경제적이고 정치적인 영향력을 가지고 있던 팍스 소비에티카(Pax Sovjetica)가 이 질서에 대립했다. 여기에도 (주변부) 포디즘적인 생활양식의 구조적 특징이 존재했다.[55] 그렇지만 우리는 자본주의 세계에서 펼쳐진 제국적 생활양식의 방식에 집중하고자 한다. 서구에서 미국의 군사적이고 정치적인 지배 및 체제 경쟁은 북반구의 시각에서 볼 때 상대적으로 안정된 세계 정치적 관계를 결과했고, 이는 석유 같은 값싼 자원에 대한 통제된 접근에도 반영되었다.

"지배적인 서구적 세계관"[56]의 근저에는 '사회'가 기술적·과학적 발전을 매개로 '자연' 또는 자연의 제약으로부터 점점 더 해방될 수 있다는 생각이 놓여 있었다. 그러나 실제로 일어난 일은 자연으로부터의 '해방'이 아니라 극도로 파괴적인 자연 관계의 결과를 외부화하는 것이었다. 이런 외부화는 포디즘적 생산과 소비 규범이 기능하기 위한 핵심 전제가 되었다. 북반구에서 자원과 배출 집약적인 실천이 사회적으로 더욱더 보편화하면 할수록, 자원을 들여오고 사회적·생태학적 비용을 전가할 수 있는 외부에 대한 필요가 그만큼 더 커졌다. 외부화의 본질적 요소로서 지배적이었던 것은 님비(Nimby, not-in-my-backyard) 태도, 다시 말하면 부정적 영향이 자신의 집 뒷마당에서 느껴져서는 안 된다는 것이었다. 님비는 제국적 생활양식의 일상적 태도라 일컬을 만하다. 생산 측면에서는 1960년대 이래로 많은 더러운 산업과 특히 노동 집약적이거나 해로운 산업이 남반구 나라들로 이전되었다. 여기에는 예를 들어 철강, 섬유, 화학제품, 전자기기의 생산이나 이러한 제품의 가치 창출 사슬과 관련한 새로운 산업이 포함되었다.

남반구의 많은 서구 지향 사회에서 주변부-포디즘적인 생활양식이 형성되었다. 1929년의 대공황으로 세계 몇몇 지역에서는 강화된 산업화와 도시화 과정 및 노동자 계급과 중간 계급의 확대가 나타났다. 이는 특히 이미 탈식민화하고 원리적으로 독자적인 경제 정책 가능성을 지닌 라틴 아메리카의 국가들에 해당되었다. 국가는 자기의 활동을 확대했다.[57] 국가는 보호 관세를 도입하고, 수출에서 얻은 소득을 국내 시장을 지향하는 부문으로 이전하고, (적어도 초기에는) 도시 중간층과 상류층의 이해관계와 노동자 계급의 이해관계를 통합하고, 때때로 농업 집권층의 이익에 반해 행동했다. (예를 들어 국가는 농민 운동에 의해 추동된 투쟁을 배경으로 토지 개혁을 시도했다.) 이것은 일정한 형식의 "소비 국가주의"[58]를 동반했는데, 이는 값비싼 수입품과 이를테면 멕시코의 토르티야(tortilla) 같은 고유한 전통에 대한 성찰 덕분에 1970년대까지 존속했다. 몇몇 나라에서는 1938년 멕시코에서처럼 지하자원과 원료 부문의 국유화가 이루어졌다.

농업 분야에서는 북반구에서 발전한 생산 방식을 보편화하기 위해 1960년대에 '녹색혁명'을 선포했다. 농산업 생산 양식의 국제화와 그에 동반된 현대화 관념은 특히 포디즘적 생활양식의 확산에 기여한 미국 기업들에 의해 이루어졌다. 농화학, 식량 원조, 마케팅 및 대출 프로그램과 결합한 식물 육종은 미국의 대외 (경제) 정책의 중요한 구성 요소가 되었다.[59]

라틴아메리카뿐만 아니라 남반구의 다른 지역들에서도 중간층의 소비 습관은 북반구를 닮아갔다. 게다가 20세기 중엽부터는 노동자들의 생활양식 또한 점점 더 강하게 자본주의 경제에 의존하게 되었다. 그런 의미에서 이미 자본주의의 포디즘 시기에 반(半)주변부 나라들로의 제국적 생활양식의 확산 경향에 대한 증거가 존재했다고 할 수 있다. 이는 1960년대 이래로 남반구 나라들이 북반구가 특히 남반구의 자원과 노동력을 토대로 벌어들인 복지 획득에 대한 그들 몫의 요구를 뒷받침하기 위해 〔예를 들면 유엔무역개발협의회(UNCTAD)의 틀 내에서〕 점점 더 조직화된 만큼 더욱더 중요했다. 1973년 칠레의 산티아고에서 열린 UNCTAD 제3차 회의에서 처음 제기되고 그다음 해의 유엔 총회에서 채택된 새로운 세계 경제 질서에 대한 요구는 이러한 변화를 증명해준다. 제국적 생활양식은 발전과 진보를 약속하는 물질적 핵심이 되었지만, 남반구에서 그 약속의 이행은 여전히 대다수 사람에게 오늘날까지도 요원하다. 본질적인 규범적·국제적 지향은 서구 또는 동방의 대도시가 모델로서 이바지한 현대화와 산업화 과정으로서 '발전' 이념으로 응축되었다.[60] 그리하여 남반구의 일부 지역에서도 아주 제한적으로 '내부적 땅 차지하기'가 일어났지만, 그럼에도 불구하고 원료 수출에 의한 남반구의 세계 시장 통합과 자원 채굴주의의 근본 구조에 어떤 변화가 이루어진 것은 아니었다.

점점 더 자원 집약적인 포디즘적 생활양식은 비민주적인 남북 관계를 필요로 했다. 이 점은 특히 석유에서, 그 채굴(자원)뿐만 아니라 그 연소의 생태학적 결과(흡수원)에서도 분명히 드러난다. 채굴 측면에서는 석유 자원에 대한 접근과 남반구 나라에서의 민주적 열망을 억압하기 위해 북반구의 자본주의 국가 및 기업과 남반구의 보수적 운동 및 정부의 협력이 이루어진다.[61] 그리고 삼림 같은 흡수원, 즉 석유와 그 밖에 다른 화석 연료의 연소에서 발생하는 이산화탄소 흡수원은 그 대부분이 남반구 나라에 위치함에도 불구하고, 주로 북반구에서—기후 변화가 보여주듯—과도하게 요구한다.[62] 그런 까닭에 포디즘적 생산과 소비 규범의 확보는 거의 민주적으로 보장되는 것이 아니라 본질적으로 군사적 폭력과 불평등한 경제 관계 그리고/또는 무역 협정의 형태를 취하는 제도화한 강제에 의거한다.

1960년대 말에는 포디즘적 발전 방식의 생산성 잠재력이 소진되고 자본 이용 문제와 더불어 위기 현상에 도달했다는 게 분명해졌다. 그에 더해 미국은 경제적인 지배적 지위를 상실했는데, 이는 특히 미국에서 다른 나라로, 특히 서유럽으로 '수출된' 팽창적인 포디즘적 생산과 소비 모델의 성공, 즉 북반구에서의 제국적 생활양식의 보편화와 연관이 있었다.

임금 노동자와 그들의 이해관계를 대표하는 자들의 더 좋은 삶에 대한 요구는 전 지구적인 자본주의의 성장 단계에서 무엇보다도 우선 북반구 나라의 인구 대부분에서 적어도 물질적 차원에서는 많든 적든 성취되었다. 남반구의 많은 나라에서는 자본주의의 전 세계적 팽창과 땅 차지하기에 근거해 중간 계급의 확대와 산업화의 단초가 나타났다. 주변부 포디즘의 위기에서 많은 정부는 중간 계급의 소비 기준과 더불어 자기들의 정당성을 유지하고 "부채를 떠안는 산업화"를 시험하기 위해 값싼 신용을 받아들였다.[63] 나아가 탈식민화 경험에 근거해 그리고 라틴아메리카에서는 쿠바 혁명의 결과, 북반구의 제국적 생활양식에 의문을 제기하는 급진적인 운동과 요구가 생겨났다. 이는 권위주의 정권이나 군부 독재에 의해 부분적으로 잔인하게 억압되었다. 그럼에도 불구하고 주민들 사이에서는 근본적으로 더 좋은 삶에 대한 욕망이 계속해서 유지되었다. 그러므로 자본주의의 포디즘 단계가 그 끝을 향하고 있던 1970년대에는 제국적 생활양식 자체가 위기에 빠졌다. 여전히 매력적이고 팽창적인 것으로 남긴 했지만 말이다.

5

제국적 생활양식의 전 지구적 보편화와 심화

그렇지만 우리는 완전히 성숙한 자본주의가 비자본주의적인 계층과 사회의 동시적 실존에 대한 각각의 모든 관계 속에 맡겨져 있는 것을 보고 있다.

–로자 룩셈부르크[1]

지나간 기회: 포디즘의 위기

오늘날의 시각에서 볼 때 1970년대는 다양한 이유에서 제국적 생활양식에 의문을 제기한 역사적 창처럼 보인다. 불편한 마음을 표현한 선구자는 살충제가 먹이사슬에 미치는 부정적 영향을 다룬 레이첼 카슨(Rachel Carson)의 《침묵의 봄》 같은 책이었다.[2] 1970년 미국에서의 옥수수 흉작은 다수확 품종과 단종 재배의 포디즘적 농업 모델이 엄청난 위험을 숨기고 있다는 의식을 증대시켰다. 로마클럽의 보고서 《성장의 한계》 같은 간행물은 광범위한 사회적 논쟁을 야기했다. 1972년 스톡홀름에서는 첫 번째 세계 환경 회의가 열렸고, 그 결과 유엔환경계획(UNEP)이 설립되었다.

1973년 10월 아랍과 이스라엘의 욤키푸르 전쟁이 일어나자 원유 가격이 OPEC 국가들에 의해—오늘날의 시각에서는 믿을 수 없을 정도로 낮지만—배럴(159리터)당 3달러에서 5달러 이상으로 상승했다. 이는 특히 석유 자원을 보유하지 못한 자본주의 대도시와 주변부 나라들에서 제국적 생활양식의 기초를 위태롭게 했다. 아울러 그걸 넘어서 남반구 정부들과 해방 운동에 의해 불평등한 자연 전유가 거듭 정치화되었다. 여기서 문제된 것은 특히 당시에는 너무 낮은 것으로 간주되고 불안정해서 그 나라들이 신식민주의적 종속으로부터 해방되는 것을 어렵게 만든 원료 가격이었다. 다국적 기업의 역할과 독자적 산업화 과정을 위한 기술 및 활동 공간의 소유도 사회·정치적이고 학문적인 커다란 주제였다.[3] 이 모든 것은 최근 탈식민화한 나라들이 1970년대 초에 특히 UNCTAD의 틀 내에서 오랜 종속성을 극복할 것을 요구한 새로운 세계 경제 질서를 둘러싼 논쟁의 일부였다. 이런 요구는 민주 정치적인 핵심을 지니고 있었다. 자원에 대한 '정의로운' 이용에 관한 통제가 그것이다.

제국적 생활양식의 문제는 미국의 석유 채굴량이 1970년 38억 배럴로 정점에 도달했다는 사실에 의해 더욱 강조되었다. 2008년에 미국의 석유 채굴량은 유전 고갈로 인해 연간 21억 배럴로 떨어졌다. 미국은 석유 소비량이 증가하면서—예를 들면 앞서 언급한 시기에 3분의 1이 늘어났다—점점 더 수입에 의존하게 되었다. 서독 같은 많은 나라에서는 점차 석유가 부족해질 것이라는 예상에 근거해 자동차 없는 일요일이 생겨났다. 오스트리아에서는 번호판의 짝수나 홀수에 따라 자동차의 절반만 운행하는 날을 지정함으로써 교통량이 감소했다.

각각의 사회에서 서로 다른 정도로 강력한 생태 운동과 그 밖의 사회 운동이 지배적인 직선적이고 자연 파괴적인 진보 사상에 의문을 제기했다. 생태 운동은 처음에는 학생 운동, 연대 운동, 여성 운동 같은 다른 저항 운동들과 독립적으로 등장했지만, 1970년대를 거치며 새로운 사회 운동의 중요한 부분이 되었다. 서독에서는 1972년 중요한 조정 기구인 '시민 주도 환경보호 전국연합(BBU)'이 출범했고, 19세기 이래로 지속해온 전통적인 자연 보호 협회들이 정치적으로 개방되었다. 그린피스, 독일환경자연보전연맹(BUND) 그리고 독일교통클럽(VCD) 같은 새로운 집단도 생겨났다.[4] 연대 운동은 많은 나라에서 개방적-억압적 체제로 이어진 세계 경제와 세계 정치 구조를 비판했다. 1977년에는 많은 집단이 자신들의 관심사를 좀더 분명하게 드러내기 위해 '정치활동집단연방회의(Bundeskongress entwicklungspolitischer Aktionsgruppen, BUKO)'로 결집했다.

그리하여 1970년대에는 포디즘적 지향과 행동 형식 및 제도에 대해 다양한 방식으로 의문이 제기되었고, 대안적인 생활 형식이 시도되었으며, 협력과 의사소통의 가치가 강조되었다.[5] 훈육주의적인 포디즘 체제에 대한 거부와 대안의 실험 속에서 새로운 라이프스타일 및 유연성과 이동성의 형식이 생겨났다.

그러나 이 역사적 창은 위기에 대한 신자유주의적 대응의 강제와 더불어 다시 닫혔다. 한편으로 많은 대안이 자본주의의 현대화라는 의미에서 통합되었고, 심지어 그것들은 실제로 재구조화하는 자본주의의 생산력이 되기도 했다. 예를 들어 하위 문화 운동에 의해 이루어진 포디즘의 훈육주의적 노동과 생활 모델에 대한 비판은 일상생활의 좀더 자유로운 형성에 대한 요구와 삶의 실천의 다원화로 이어졌다. 이것들은 또한 노동의 한계를 제거하고 점차 자기 훈련과 자기 최적화를 강요하며 형성되는 신자유주의적 자본주의로 통합되었다. "운동들은 패러다임 전환의 필요성에 대한 자본주의적 의식을 선취했고, 그 형식과 과정을 규정했다."[6]

다른 한편, 그러한 위기에서 제국적 생활양식의 안정화 기능이 나타났다. 이 시기에는 불확실성과 실업이 증가했고, 이후에는 임금 노동자의 경쟁 심화와 점증하는 사회 복지비 삭감 및 사회적 분열에 직면했다. 아울러 제국적 생활양식은 광범위한 인구 계층이 발전 모델과 사회적 타협에 의해 통합되도록 보증했다. 노동자 계급의 재생산 비용은 상대적으로 낮게 유지될 수 있었다.

선례를 고찰해보면, 1980년대 이후로 포디즘의 위기에 대한 대답은 나중에 '신자유주의적 세계화'라고 불린 것이었다. 이는 엄청난 자본주의적 팽창과 땅 차지하기 및 사회 내적이고 세계 경제적이며 지정학적인 경쟁의 증가로 이어졌다.[7] 그리고 이런 경향은 베를린 장벽 붕괴와 소련 해체 이후 1990년대에 두 번째 추진력을 얻었다. 그 뒤를 이어 1990년대 말 이후 중국 같은 신흥 경제국의 극적인 부상과 원료 수출을 통해 자금을 확보한 나라들의 역동적인 성장 그리고 2003년경 이후 대략 10년에 걸친, 역사적으로 유일무이한 가격과 수요 호황 같은 세 번째 추진력이 나타났다.

자본주의적 세계화는 그 핵심에서 자본의 수익성을 회복하고자 하는 지배 세력 전략의 결과이자 그 일부다. 핵심 수단은 국제 분업의 구조 조정과 심화, 무역 제한의 축소, 금융 시장의 자유화, 민영화, 국가의 사회정치적 기능 해체, 임금 노동자의 여러 가지 안전장치 파괴와 약화 그리고 여기에 수반된 노동조합의 분열 및 약화였다. 많은 채무를 지고 있고 국제적 신용에 의존하는 나라에서는 이른바 구조 조정 프로그램이 실행되었다. 존 윌리엄슨(John Williamson)은 미국 정부와 국제통화기금(IMF) 및 세계은행(WB)이 추진한 신자유주의 정책을 "워싱턴 컨센서스(Washington Consensus)"라고 표현했다.[8]

자본주의 중심부의 산업체들이 예를 들어 섬유 생산 같은 부분적으로 노동 집약적인 생산을 남반구 나라들로 이전한 까닭에 국제 분업이 변화했다.[9] 그리하여 세계 시장을 통한 전 세계의 노동력에 대한 접근뿐 아니라 원료에 대한 접근도 재구조화되었다. 자유주의적 투자 및 무역 정책과 원료 및 제품 시장의 규제 완화 그리고 1990년대 중엽의 세계무역기구 설립과 그 후 유럽 차원에서의 리스본 조약이 여기에 기여했다.

비판적 논쟁에서 종종 잊히는 것이지만, 자본주의적 세계화는 엘리트와 종속 계급—여기서는 특히 중간 계급—사이의 새로운 타협, 즉 본질적으로 제국적 생활양식의 새로운 심화를 내용으로 한 타협에 의거한다. 이 타협은 많은 사람들에 의해—그러한 타협이 뒷받침하는 물질적 소비 가능성에 근거해—용인되고 심지어 대부분 승인된다. 자본주의적 세계화가 소수자와 사회 운동에 의해 거듭 의문의 대상이 됨에도 불구하고, 제국적 생활양식은 높은 수용 수준을 지닌다. 이 점은 북반구에서 오늘날까지도 사실이다.

북반구에서 제국적 생활양식의 심화

일찍 산업화한 나라들에서 화석 연료에 기초한 생산과 소비 규범은 1970년대의 경제 위기를 아무 탈 없이 극복했을 뿐만 아니라, 그 결과 심지어 더욱 강화되기까지 했다. 세계화에 의해 값싼 산업 제품의 생산과 유통 및 소비가 성장했고, 이는 산업화한 농업을 확대시켰다.

예를 들어 1980년대 중반 이후 유럽연합의 총 자원 소비가 높은 수준에서 정체되었음에도 불구하고, 그 수치에 포함된 수입 비중은 높아졌다. 그뿐만 아니라 남반구의 수출 국가들에서 사용하는 수입의 "생태적 배낭"도 증가했다.[10] 거기서 '생태학적으로 불평등한 교환'은 그러한 교환이 북반구 경제에 값싼 원료를 제공함으로써 노동력의 재생산 비용을 비교적 낮게 유지하는 데서 분명해졌다.

그러나 자연 자원에 대한 수요 폭증은 북반구 내부에서도 일어난다. 예를 들어 미국 애팔래치아산맥에서는 독일 자를란트(Saarland)주보다 약 2배 넓은 지역에서 생태학적으로 이미 문제 있는 노천 광산이 '산 정상을 없애는 광산'으로 대체되었다. 다시 말하면, 석탄층에 도달하기 위해 산꼭대기를 폭파하고 운반한 것이다. 그에 따라 토사가 계곡으로 쏟아지고, 강 생태계는 1900킬로미터의 길이에 걸쳐 파괴되었다. 캐나다 앨버타(Alberta)주의 15만 평방킬로미터—오스트리아 면적의 거의 2배—에서는 오늘날 경제적으로 채굴할 수 있는 오일샌드(oil sand)가 1700억 배럴로 추정된다. 이것이 캐나다를 세계에서 석유가 가장 풍부한 나라 중 하나로 만든다.[11]

북반구에서 제국적 생활양식의 심화는 1990년대에 때때로 경제의 '탈물질화' 또는 '가상화'를 약속했던 '정보화 시대'의 자원들에서도 나타난다. 그 예가 희토류 금속이다. 희토류는 예를 들면 중국에서 건강이나 환경에 매우 해로운 조건 아래 생산된다.[12] 전자 제품의 폐기는 생산만큼이나 문제가 된다. 유럽연합에서 더 이상 사용하지 않는 전자 제품의 3분의 2가 적절하지 못한 방식으로 폐기된다. 전자 폐기물의 수출 금지에도 불구하고 이것들은 여러 경로로 가나(Ghana)나 중국 같은 나라에 도달한다. 예를 들어 해마다 수백만 톤의 전자 폐기물이 홍콩을 거쳐 250킬로미터 떨어진 중국 대륙의 구이위(貴嶼)로 들어간다. 종종 뜨내기 일꾼을 포함해 그곳 인구의 80퍼센트가 건강상의 아무런 예방 조치 없이 재활용 작업장에서 일한다. 전자 제품은 맨손으로 분해된다. 플라스틱 종류를 확인하기 위해 "노동자들은 부서진 조각을 라이터의 불꽃에 갖다 대고, 태운 플라스틱이 방출하는 냄새에 따라 분류한 다음, 서로 다른 통에 넣어 정리한다. 이런 작업을 종종 매일같이 독성 연기를 들이마시는 미성년자들이 해낸다".[13]

제국적 생활양식은 본질적으로 땅 차지하기와 수용을 동반하고 농업과 식품 기업의 권력을 증대시키면서 점점 더 많은 에너지 투입을 요구하는 산업화한 농업의 팽창에 토대한다. 육류 소비 증가와 복지 증대를 등치시키는 규범의 일부로서 이런 팽창은 동물 대량 사육의 증가와 그와 결부된 윤리적이고 생태학적인 커다란 문제를 동반한다. 2012년 전 세계적으로 650억 마리의 육상 척추 동물을 인간의 먹을거리로 도살했다. 1인당 평균 약 43킬로그램의 고기를 소비했고, 특히 선진 산업 국가는 1인당 거의 80킬로그램의 고기를 먹어치웠다. 닭고기에서 1칼로리를 얻기 위해서는 4배의 에너지 투입이 필요하다. 돼지와 우유의 경우에는 14배, 계란은 39배, 소고기는 사료에 따라 20~40배의 에너지 투입이 필요하다. "오늘날 농업 생산에는 최종적으로 음식물의 형태로 얻는 것보다 더 많은 에너지를 투자한다. 여기에 부분적으로 책임이 있는 것은 가축한테 사료로 제공하는 고품질의 대량 농업 생산물이다."[14] 농업, 종자, 제약, 화학, 기계 제작 및 식품 기업이 이러한 움직임을 추동하며, 문화적으로 그러한 움직임은 특히 패스트푸드 체인점과 점점 더 낭비적 형태가 되는 슈퍼마켓으로 상징된다. 국가적이고 국제적인 정책이 이런 모델을 보장한다. 오늘날에는 전 세계적으로 두 세대 전보다 2배 많은 육류를 소비하고 있으며, 이에 더해 세계 인구도 2배 이상 증가했다. 1961년 30억 명이 1인당 평균 23킬로그램의 고기를 소비한 데 비해, 2011년에는 약 70억 명이 평균 43킬로그램의 육류를 소비했다. 그리하여 같은 시기 전 세계 육류 생산량은 7100만 톤에서 2억 9700만 톤으로 4배 이상 증가했다.[15]

육류 생산 및 소비와 관련해 필립 맥마이클은 "기업 식량 체제(corporate food regime)"에 대해 이야기한다.[16] 대형 농업 및 식품 기업 그리고 슈퍼마켓이 세계의 생산과 유통망을 지배하고 있다. 아울러 세계무역기구의 농업 협정은 농업 시장의 자유화와 다국적 기업의 권력 구축을 위한 핵심적인 정치적 도구다. 포디즘의 이전 모델과 달리 기업 식량 체제는 농업 연구의 강력한 민영화를 특징으로 하며, 특허와 생명공학이 중요성을 획득한다. 국제적으로 확립된 식품 안전 모델은 인구 전체에 대한 식량 공급의 확보에 방향을 맞추고 있으며, 이런 체제 속에서 생산과 유통의 구체적 과정과 조건은 부차적인 것이 되고 기업의 권력은 숨겨진다.

세계화하고 기업에 의해 추동되는 식량 생산은 계속해서 세계 식량 공급의 대부분을 제공하는 실천, 즉 지역적 조건과 생태학적으로 훨씬 덜한 문제에 적응한 반(半)자급자족적인 농업적·생태학적 실천을 억압한다. 그렇더라도 기업 식량 체제는 전적으로 자급자족 농민의 좀더 유리한 재생산 비용을 이용하고, 이를 계약 시스템으로 편입시킨다. 여기서 결정적인 것은 바로 전 지구적으로 배치된 생산이 지역을 통제하고 가치화한다는 점이다. 유엔 식량농업기구(FAO)의 틀 내에서 이루어진 보수적 평가는 세계무역기구 설립 이후 약 3000만 명의 농민이 자기 땅을 잃어버렸다는 데서 출발한다.[17] 땅을 수용당한 농민은 권리를 박탈당한 이주 노동자와 함께 산업적인 단종 재배 농업의 예비군이 된다.[18] 농업 생산의 이러한 구체적인 사회적, 경제적, 정치적, 생태학적 조건은 기업 식량 체제의 산물로 생각할 수 없다. 맥마이클은 또한 "어디에서도 오지 않은 식량(food from nowhere)"에 대해 이야기한다.[19]

'어디에서도 오지 않았다는 것'은 그 출처의 불명확성뿐만 아니라 무엇보다 모든 식품의 시공간적으로 무제한적인 이용 가능성이 내포하는 사회적·생태학적 파괴가 보이지 않는다는 것을 가리킨다. 그게 가능한 이유는 파괴 결과 역시 공간적으로나 시간적으로 외부화하고, 그리하여 그것이 식품 소비의 이득을 누리는 사람들에게 미치지 않기 때문이다. 여기에는 다음과 같은 것이 적용된다. 즉 환경 결과는 "유럽에서 거의 감지할 수 없다. 우리는 또한 가뭄과 홍수 또는 늘어나는 사료 수요로 인한 가격 변동의 영향도 받지 않는다. 그에 반해 남반구의 몇몇 나라는 이미 영향을 받고 있다".[20] 유혈 분쟁에까지 이르는 사회적 불안은 북반구에서 오늘날 이용 가능한 값싼 식품이 지니는 안정적이고 적법한 효과의 이면일 뿐이다. 이를 그처럼 폭넓게 받아들인다는 것은 남북 관계를 특징짓는 구조적 인종주의와 신식민주의의 표현이다.

시공간적으로 점점 더 확장되는 자연과 노동력에 대한 접근의 형태로 이루어지는 북반구에서의 제국적 생활양식의 심화는 운송 활동의 강화를 동반한다. 가령 세계 상품 수출은 1995년 5조 달러에서 2014년 약 19조 달러로 거의 4배 증가했다. 상품 수출은 전 세계의 국민총생산보다 훨씬 빠르게 증가했으며, 세계 무역 및 그와 결부된 상호 의존성은 세계의 생산보다 훨씬 급속하게 늘어났다. 세계 무역의 운송량과 관련해서는 예를 들어 1995년 약 4000만 톤에서 2011년 1억 2000만 톤으로 증가한 국제 컨테이너 화물 운송의 발전을 제시할 수 있다.[21]

연방정치교육원(Bundeszentrale für politische Bildung)은 다양한 자료를 통해 좀더 장기간, 즉 1960~2013년의 전 세계적 상품 수출의 증가를 17.4배로 계산한다.[22] 이에 반해 상품 생산은 '고작' 5.7배 증가했다. 여기서 특히 중요한 것은 총수출에서 완성품의 비중이 33배 늘어났고, 2013년에는 64.7퍼센트를 차지했다는 점이다.[23] 따라서 세계화는 중간 생산물의 교역뿐만 아니라 특히 최종 소비를 목표로 한 상품의 수출에 의해서도 특징지어진다. 2013년 기계류(여기에는 사무용 및 통신 장비도 포함된다)와 차량 및 그 관련 제품은 전 세계적 상품 수출 화폐 가치의 32.4퍼센트를 차지했으며, 연료(17.8퍼센트), 화학 제품(10.9퍼센트), 식품(8퍼센트)이 그 뒤를 따랐다.[24]

최근의 경제 위기는 지금까지 기껏해야 일시적인 후퇴를 했을 뿐이다. 가령 2009년의 상품 수출은 전년에 비해 12퍼센트 감소했지만, 2010년에는 다시 14퍼센트 증가했다.[25] 따라서 제국적 생활양식이 심화하고 확대되는 경향은 자본주의 위기에 대처하기 위해 계속 유지되고 있다. 이러한 발전의 끝은 예측할 수 없다. OECD의 운송 부문 싱크탱크인 국제교통포럼(International Transport Forum, ITF)은 2010~2050년 세계 무역이 가치 측면에서 3.4배 성장할 것으로 예상한다. 이러한 성장은 톤킬로미터 단위로 측정한 화물량의 증가로는 4.3배에 달한다.[26] 국제 화물 교통에 의해 발생하는 이산화탄소 배출량은 ITF에 따르면 거의 4배가 될 것이다.[27] 여기서 운송 수단 사이의 관계가 변화한다. 화물 교통의 이산화탄소 배출 총량 가운데 해상 운송의 비중이 37퍼센트에서 32퍼센트로 떨어지는 반면, 항공과 도로 운송의 비중은 각각 7퍼센트에서 9퍼센트로, 53퍼센트에서 56퍼센트로 증가한다. (철도 점유율은 변함없이 3퍼센트에 머문다.) 도로 운송의 비중 증가는 특히 아시아와 아프리카에서 예상되는 지역 내 무역의 강력한 성장을 반영한다. ITF는 아시아 내 무역에 대해 400퍼센트의 화물량 증가를 예상하고, 아프리카 내 무역에 대해서는 심지어 700퍼센트까지 증가할 것으로 예상한다.

제국적 생활양식의 확대와 심화는 이산화탄소를 가장 집약적으로 배출하는 방식의 여행, 요컨대 항공 여행의 증가에서도 나타난다. 국제항공운송협회(International Air Transport Association, IATA)의 계산에 따르면 1970~2015년 전 세계의 항공기 여객 수는 약 3억 8000만 명에서 약 35억 명으로 거의 10배 증가했다.[28] 그러나 여기에는 지역별로 뚜렷한 차이가 존재한다. 가장 큰 '시장'을 형성하는 것은 여전히 미국의 국내선이며, 이에 반해 지난 몇 년 사이 가장 큰 증가를 보인 곳은 중국과 인도 그리고 인도네시아다. 따라서 항공 여행은 최근의 세계 경제 변화를 반영하는 것으로 보인다.

비행기는 자동차가 반세기 또는 4분의 3세기 전에 거쳤던 발전, 즉 배타적인 운송 수단에서 대중 운송 수단으로의 이행을 보여주었다. 하지만 그렇다고 해서 비행기의 계급적 성격이 사라진 것은 결코 아니다. 국제 분업의 심화는 점점 더 많은 사람이 직업적으로 넓은 지역을 왕래하도록 만든다. 이들은 여러 글로벌 도시에 주거지를 갖고 있거나 비행기와 공항 라운지에서 자기 삶의 상당 부분을 보내는 다국적 기업의 고소득 고용인들이다. 항공사들은 이러한 발전에 대비하고 있다. 즉 그들은 "새로운 저가 항공권으로 대중 영업을 좀더 활성화하기 위해 승객 대다수에 대해서는 예를 들어 발을 자유롭게 움직일 수 있는 것과 같은 편안함을 줄이는데 반해, 1등석에서의 편안함을 향상시킨다".[29] 또한 특별한 자유(예를 들어 '항공사의 종종 꽉 막힌 항공로를 벗어나 비행함으로써 스스로 일종의 추월선을 만들 수 있는' 능력)를 누리는 자가용 비행기는 그 중요성이 더해지고 있다. 그리고 넷젯(Net Jets)과 플렉스젯(Flexjet) 같은 기업은 자주 여행하는 부유한 사람들로 하여금 "항공기 공유"를 통해 자가용 비행기로 세계 여러 곳에 좀더 유연하게 접근할 수 있도록 해준다.[30]

마지막으로 제국적 생활양식의 권력적 성격은 또한 항공 교통에 의해 발생하는 이산화탄소 배출 및 그와 결부된 흡수원에 대한 지극히 불평등한 요구에서도 드러난다. 이는 "환경과 기후에 무거운 짐을 지우는 항공 교통 배출량의 압도적인 부분을 누리고 있는 부유한 북반구와 그 물질적 생활 조건이 지금까지 항공 여행과 오염 물질 배출의 장애물로 작용하는 가난한 남반구"[31]라는 세계 경제 구조의 생태학적 차원을 반영한다.

제국적 생활양식의 보편화

세계 무역과 운송 관련 수치는 이미 그 사회적·생태학적 차원에서 북반구의 제국적 생활양식의 심화보다 훨씬 더 극적인 발전을 시사한다. 그것은 신흥 경제국이 부상하는 과정에서 나타나는 제국적 생활양식의 보편화다. 약 20여 년 전부터 세계 인구의 3분의 2가 농업 사회에서 산업 사회로 이행하고 있다는 숨 막힐 듯한 통찰을 강요하는 움직임을 관찰할 수 있다. 서구 산업 국가(서유럽, 북아메리카, 뉴질랜드, 오스트레일리아, 일본)에서 2000~2010년 국내의 자원 사용이 평균적으로 조금 감소한 데 반해, (일본을 제외한) 아시아 28개국에서 국내 자원 채굴은 같은 시기에 전체적으로나 1인당으로 2배 이상 증가했다. 그에 더해 원료 수입, 특히 화석 연료 수입이 크게 늘어났다.[32]

이런 맥락에서 좀더 구체적인 지표는 에너지 사용, 특히 화석 연료의 소비다. 북반구에서 오랫동안 정상으로 자리 잡고 상식 및 사회 간접 시설과 제도 그리고 사회적 세력 관계에 정착해 있던 에너지 집약적이고 광범위한 부분에서 석유 의존적인 생활양식은 가치화와 자본 축적이라는 다양한 전략의 결과, 얼마 전부터 신흥 경제국들의 중간 및 상위 계급에서 강력히 퍼져나갔다. 아직 제국적 생활양식에 흡수되지 않은 나라들에서조차 이는 번영의 지배적 모델이 된다.

석유 수요의 성장은 운송과 석유화학에 의해 추동된다. 후자는 산업 부문에서 가장 큰 석유 소비자다. 석유화학은 무엇보다도 신흥 경제국에서 급속히 늘어나는 플라스틱에 대한 수요에 기여한다. 운송 분야의 늘어나는 석유 수요는 신흥 경제국에서의 자동차 이동성, 특히 자가용 승용차 소유의 확산을 반영한다. 브리티시 페트롤리엄(BP)의 예측에 따르면, 자동차 수는 전 세계적으로 2015년 12억 대에서 2035년 24억 대로 2배가 될 것이다. 늘어나는 수치는 거의 전적으로 비(非)OECD 나라의 경제 성장에서 이루어지며, 이들 나라의 차량 총수는 5억 대에서 15억 대로 3배가 될 수도 있다. 에너지 효율의 증대는 여기에 보조를 맞추지 못한다. BP에 따르면 승용차는 2050년에 2015년보다 평균 40퍼센트 적은 연료를 소모할 것이다.[33] 이와 결부된 에너지 절약은 승용차 총수의 증가로 인해 무색해질 것이다. 나아가 최근에는 스포츠형 다목적 차량(SUV) 같은 자원 집약적인 차량의 수가 특히 급속하게 증가했다. 특히 중국에서 판매된 차량의 평균 에너지 소비는 지난 몇 년간 감소하다가 2013년 이후 다시 증가하고 있다.[34]

국제에너지기구(IEA)의 계산에 따르면, 전반적으로 볼 때 비OECD 국가들에서 석유 집약도는 말할 것도 없이 낮아지고 있다. 다시 말하면, 국내총생산(GDP) 단위당 소비하는 석유의 양이 줄어들고 있다. 그러나 석유 집약도가 빠르게 떨어지면 떨어질수록 GDP는 증가하며, 그에 따라 석유 수요는 절대적으로 증가한다.[35] 석유 수요는 아시아에서, 그중 특히 인도에서 아주 강력하게 성장할 것으로 예상된다. 인도는 "세계 에너지 수요 증가의 최대 원천"이 되고 있다.[36] 이에 반해 2005~2015년 전 세계 석유 소비 증가의 60퍼센트를 차지했던 중국은 덜 에너지 집약적인 단계로 이행하고 있다. 그러나 이는 수요의 성장이 느려진다는 걸 의미할 뿐이다. 절대적 수치에서 중국의 석유 수요는 2014~2050년에도 늘어날 것이다. 따라서 두 나라는 모두 점점 더 석유 수입에 의존할 것이다.[37]

이는 중요한 사회적·생태학적 함축을 지닌다. 2050년까지 85억 명으로 늘어난 세계 인구가 오늘날 산업 국가에서 일반적인 1인당 에너지를 사용한다고 가정하면, 전 세계 에너지 사용은 세기 중반까지 3배에 달할 것이다.[38] 그러나 오늘날의 수준도 이미 자원 소비와 그것이 함축하는 흡수원 부담으로 인해 기후 변화나 생물 다양성의 상실 같은 현상을 통제하기엔 지나치게 높다.

1980년대에는 1990년대 중엽 이후 이른바 신흥 경제국의 눈부신 발전을 거의 예측할 수 없었다. 1980년 당시 세계 인구의 4분의 1을 차지했던 산업 국가(IMF에 따르면 선진 경제국)들은 전 세계 국내총생산의 약 70퍼센트를 벌어들였으며, 그에 상응하는 구매력도 지니고 있었다. 2013년에는 세계 인구의 겨우 17퍼센트만이 산업 국가에 거주하며 전 세계 국민총생산의 약 절반을 차지했다.

중국과 인도 또는 브라질 같은 신흥 경제국의 경제적 부상 과정에서 그 지역의 점점 더 커지는 중간 계급과 상위 계급은 점차 제국적 생활양식, 즉 개인 교통과 육류에 기반한 영양 공급 그리고 자원 낭비적인 소비재로 이뤄진 미국적 생활 방식을 실천하고 있다. 우리는 이것을 단연코 예를 들어 브라질에서는 많은 사람이 사회적으로 부상할 수 있는 정책을 펼친 노동당에 권력을 가져다준, 참여를 위한 사회적 투쟁의 결과로 해석할 수 있다. 누구를 중간층으로 여기는가 하는 기준은 논란의 대상이다.[39] OECD에 따르면 "2009년에 세계적으로 18억 5000만 명 넘는 사람, 즉 세계 인구의 4분의 1이 전 지구적인 중간층에 속했다. 그중 6억 4400만 명이 유럽, 5억 2500만 명이 아시아와 태평양, 3억 3800만 명이 북아메리카, 1억 8100만 명이 남아메리카와 중앙아메리카, 1억 500만 명이 근동과 북아프리카, 그리고 3200만 명이 사하라 이남 아프리카에 거주했다".[40] 유엔개발계획(UNDP)은 전 세계적으로 중간층이 2009년 약 18억 명에서 2020년에는 32억 명, 2030년에는 거의 49억 명으로 증가할 거라고 예상한다. 이 예측에 따르면 인구의 압도적인 수, 요컨대 32억 명 이상이 아시아에 살 것이다. 과연 중국이나 인도에서 엄청난 인구 증가가 이뤄질 것인지 또한 마찬가지로 논란의 대상이다.[41]

일반적 수준에서는 그리고 제국적 생활양식과 그 헤게모니적 성격이라는 주제에서는 물질적으로 좀더 편안한 삶의 가능성이 결정적 차원임을 지적하는 것으로 충분하다. "여기에는 고등 교육과 문화 기회, 안정적인 일자리 상황, 괜찮은 주거 환경 및 충분한 건강관리와 연금 체제에 대한 지각이 포함된다. ……전 지구적인 중간층은 도시적이고 대중 매체에 접근할 수 있으며 활발히 이동한다. 세계 도시에 거주하는 이러한 새로운 전 지구적 중간층은 대체로 국제적 생산물을 소비하고 국제적 라이프스타일을 유지한다."[42]

그러나 전 지구적인 중간 계급이나 중간층에 관한 이야기는 지나치게 일반적이다. 왜냐하면 신흥 경제국의 새로운 중간층은 오히려 포디즘과 사회 복지 형성 이전의 자본주의 중심부 중간층과 비교될 수 있기 때문이다.[43] 남반구 나라의 중간층 구성원은 "질병이나 실업 같은 위험에 취약하다. 그들에겐 사회 보장 제도가 없기 때문에 금융상의 충격을 받으면 쉽게 빈곤에 빠질 수 있다. 새로운 중간층에 속하는 사람들 대부분은 동시에 물론 소득 수준을 향상시킬 수 있지만, 그렇더라도 빈곤선에서 멀리 떨어져 있지 않은 부류이기도 하다".[44] 적은 사회 복지와 경제적 불안정으로 인해 그들은 이른바 부유하는 집단(floating group)에 속한다. 따라서 빈곤선 바로 위에서 살아가고 언제나 거듭해서 빈곤에 빠질 위험에 처해 있다. OECD나 UNDP보다 중간층을 훨씬 더 광범위하게 이해하는 국제노동기구(ILO)는 2010년 약 19억 명을 이 집단에 포함시켰다.[45]

신흥 경제국의 중간 계급과 관련해 자주 간과하는 특징은 그들이 더 많이 소비하고 따라서 더 많은 자원을 사용한다는 것이다. 특정 상황에서 그들은 자신뿐만 아니라 서민 계급이 필요로 하는 교육과 사회 보장, 신체적 안전과 정치적·문화적 참여에 대한 욕구를 좀더 강력하게 표현할 수 있다.[46] 이러한 측면은 중기적으로 생태학적 문제와 더불어 많은 사람을 실존적 불안정에 빠뜨리는 제국적 생활양식을 정치화하는 데 중요한 토대를 제공할 수 있을 것이다.

이러한 모순은 또한 새로운 중간 계급과 상당히 밀접한 관련이 있다. 즉 물질적 부에 늦게 도달했거나 지금까지도 거의 도달하지 못한 나라는 생태학적 위기의 결과에 특히 강한 영향을 받는다. 뒤늦은 발전의 '부수적 피해'로서 대기와 수질 오염 같은 직접적 영향 이외에 지구 온난화에 적응하기 위한 금융 수단의 결여 같은 요인도 이런 불평등한 관계에 기여한다.[47] 그러나 남반구 나라의 (상위 계급은 말할 것도 없이) 도시 중간 계급은 여기서 좀더 쉽게 빠져나가는 경향을 보여준다. 자원 채굴과 단종 재배 농업의 해로운 결과로부터 그들은 노동자와 농민보다 훨씬 덜 영향을 받는다. 동시에 그들은 세계 시장에 판매된 자원으로부터 노동자와 농민보다 더 많은 이익을 얻는다.

중국에서 산업주의와 중간 계급의 형성

자본 축적의 새로운 세계적 중심으로서 중국은 자본주의적 팽창과 땅 차지하기의 두드러진 사례다. 중국은 인상적인 산업화 과정에 의해 미국에 이어 두 번째로 큰 경제 권력으로 떠올랐다. 지난 30년간 경제 성장률은 연평균 약 10퍼센트에 달했다.[48] 중국 자본주의는 단일 정당과 권위주의적 국가의 지원을 받는다.[49]

몇 가지 수치는 이러한 발전의 사회경제적이고 생태학적인 의미를 보여준다. 2014년 전 세계적으로 40억 톤의 시멘트가 생산되었다. 그중

58퍼센트를 중국에서 생산했는데, 그 대부분을 나라의 도시화를 위해 사용했다. 전 세계적 시멘트 생산에서 차지하는 인도의 비중은 7퍼센트로 중국보다 훨씬 낮지만, 여전히 유럽보다 높다. 마찬가지로 2014년 중국은 8억 2000만 톤의 철강을 생산했다. 대략 세계 생산량의 절반에 해당하는 수치다. 비교하자면, 유럽연합에서는 1억 7000만 톤, 미국에서는 8800만 톤을 생산했다. 중국의 철강 생산량은 1990년(6600만 톤)에 비해 10배 이상 증가했다.[50] 중국은 현재 전 세계적으로 석탄 소비가 월등하게 가장 많은 국가다. 즉 중국은 2013년 총 29억 톤의 석탄을 사용했다. 이는 모든 OECD 국가의 석탄 수요의 약 2배에 해당한다. 2000년에 비해 중국의 석탄 수요는 거의 3배 늘었다. 그러나 중국의 석탄 수요 증가율은 떨어지고 있으며, IEA는 2030년대부터 중국의 석탄 소비가 절대적으로 감소할 것으로 예상한다.[51]

한편 중국은 세계 최대 자동차 생산국으로 떠올랐다. 국내가 그 일차적인 시장이지만, 중국은 또한 다른 나라에서 과잉 생산한 자동차도 받아들이고 있다. 2015년 전 세계적으로 6850만 대의 승용차를 생산했는데, 그 중 2100만 대 이상을 중국에서 제작했다.[52] 중국은 국제적인 자동차 제조업체에 중국 국영 기업과의 합작 투자 의무를 지우고 있다. 이런 제조업체는 부품 납품업체 피라미드의 꼭대기에 있다. 특히 가치 창출 사슬의 맨 밑에 있는 소규모 납품업체는 치열한 경쟁에 노출되어 있고 최종 완성차 업체의 수요 변동에 종속되어 있는 까닭에 노동 조건이 열악하고 종종 억압적이며 "시장 전제주의적으로" 조직되어 있다.[53]

중국 자본주의의 팽창은 노동력과 자연의 엄청난 상품화에 토대하지만, 여기에는 정치적 제한이 있다. 예를 들어 도시의 건축 부지는 70년 동안만 임대 가능하며, 임대 기간이 지나면 다시 국가 소유가 된다. 특히 노동력은 도시의 산업 중심지로 이주해 낮은 사회적 권리와 불안정한 노동관계에서 일하는 (그리고 종종 직장과 고용 장소를 바꾸는) 약 2억 8000만 명의 농촌 이주 노동자로 이뤄져 있다. 많은 노동자들이 시골에서 도시로의 이주를 원하는데, 도시가 그들에게 경제적으로 좀더 독립적이고 발전 기회가 있는 삶의 가능성을 제공하기 (혹은 제공할 것 같기) 때문이다.[54] 그렇지만 이주 노동자는 종종 여전히 그들의 출신지와 밀접하게 연결되어 있다. 그들은 명절 때나 개인적 또는 경제적 위기가 닥치면 출신지로 되돌아갈 수 있다. 1세대 이주자는 부분적으로 여전히 그들 자신의 농업으로부터 재생산되기도 했는데, 이런 점은 2세대와 3세대 이주자에게는 더 이상 해당되지 않는다.[55]

대대적인 산업화에도 중국은 지금까지 여전히 준주변국의 지위에 머물러 있다. 물론 점점 더 자체의 기술적 기반과 하이테크 기업을 보유하고 있긴 하다. 그렇지만 일부 산업은 전 지구적 가치 창출 사슬의 하단에 위치해 있으며, 제국적 생활양식에 잘 알려진 브랜드 이름을 제공하는 북반구의 소비재 회사에 납품하고 있다.[56] 물론 세계 시장에 가장 강력하게 통합된 제조업, 특히 자동차 산업과 IT 산업은 중국에서 더 많은 가치를 창출하고 사회적·생태학적 문제를 해결하기 위해 구조 조정 과정이 이루어지고 있지만, 지금까지는 출발점에 있을 뿐이다.[57] 나아가 중국 자본주의는 낮은 임금과 열악한 노동 조건, 매우 큰 소득 불평등, 높은 에너지 소비, 상대적으로 낮은 에너지 효율 및 높은 환경 오염(특히 대기오염)에 토대하고 있다.[58]

ILO는 새로운 세기의 첫 10년 동안 중국에서 중간 계급이 1억 명 이상(인도에서는 약 1500만 명) 증가했다고 추산한다. 중국은 그사이 전 세계에서 가장 큰 소매 판매와 (미국에 이어) 두 번째로 많은 승용차 보유국이 되었다. 승용차 수는 2003년 1500만 대에서 2009년 5000만 대, 2014년 1억 2300만 대로 증가했다. 또한 아파트와 주택 및 자동차 같은 지위 상징물을 과시하는 경향을 지닌 상위 계급도 빠르게 성장하고 있다. 2014년 전 세계에서 판매된 사치품 중 약 40퍼센트는 중국인이 구매한 것으로 추정된다.[59]

밍(Ming)은 신랄하게 다음과 같이 지적한다. "1995년 중국의 기계공학부는 가족 자동차 개발을 위한 구상을 발표했다. 그에 입각해 더 나은 소득을 지닌 도시 거주자들은 당국에 많은 사람이 이용하는 오토바이를 '환경 보호를 위해' 거리에서 추방할 것을 촉구했다. 환경에 대한 동일한 관심이 2003년부터는 전기 자전거를 강타했다. 전기 자전거도 금지되었다. ……2006년까지 베이징, 상하이, 광저우에서는 순환 도로와 중심가에서 1리터 이하의 배기량을 가진 자동차는 다닐 수 없었다. 많은 곳에서 소형차를 일체 허용하지 않았다."[60]

후발 산업화가 진행됨에 따라 북반구에서와 비슷하게 생태학적 비용을 외부화해야 할 필요성도 늘어났다. 절대적 수치로 볼 때, 중국은 2006년 미국을 추월해 에너지 관련 이산화탄소를 가장 많이 배출하는 나라가 되었다. 중국의 1인당 이산화탄소 배출량은 2014년 6.2톤에 달했다. (그중 일부는 북반구의 소비에 기여한다.) 이는 연방정부 지구환경변화과학자문위원회(WBGU)의 '예산 편성'에 따라 책정한 2010~2050년의 1인당 배출량(2.7톤)보다 훨씬 많은 수치다. 그런 측면에서 중국은 이미 오래전에 북반구 나라처럼 지구의 이산화탄소 흡수원을 과도하게 요구하는 발전 단계에 들어섰다. 그러나 중국의 1인당 배출량은 여전히 OECD 국가의 평균 1인당 배출량보다 3분의 1가량 낮다. 비교하자면, 절대적 수치에서 중국과 미국 그리고 유럽연합 다음으로 에너지 관련 이산화탄소 배출의 네 번째 유발국인 인도는 1인당 1.6톤, 즉 중국의 4분의 1, 미국의 10분의 1을 배출하고 있다.[61] 외부화의 또 다른 차원은 호황을 누리고 있는 동부 해안의 더러운 산업이 부분적으로 중국 중서부로, 또한 동남아시아와 인도로 옮겨진다는 점 그리고 중국이 예를 들어 아프리카 대륙에서의 원료를 둘러싼 투쟁에서 중요한 행위자가 되었다는 점에 놓여 있다.

중국 산업화 모델의 사회적·생태학적 전제와 결과는 점차 문제로 대두하고 있다. 가령 사회 갈등이 최근 몇 년 동안 크게 늘어나고 있다. 1980~1990년대에 전자 및 장난감 산업과 그 밖의 주도적 분야에서 열악한 노동 조건과 생활 조건에 직면한 1세대 이주 노동자는 다면적으로 고통스럽고 트라우마적인 경험을 했다. 그러나 오늘날 도시에서 성장하고 좀더 좋은 교육을 받은 많은 노동자는 이에 분개하며 기꺼이 투쟁하고자 하며, 스트라이크와 파업을 경험하는 것으로 보인다.[62] 생태학적 전제와 관련해서는 특히 전국의 약 5분의 4가 스모그를 겪고 있다는 사실[63]이 그 문제를 가시적으로 인식할 수 있게 만든다. 발전과 산업적 오염에 대처하기 위한 싼샤(三峽)댐 메가 프로젝트의 건설과 함께 예를 들면 아시아에서 가장 긴 양쯔강의 어류 98퍼센트가 사라졌다.[64] 중국의 생태학적 문제는 이미 매우 뚜렷하지만, 수치는 이것들이 얼마나 더 첨예화할 수 있는지 보여준다. 2012년 중국은 인구 1000명당 85대의 자동차를 보유해 여전히 북반구에 훨씬 뒤처져 있었다.[65] 참고로 독일에서는 같은 해에 1000명당 539대, 오스트리아에서는 542대였다.[66]

몇 년 전부터 환경 문제는 국가와 당의 정치적 의제에서 아주 높은 곳에 자리 잡고 있다. 2007년 중국 공산당 제17차 전국대표대회에서는 '생태 문명'의 비전이 보고되었다. 그것은 이른바 오위일체(五位一體) 발전 전략, 요컨대 현대화와 복지를 결합하기 위해 경제적·사회적·생태학적·정치적·문화적 발전의 균형을 추구한다.[67] 2012년의 제18차 대회에서는 국가 전략을 정식화했다.[68] "푸른 하늘, 녹색 땅, 맑은 물"이라는 구호는 중국의 폭력적 산업화의 주요 문제가 어디에 놓여 있는지 보여준다. 그 문제에 대해서는 예를 들어 재생 가능 에너지 분야에서의 녹색 기술에 대한 강화된 투자와 에너지 및 자원 효율성의 증대 그리고 그 밖의 환경 보호 조치를 가지고 투쟁해야 한다. 이를 위해 중국은 세계에서 가장 현대적인 것에 속하는 환경 법률을 갖고 있다. 하지만 이런 법률은 지금까지 특히 지역 수준에서 기업과 당 간부의 긴밀한 담합으로 인해 종종 무력해지고 있으며, 그런 까닭에 좀더 개선되어야 한다.

실제로 제국적 생활양식의 강력한 성장과 보급은 자원 소비와 배출 및 환경 파괴를 계속해서 증대시킨다. 또한 현재 이루어지고 있는 국내 시장과 국내 소비로의 경제·정치적 방향 전환은 서비스 부문에 초점을 맞추고 있음에도 불구하고 오히려 제국적 생활양식의 심화를 시사한다.[69] 여기에 추가적인 문제는 소비와 지위에 방향을 맞추고 있는 중간 및 상위 계급이 공산당의 본질적 권력 기반이라는 점이다. 마지막으로 중국 정부와 기업은 원료 공급을 안정적으로 확보하는 데 부심하고 있으며, 그런 방식으로 환경 문제의 외부화를 촉진한다. 제국적 생활양식—좀더 정확하게 말하면, 중국의 경우는 분명 '하위 제국적' 생활양식이라고 말해야 할 것이다—은 최근에는 적어도 사회적 갈등을 완화하는 타협인 것처럼 보인다. 앞으로 몇 년 안에 과연 이런 생활양식에 대한 매력이 자체의 고유한 사회적·생태학적으로 파괴적인 부수 현상에 의해 손상되고 사회 운동의 도전을 받을 것인지, 만약 그렇다면 어느 정도나 그러할 것인지 드러날 것이다.

라틴아메리카의 신채굴주의

권위주의적인 개발 국가에 의해 촉진된 고전적 산업화의 중국 모델과 더불어 라틴아메리카에서의 발전도 제국적 생활양식의 확대 및 최근에 나타나는 그 위기적 성격을 보여준다. 2003~2004년 자본주의 중심부에서의 안정적 수요와 연관된, 특히 중국과 인도 같은 나라에서의 역동성과 결합된, 거의 예상하지 못한 원료 붐이 일어났다. 그리하여 신채굴주의(Neoextraktivismus)의 발전 모델이 공고화했으며, 이는 가공하지 않은 원료의 채굴 강화와 생산 및 수출에 의존한다.[70] 경제적으로 이것은 예를 들어 광물 자원 탐사와 개발, 도로와 수로, 에너지 공급과 항구 및 저장 시설 형태의 인프라 건설에서의 국내 또는 해외 경제 행위자들에 의한 엄청난 투자를 필요로 한다. 농업에서는 대토지 소유와 콩, 목화 또는 사탕수수의 농산업적이고 단종 재배적인 생산이 점점 더 유전공학적으로 변형된 종자를 사용하는 가운데 확대되고 있다. 조방적(粗放的) 목축을 위한 비옥한 목초지로 알려져 있던 아르헨티나의 팜파스는 지난 10년 사이 중국의 돼지 사육 사료를 재배하기 위해 몬산토의 유전공학적으로 변형된 콩으로 거의 완전히 뒤덮였다.[71] 브라질 같은 나라의 산업도 신채굴주의 모델에 강하게 맞춰져 있다. 종자와 비료 그리고 농약의 생산, 농업·광업과 관련한 기계 제작 및 식품 가공은 중요한 산업 분야다. 정치적 권력 관계와 계급 구조 그리고 '진보'와 '발전'에 대한 헤게모니적 관념이 이와 밀접하게 결합되어 있다.

신채굴주의는 2003년부터 2012/2014년 사이에 라틴아메리카 나라들에—1980년대와 1990년대의 경제 위기 이후에는 거의 예상할 수 없었던—상당한 재정적 유입을 가져다주었다. 그 밖에 취약한 세금 제도에도 불구하고 국가는 1차 상품 수출에서 높은 세수를 기록하고, 이를 빈곤 극복과 사회적 생활 조건 개선에 투입할 수 있었다.

이제 결정적인 것은 신채굴주의적 단계에서 북반구로 정향된 생활양식이 점점 더 많은 사람에게 추구할 만한 가치가 있을 뿐만 아니라 도달 가능하기도 하다는 점이다. 높은 수출 소득 및 기존 경제와 사회 구조의 근본적 유지는 과두 정치와 중간층 그리고 가난한 사람들을 만족시킬 수 있는 타협을 가능케 했다. 특히 중간층이 보여주는 생활양식의 변화는 두드러진다. 자동차와 오토바이, 가전제품, 첨단 통신 장비, 값비싼 식품과 사적인 의료 서비스를 (이용 대상으로서뿐만 아니라 상징으로서도) 구입하고, 레스토랑 방문과 휴가를 점점 더 많이 시도한다. 이러한 발전의 한 가지 지표는 신용 카드 사용의 증가다. 마우리지오 부솔로(Maurizio Bussolo), 마릴라 알리스체브슈카(Maryla Aliszewska), 엘리 무라르트(Elie Murard)는 중간층의 소득 증가와 더불어 서비스 수요가 좀더 현저하게 늘어나며, 이것이 교육과 노동 시장에 그에 상응하는 영향을 미친다고 주장한다.[72] 높은 소비율은 경제적 역동성에 중요하며, 공공 부문에서의 고용 증대와 거시경제 안정화에 의해, 또한 국가의 재분배 정책에 의해서도 가능해진다. 호세 나

탄손(José Natanson)은 아르헨티나의 경우 그에 더해 국제적인 팝과 록의 아이콘들에 의한 대규모 대중음악 콘서트, 무료 TV 채널의 축구, 무료 또는 저렴한 여가 상품에 의한 "상징적 포섭"에 대해서도 이야기한다.[73] 이러한 발견은 다른 라틴아메리카 나라들에도 적용할 수 있다.

그러나 이는 단지 중간층의 현상만은 아니다. 베로니카 가고(Verónica Gago)는 아르헨티나에 대해 신채굴주의의 중심 조건으로서 특히 대중 부문의 일상생활의 금융화로 이루어지는 "밑으로부터의 신자유주의"를 지적한다.[74] 가령 예를 들면 정부의 사회 복지 혜택도 은행을 거쳐 지급된다. 상품 소비의 증가와 부채 그리고 (이민자의 송금과 소액 대출을 포함한) 비공식 경제가 서로 결합한다. 그래서 매우 불안정한 조건하에서 실질적 생존 확보라는 이유들로부터 다양한 종류의 '대중적 기업가 정신'이 생겨나고, 이는 또다시 화폐 경제를 확장시킨다.

제국적 생활양식은 국가와 주민 사이의 특수한 관계, 즉 '소비를 통한 시민권' 또는 기존의 정치적·경제적 조건의 수용과 더불어 더 큰 소비 가능성을 갖게 된다는 약속을 촉진한다. 국가의 사회적 이전에 의해 이러한 약속은 많은 사람에게 그들이 (적절하게 지급되는) 생계 노동을 갖고 있지 못할 때에도 현실적이게 된다. 민주주의의 정당성도 점점 더 소비 가능성과 결부된다.[75]

몇 년 전부터 원료 가격의 하락으로 인해 대부분의 라틴아메리카 나라들은 경제 위기에 빠졌다. 그럼에도 불구하고 그 나라들은 신채굴주의 발전 모델을 견지하고 있다. 부분적으로 그들은 심지어 더 적은 소득을 상쇄하기 위해 그것을 강화하기도 한다.[76] 에콰도르에서 2013년 8월 대통령이 야수니(Yasuni) 지역에서의 석유 채굴 금지를 포기한 것,[77] 석유 생산국

베네수엘라에서 초국가적 투자자를 위해 동독 면적에 해당하는 150개의 잠재적 광산 지역에 내린 퇴거 명령은 상징적이다.[78] 둘 다 원주민이 살고 있는 생태학적으로 매우 민감한 지역에서 벌어진 일이다.

제국적 생활양식에 대한 급진적 비판과 변화를 위한 가장 중요한 충격 가운데 하나도 마찬가지로 라틴아메리카에서 나왔다. 그것은 현재까지 계속해서 영향을 미치고 있다. 1994년 1월 1일, 사파티스타 민족해방군(EZLN)이 멕시코 남동부 치아파스(Chiapas)주의 도시 산크리스토발데라스카사스(San Cristóbal de las Casas)를 점령했다. 그들은 멕시코 정부에 전쟁을 선포하고 그 직전까지는 거의 생각조차 할 수 없었던 논의와 행동에 불을 붙였다.

멕시코 작가 카를로스 푸엔테스(Carlos Fuentes)는 사파티스타의 봉기를 "21세기의 첫 번째 반란"이라고 불렀다. 왜냐하면 1989년의 격변 이후 자본주의에 대한 급진적 비판과 근본적 대안을 거부했기 때문이다. 나아가 반란은 사회의 인종주의적으로 주변화한 '경계', 요컨대 원주민에 의해 시작되어 그로부터 사회로 퍼져나갔다. 사파티스타의 최초 공식 성명은 역사의—수동적 희생자가 아닌—행위자로서 스스로에 대한 자기 이해를 분명히 드러냈다. 성명은 500년의 억압이 아니라 "우리는 500년의 투쟁의 성과다"라는 문장으로 시작된다.

사파티스타의 무장 투쟁은 단 며칠간만 이어졌으며, 그 이후에는 다른 수단들을 가지고 계속되었다. 그들은 세대 전체의 정치적 전환에 관한 이해를 혁명적으로 변화시켰다. 그들에게 문제가 되었고 또 오늘날까지 문제 되고 있는 것은 국가 권력의 계승이 아니라 경제적, 정치적, 문화적 관계의 아래로부터의 전환이다. 봉기는 세계 시장을 위한 커피 재배와 인종주의적으로 정당화된 노동력 착취를 특징으로 하고, 사회적 인프라(교육, 의료) 측면에서 국가에 의해 폭넓게 무시당하고 공공연한 후견주의가 만연하며, 특히 여성에 대한 기본권을 거부하고 선거 부정이 다반사로 이뤄지던 지역에서 시작되었다. 그러나 사파티스타는 처음부터 멕시코인으로서 멕시코 전체를 위해 이야기했다. 그들은 멕시코 헌법에 의해 원주민의 권리와 문화를 인정할 것과 이러한 권리를 실현할 것을 요구했다. 그리고 정의와 자유 개념과 더불어 민주주의 개념을 자신들의 정치적 사고와 행동의 중심에 놓았다.[79]

봉기는 멕시코와 그곳을 넘어서 일종의 촉매제로 작용했다. 그것은 세계와 멕시코에 존재하는 계급과 젠더 그리고 인종 구조에 따른 다양한 지배와 갈등 노선에 맞섰다.[80] 또한 포괄적이든 지속적이든 또는 이른바 진보적인 다른 형용사로 표현하든 단지 또 다른 발전으로 나아갈 뿐인 것이 아닌 새로운 혁명적 주체를 치아파스에서 만들어냈다. 따라서 현재까지 사파티스타가 통제하는 치아파스주의 3분의 1에서는—멕시코의 다른 지역에서의 움직임과 달리—자원 채굴주의적 경제 활동에 대한 수용이 존재하지 않는다.

치아파스 봉기는 500년간의 착취와 억압의 경험 전체를 가지고 유럽중심주의적이고 서구의 지식과 기술 그리고 자본에로 정향된 진보와 현대화 약속의 표현으로서 '발전'에 맞섰다. 변화는 그 행위자가 일차적으로 정당과 급진적 운동 그리고 국가인 과정이라는 고전적 의미로 이해되지 않았다. 오히려 변화에 대한 이해는 문화 혁명적이었다. 그것은 일상생활에서 출발했고, 서구적이고 자본주의적이며 가부장적이고 제국적인 사고의 탈식민화를 내용으로 했다. 차이와 소수자를 인정했다. 자신들의 종종 시적인 언어로 사파티스타는 생활의 템포를 '가장 느린 자에게 맞추고(caminar al paso del más lento)', 정치를 일종의 명령적 위임을 대체하는 책임성과 대표성의 일반적 과정으로서, 즉 '순종하는 지배(mandar obedeciendo)'로서 형성할 필요를 강조했다.

처음부터 사파티스타의 이니셔티브는 멕시코 전역에서, 또한 국제적으로도 미디어의 커다란 반향과 지지를 얻었다. 2001년 3월 12일, 100만 명 넘는 인파가 멕시코시티에서 '원주민의 존엄을 위한 행진'을 끝낸 EZLN 지도부를 맞이했다. 하지만 멕시코의 정치 체제에서 실제적 변화는 관철될 수 없는 것으로서 입증되었다. 엄청난 대중 동원을 한 그해에 의회가 통과시킨 새로운 원주민 법률은 상징적 양보만을 담고 있었다. 그 결과 사파티스타는 점점 더 국가의 간섭을 용인하지 않는 자치 지역 정부를 세우는 데 집중했다. 그 대부분은 봉기 과정에서 대토지 소유주가 남겨놓고 떠난 땅에서 이루어졌다.[81] 자치 정부는 독자적 교육 체계, 물리적 기반 시설의 집단적 유지, 처벌보다는 화해에 초점을 맞춘 사법 체계와 갈등 관리 체계, 집단적 생산을 통한 새로운 소득원의 공동체적 개발, 독자적인 지역 미디어 등을 창출했다. 의료 체계는 연대적 생활양식의 윤곽을 보여주는데, 보건에 대한 포괄적 이해—즉 신체적 문제의 부재뿐만 아니라 포괄적 행복까지—를 시작으로 의사의 독자적 양성과 무엇보다도 전통적 치유 방법의 적용에까지 이른다.[82] 독자적인 경제 구조의 구축은 예를 들어 토지에 대한 개인적 소유권의 거부와 부분적으로 임야의 공동체적 경작을 함축하며, 공공의 복지를 축적에 대한 관심보다 앞세운다. 그것은 책임자가 자신의 기반에 의해 언제든지 소환당할 수 있는 풀뿌리 민주주의적 순환 원칙을 통해 통치된다. 멕시코 남동부에서의 대안적 생활양식의 유지와 창조는 다른 모든 실험 과정과 마찬가지로 많은 문제와 반동으로 가득 차 있다. 그럼에도 불구하고 그것은 세계 도처에서, 특히 라틴아메리카에서 울려 퍼지고 있는 하나의 사례다.[83]

근본적으로 사파티스타의 반란은 한편으로는 (신)식민주의적 생활양식의 요구에 반대하는 일련의 수많은 역사적 봉기 가운데 하나였다. 다른 한편으로, 그것은 신자유주의와 세계화에 매개된 제국적 생활양식의 심화와 확대, 자본주의적 땅 차지하기와 그 비용의 외부화에 반대했다. 봉기가 수많은 노동자와 농민 및 그들의 이익 대표 기구에 대해 그리고 환경에 대해 부정적 결과를 낸 북미자유무역협정(NAFTA)이 발효된 날에 일어난 것은 우연이 아니었다.

생태·제국적 긴장

우리는 자본주의 생산 양식의 사회적·생태학적 모순성이 자기 비용을 비자본주의 내지 덜 발전한 자본주의 공간으로 외부화하고 노동력을 나쁜 조건들로 가치화하는 것이 가능한 한 계속해서 유지될 거라는 점을 지적해왔다. 바로 이것으로부터 북반구는 오랫동안 이익을 얻어왔다. 북반구는 남반구의 자원을 자기 것으로 해왔으며, 산업 생산과 소비에서 생겨나는 폐기물과 배출물을 부분적으로 다시 남반구로 되돌려 보냈다. 그리하여 북반구는 자기 생산 양식의 수많은 사회적·생태학적 결과를 자신으로부터 멀리해왔다. 따라서 북반구의 제국적 생활양식은 사회적·생태학적으로 볼 때 배타성에 의거한다. 그것은 모든 사람이 동등하게 지구의 자원과 흡수원에 접근하는 것은 아니라는 걸 전제한다. 그런 경우에만 그 비용을 공간적으로나 시간적으로 외부화할 수 있다. 고전적인 제국주의 이론에 기대자면, 발전된 자본주의는 자기의 생태학적 모순으로 인해 몰락하지 않기 위해 비자본주의적이거나 적어도 덜 발전한 외부를 필요로 한다고 말할 수 있다.

제국적 생활양식의 경향적인 보편화와 더불어—산업화가 시작된 이래 북반구에 주어지고 또한 자본주의의 구성적 조건인—이런 비용을 외부화할 가능성은 줄어들고 있다. 남반구가 산업화하거나 신채굴주의적 발전 모델이 강화되면 될수록 그 자신이 스스로의 사회적·생태학적 비용의 외부화에 의존하지 않을 수 없고, 그런 까닭에 경제적으로뿐만 아니라 생태학적으로도 북반구의 경쟁자가 되는 나라의 수가 많아진다.

지구의 한계에 관한 논쟁[84]이 화석주의적 생산과 소비 규범의 경향적 보편화가 더 이상 자원 소비뿐만 아니라 흡수원 부담의 '성장의 한계'를 넘어설 위험이 있는 시대에 벌어진 것은 우연이 아니다. 자본주의의 사회경제적 모순에 대한 처리 가능성의 전제이자 양태인 제국적 생활양식은 그 경향적 보편화의 순간에 위기가 강화됨을 입증한다. 이것이 점점 더 북반구 나라 사이에서, 그리고 이들과 남반구의 발전을 추구하는 세력 사이에서 생태·제국적 긴장이 강화되고 있는 이유다. 따라서 제국적 생활양식은 북반구에 의한 인간과 자연 자원에 대한 배타적 요구가 지정학적이고 지경학적인 변화로 인해 의문에 붙여질 때 현실화하는 점점 더 갈등 유발적이고 폭력적인 형태의 국제 관계 가능성을 포함한다. 종종 생태·제국적 긴장은 잠재해 있지만, 때때로 명백히 정치적이고 경제적인 또는 심지어 군사적인 분쟁으로도 나타난다.

현재의 피난과 이주 움직임도 마찬가지로 이러한 맥락에서 파악할 수 있다. 이는 제국적 생활양식과 그 보편화에 의해 초래된 분쟁에 대한 반응이다. 여기에 영향을 받는 사람들은 그리함으로써 생존을 확보할 뿐만 아니라, 지금까지 그들이 엄청난 비용을 떠안아야만 했던 부에서 자신의 몫을 원한다.

늘어나는 생태·제국적 긴장은 더 나아가 어떤 나라가 자국의 이산화탄소 배출량을 얼마만큼 줄여야만 하는지의 문제를 둘러싼 기후 정치적 투쟁에서 나타난다. 2009년의 코펜하겐 기후 회의는 바로 이 문제에서 실패했다.[85] 무엇보다도 우선 초기에 산업화한 북반구와 남반구의 떠오르는 지역 사이의 경쟁이 표출되었고, 그에 더해 세계 최대 이산화탄소 배출국인 미국과 중국은 언급할 만한 어떤 양보도 할 준비가 되어 있지 않았다. 두 나라는 이산화탄소 흡수원과 대기를 미래에도 과도하게 요구하고, 따라서 스스로의 사회적·생태학적 비용을 외부화할 수 있다는 전제하에서만 자국의 에너지 집약적 발전 모델을 유지할 수 있다. 이는 중국이 미국의 지정학적이고 지경학적인 경쟁자로 부상하고 석유와 석탄을 지나치게 연소시킴으로써 이산화탄소 흡수원의 부담을 가속화하면 할수록 더욱더 어려워지고 긴장 또한 커질 것이다. 물론 2015년의 파리 기후 회의 전초전에서 중국과 미국은 서로 합의함으로써 새로운 협정을 위한 길을 닦는 데 성공했다. 그러나 그 조항들은 비교적 구속력이 없다. 구속력이 없는 까닭에 그 조항들은 새로운 갈등의 문을 열어젖히고 있다. 그 갈등의 과정과 가능한 해결책은 북반구와 남반구에서 제국적 생활양식의 강화 및 보편화 또는 억제에 달려 있다.

6

제국적 자동차 이동성

사회주의에는 오직 자전거로만 도달할 수 있다.

—호세 안토니오 비에라갈로[1]

위기 전략으로서 SUV 운전

2014년 독일에서는 약 300만 대의 승용차가 새롭게 등록되었다. 신규 등록된 차량의 17.4퍼센트는 오프로드 차량과 세단을 혼합한 이른바 SUV였다. 그러나 SUV는 오프로드에서는 거의 사용하지 않고 거의 배타적으로 도로에서 운행된다. 오프로드 차량은 2014년 신규 등록 차량에서 콤팩트 클래스(26.4퍼센트) 다음으로 두 번째 비중을 차지했다. 소형차는 15.1퍼센트로 3위를 기록했다. 2008년에는 이와 달랐다. 신규 등록 차량의 선두주자는 물론 그 당시에도 콤팩트 클래스(28.5퍼센트)였다. 하지만 소형차가 24.2퍼센트로 그 뒤를 이은 반면, 오프로드 차량은 6.4퍼센트를 차지했다. 2008~2015년 독일 연방의 승용차 총수에서 오프로드 차량의 점유율은 3.2퍼센트에서 7.2퍼센트로 2배 이상 늘어났다. 이 시기에 자동차의 절대적 수치는 130만 대에서 320만 대로 증가했다.[2] 관점에 따라 SUV에 대한 수요는 전기 자동차에 대한 수요와 비교해도 인상적이거나 걱정스럽다. "계산상으로 지난해〔2014, U. B./M. W.〕에 전기 자동차를 구매한 모든 독일인의 36퍼센트가 SUV를 구입했다."[3]

오프로드 차량 붐은 순수하게 독일적인 현상은 아니다. 예를 들어 미국에서는 2012년 신규 차량 등록에서 차지하는 픽업과 SUV의 비중이 49퍼센트에 달했고, 중국에서는 2014년 SUV가 전년보다 36.4퍼센트 많이 등록되었다. 반면 자동차 판매 총량은 9.9퍼센트 증가하는 데 그쳤다. 중국에서의 발전은 가장 많이 팔린 SUV 유형 가운데 10대 중 8대가 해외 경쟁사의 시장 점유율을 줄이는 데 성공한 국내 자동차 제작사가 생산했다는 측면에서 흥미롭다. SUV 판매로 중국 자동차 메이커들은 순매출의 3분의 1을 벌어들였다.[4]

오프로드 차량과 SUV 붐에서는 제국적 생활양식과 그것의 보편화 경향이 특히 뚜렷한 방식으로 나타난다. SUV는 극도로 자원 및 배출 집약적이다. SUV는 "더 무겁고, 더 높은 공기 저항을 지니며, 대부분 더 강력한 엔진을 장착하고 있다. 따라서 SUV는 재래식 해치백(hachback)이나 노치백(notchback) 차량보다 적어도 25퍼센트 많은 연료를 소비한다. 예를 들어 110마력의 디젤 엔진을 장착한 폭스바겐 티구안(Tiguan)은 킬로미터당 139그램의 이산화탄소를 배출하며, 105마력의 디젤 엔진을 장착한 동급의 폭스바겐 골프(Golf)는 단 99그램의 이산화탄소만을 배출한다. 그 차이는 40퍼센트다".[5] 그에 더해 SUV는 그 크기 때문에 다른 승용차보다 많은 공용 공간을 필요로 한다. 마지막으로 SUV가 연루된 사고에서는 더 작은 승용차의 탑승자가 사망하거나 중상을 입을 위험이 SUV 탑승자보다 훨씬 높다. 또한 보행자의 경우에도 SUV와 충돌할 때 중상을 입거나 치명적 손상을 입을 위험이 더 작은 자동차와 부딪칠 때보다 높다.[6]

눈에 띄는 것은 북반구에서 SUV에 대한 수요 증가가 총교통량에서 차지하는 동력 이용 개인 교통량의 감소와 대조를 이룬다는 점이다. 이런 경향은 독일에서 2008년 이후 관찰할 수 있다. 또한 "다른 유럽 국가에서는 동력 이용 개인 교통량은 정체되어 있고, 미국에서는 2000년대 중반 이후 분명히 감소했다".[7] 그에 더해 기후 변화에 점점 더 많은 공적 관심이 생기는 시점에 오프로드 차량과 SUV 붐이 일어나고 있다는 점도 눈에 띈다. SUV는 높은 구매 가격 때문에—예를 들어 볼보 XC90은 5만 유로에서 시작하고, 아우디 SQ7은 8만 9000유로, 레인지로버는 가장 저렴한 것이 9만 7000유로다—주로 소득이 높은 사람들이 사용한다. 따라서 SUV 운전자는 비교적 높은 환경 의식을 지닌 사람들이 속한 사회 계급 출신이다.[8] 이 두 가지 사실은 어떻게 공존할까? 북반구에서 SUV 붐과 동력 이용 개인 차량의 상대적 중요성 상실을 어떻게 설명할 수 있을까? 사람들은 SUV를 운행함으로써 자연 환경뿐만 아니라 다른 사람도 위험에 빠뜨린다는 것을 알면서도 왜 SUV를 몰고 다니는가?

첫눈에 보기에 이것은 조화를 이루지 못한다. 뒤스부르크-에센(Duisburg-Essen) 대학의 '자동차연구센터(Center Automotiv Research, CAR)'에서 SUV 이용을 주제로 연구한 보고서도 이를 강조한다. "몇 년 전부터 주말 쇼핑에서 점점 더 자주 유기농 제품이나 지역 농산물이 쇼핑백에 담기고 있는데 반해, 그런 제품은 점점 더 자주 SUV 트렁크에 실린다. 그러나 이는 결코 생태학적 거래를 의미하지 않는다. 오히려 연료 낭비 행위로 여겨진다."[9] 하지만 SUV 운전자에게는 사회 전체의 관점에서 모순적인 이러한 행동이 철저히 조화로운 것일 수 있다. 앞에서 언급했듯 SUV 운전은 모두가 SUV를 소유하지 않는 한 작은 승용차를 운전하는 것보다 안전하다. SUV 운전자는 그 자신이 자동차로 이동하는 걸 포기하지 않고서도 자동차 이동성의 위험으로부터 가능한 한 최대로 자신과 동승자를 보호한다. 유기농 제품을 구매함으로써 그는 자신과 자신이 사랑하는 사람들의 건강에 기여한다. 의심할 여지없이 이러한 행동은 보편화될 수 없다. 즉 이는 다른 사람들의 안전과 생활 조건을 침해하며, 다른 사람들이 그걸 모방하는 정도만큼 그 자신의 토대가 훼손된다. 〔그런 의미에서 이는 위치적 재화와 관련이 있다(3장 참조).〕 물론 SUV 운전은 이런 점을 자동차 이동성 전체와 공유한다. 하지만 기껏해야 자동차 이동성의 제국적 성격을 첨예화할 뿐이다.

SUV 운전이 보편화한 상황에서 잘 알려진 지속 가능한 발전 공식을 가지고서는 그저 외견상으로만 해결되었던 갈등이 분명해진다. 브룬틀란 보고서(Brundtland Report)에 따르면, 발전은 "미래 세대가 그들 자신의 욕구 충족을 위험에 빠뜨리지 않고 현재의 욕구를 충족시킬" 때 지속 가능하거나 영속적이다.[10] 볼프강 삭스(Wolfgang Sachs)는 일찍이 "명확성이 아니라 동의 능력"이 극대화한다는 점을 지적했다. "발전은 물, 땅, 소득 확보에 대한 원망으로 향해야 하는가, 아니면 항공 여행과 주식에 대한 원망으로 향해야 하는가? 생존 욕구, 아니면 복지 욕구로? 문제는 엄청나게 많은 빈털터리의 욕구인가, 아니면 전 세계의, 즉 대도시 중간층의 욕구인가?"[11] 그러므로 지속 가능한 것이 무엇인지는 결정되어 있는 게 아니라 사회적 갈등과 협상 과정의 대상이다. 그리고 갈등을 해결하는 것은 많은 문제 인식과 이해관계를 다른 것들에 비해 선호하거나 심지어는 특정한 문제 인식과 이해관계를 비로소 산출하고 정상화하기도 하는 게임의 규칙을 따른다. 이러한 게임의 규칙은 사회적 관계에 의해, 우리의 경우는 무엇보다도 우선 젠더 관계와 자본주의 사회의 계급 구조에 의해 너무도 깊이 각인되어 있다. 그것들은 지난 세기에 신자유주의적으로 증대된, 어디에나 존재하는 경쟁에서 그리고 자동차 이동성, 사회적 지위, 자유, 안전 그리고 남성성 사이의 밀접한 결합에서 모습을 드러낸다.

SUV는 꿰뚫어볼 수 없고 다면적인 위협으로 체험한 세계를 대비하는 수단이다. 뒤스부르크-에센 대학에서 수행한 연구는 이러한 자동차 운전자의 생각을 다음과 같이 특징짓고 있다. "아무것도 내게 해를 끼칠 수 없다. 나는 안전하게 통과한다."[12] 덧붙여 SUV는 최근 특히 반복되는 호우와 폭풍우 그리고 홍수에 직면해서도 타당하다. 그런 측면에서 SUV 운전은 동승자를 위해 사고 위험을 줄일 뿐만 아니라 기후 변화에 적응하는 개인적 전략일 것이다. 물론 그럼에도 불구하고 SUV는 자신이 적응하고자 하는 현상을 스스로 강화하는 전략이다. 마지막으로 우리는 그것을 계급투쟁의 제2 무대로서 파악할 수 있다. SUV는 그 소유자를 확고부동한 위치로 데려오며, 그리하여 중간 계급이 "잠재적 몰락의 불안"에 대처하는 수단이 된다.[13]

자동차 이동 주체성

자동차 이동성과 계급 관계 및 젠더 관계에 의해 형성된 주체는 서로 밀접한 관련이 있다. 많은 것이 자동차 이동성은 특정한 주체성을 산출한다고—그리고 그 역의 경우도 있다고—이야기해준다.[14] 거기서 정확히 어떤 주체성이 문제인지는 적시되지 않는다. 왜냐하면 그것은 사회를 각인하는 구조의 시공간적으로 특수한 형태화와 더불어 변화하기 때문이다.

SUV 운전자는 신자유주의적 자본주의의 자동차 이동 주체성으로서 파악할 수 있다. SUV와 더불어 도로에서 첨예화하고 있는 안전과 불안전 및 우월성과 하위성 사이의 양극화는 증가하는 사회적 양극화 및 모든 사회 분야에서 시장 형태의 경쟁적 메커니즘이 신자유주의적으로 확산되는 것과 일치한다. 더 나아가 자동차와 운전자의 주체성은 단순히 서로 일치하는 게 아니라 서로를 함께 구성한다. 즉 SUV는 그 물질적 특성으로 인해 그 자신이 그로부터 생산된 사회관계, 즉 증가하는 경쟁과 무분별함에 의해 각인된 사회관계에 다시 작용해 그것을 강화한다. SUV는 상응하는 주체성 자체를 함께 산출함으로써 그렇게 한다.

이런 점을 인상적으로 보여주는 것이 〈쥐트도이체 차이퉁(Süddeutsche Zeitung)〉의 얀 슈트레멜(Jan Stremmel)이 SUV를 가지고서 행한 자기 실험(self-experiment)이다. 그는 그 결과를 다음과 같이 묘사했다. "이틀 만에 차가 이겼다. 나는 은색 콤비가 내 앞을 얼쩡거릴 때 핸들을 돌려 왼쪽 차선으로 들어선다. 이 시점에서 나는 오랫동안 더 이상 백미러를 들여다보지 않는다. 시속 225킬로미터로 달리는 사람은 뒤에서 다가올 많은 놀랄 만한 것들을 고려할 필요가 없다. 하지만 내 앞 추월선에서 시속 150킬로미터로 달리는 차가 있다면? 나는 결코 투덜대지 않지만 투덜댄다. 나는 결코 전조등 경고 신호를 켜지 않지만, 경고 신호 레버를 잡아당긴다. 나는 무분별한 얼간이다. 자동차가 승리했다."[15]

자동차 초창기에도 지배 계급은 다른 사람들을 희생시켜 스스로의 자유 욕구를 충족하기 위해 새로운 이동 가능성을 이용했다. 경제력이 튼튼한 도시 부르주아 계급은 자동차를 철도 운송 체계에 새겨진 열차 시간표와 철도망 그리고 다른 사람들과의 강요된 만남에 의한 외부적 결정으로부터의 해방으로 받아들였다.[16] 자동차 이동성은 경쟁을 인간적 상호 작용의 자연적 형식으로서 간주하는 산업자본주의의 정치경제학에 상응했다.[17] 그에 따라 최초의 자동차 운전자들은 무분별하게 행동했으며, 때로는 자기들이 자동차를 이용하지 않는 교통 참여자들에게 불러일으키는 공포를 즐기기까지 했다.[18] 볼프강 삭스에 따르면 "이러한 독선적인 불손함에 대해 민중의 분노가 들끓어 올랐고, 특히 도로나 경작지 피해에 대해 당연히 마을 주민들이 들고 일어난 것은 놀랄 일이 아니다. 그리고 이와 마찬가지로 이런 분노가 계급 증오와 뒤섞이게 된 것도 놀랄 일이 아니다. 왜냐하면 지방 도로와 마을 도로를 짓밟고서는 농부들에게 고약한 일을 남겨둔 채 서둘러 떠난 것은 바로 벼락부자가 된 도시 사람들이었기 때문이다".[19]

잘 알다시피 오늘날 운전자는 일정한 규칙을 지켜야만 한다. 그러나 근본적인 문제, 즉 "함께하는 삶을 추방하고 동력을 이용하지 않는 교통 참여자를 주변으로 몰아냄으로써 자동차의 필요를 위해 점점 더 많은 도로와 토지를 독점하는 것"[20]은 여전히 남아 있다. 초기 자동차 이동성과의 차이점은 이 문제 자체를 더 이상 지각하지 못한다는 점이다. 민중의 분노와 계급적 증오는 가라앉았고, 자동차 이동에 대한 도시와 시골의 각인은 그 배후를 묻지 않고 정상이 되었다. 자동차 이동 주체성은 다음과 같은 것들을 이를테면 자연스러운 것으로 받아들인다. 즉 아이들은 거리에서 뛰어놀 수 없다. 거리에서는 자동차가 아이들을 위험에 빠뜨릴 수 있고, 주차된 자동차는 아이들에게서 광장을 빼앗는다. 자전거를 타는 사람은 점점 더 통행하기 어려운 좁은 길로, 보도로 내몰린다. 거기서 그들은 보행자들과 갈등하고, 광고 기둥과 나무 그리고 파킹미터(parking meter)로 인해 지그재그로 달리지 않을 수 없다. 보행자들은 교통 신호등 옆에 떼지어 모여 자동차의 물결이 지나가길 기다리고, 그 소음과 배기가스를 불만 없이 견뎌내야 한다.

일상생활에서 자동차 이동성의 제국적 성격의 공론화 결핍은 그것이 전 지구적 규모에서 야기하는 '외부 효과'의 암묵적 수용을 지속시킨다. 물론 자동차의 배출 강도는—특히 배기가스와 관련한 스캔들 과정에서—언제나 거듭해서 논란의 대상이다. 그렇지만 내연 기관의 화석 연료 사용과 관련한 사회적·생태학적 전제는 암묵적으로 수용된다.

여기서 이러한 전제는 전혀 사소한 것이 아니다. 즉 석유를 둘러싸고 전쟁이 벌어진다. 그리고 석유에 대한 접근과 그것의 전 지구적 분배 조건은 북반구 국가들에 의해 경제적으로나 군사적으로 뒷받침되는 권위주의적 정권이 통제한다. 또한 석유의 채굴과 정제는 엄청난 인간적 희생을 초래한다. "노동자와 주민들은 화석 연료의 채굴과 정제 과정에서 오염되고 상해를 입으며 죽임을 당한다. 실제로 석유와 가스 및 석탄 채굴에서는 다른 모든 산업에서 일어나는 걸 합한 것보다 더 많은 노동자가 사망한다. 저소득 유색 원주민 공동체 사람들이 다른 인구 집단보다 더 많이 화석 연료 사용의 영향을 받는다."[21]

석유는 화석주의적 자동차 이동성의 연료이지만, 그것이 자동차 이동성의 유일한 전제인 것은 결코 아니다. 석유를 내연 기관과 함께 이용하기 위해서는 내연 기관을 먼저 제작해야만 한다. 동일한 것을 차체, 차대, 변속기, 차량 전자 장치 그리고 내부 공간에도 적용할 수 있다. 자동차의 이런 모든 구성 요소에는 마찬가지로 복잡하고 파괴적인 방식으로 최종 생산물의 이용을 가능케 하는 원료를 사용한다. 가장 중요한 원료는 철광석과 알루미늄 또는 구리 같은 금속이다. 이런 원료를 채굴하는 데 어떤 위험이 있는지는 2015년 11월 5일 발생한 환경 재앙이 생생하게 보여준다. 이날 브라질 연방의 미나스게라이스(Minas Gerais)주에 있는 광산 도시 마리아나(Mariana)에서는 사마르코 미네라상(Samarco Mineração)이라는 기업의 광산 폐수를 담고 있던 두 저수지의 제방이 붕괴했다. 중금속을 함유한 수천만 세제곱미터의 슬러지(3000만~6000만 세제곱미터 사이로, 올림픽 수영장 1만 2000~2만 4000개의 용량에 해당한다)가 그 밑에 있는 계곡으로 쏟아져 벤토호드리게스(Bento Rodriguez) 마을을 뒤덮고, 도시강(Rio Doce, 달콤한 강)으로 밀고 들어가 이 강과 그 하구의 대서양 해안을 오염시켰다. 브라질 역사상 최악의 이 환경 재앙으로 16명이 즉각 사망했으며, 수백 명이 집을 잃고 수십만 명이 물 공급을 받지 못했다. 영향을 받은 지역은 스위스 면적만 한 크기이며, 건강 및 환경과 관련한 결과는 비참했다. 이전까지 물고기가 넘쳐났던 800킬로미터 넘는 도시강이 사실상 죽었다. 중금속이 먹이사슬로 유입되고, 생물학적 다양성의 상당 부분이 파괴되었다. 자연적인 강줄기가 끊겼고, 중금속 슬러지가 말라 시멘트처럼 딱딱해졌으며, 이는 물의 흐름을 빠르고 통제할 수 없게 만들었다.

브라질은 중국과 오스트레일리아에 이어 세 번째로 큰 철광석 생산국이다. 독일에서는 지난 1987년 마지막 광갱을 폐쇄한 후 철광석을 더 이상 채굴하지 않는다. 필요한 철광석은 모두 수입으로 충당한다. 2014년 독일은 4300만 톤의 철광석을 수입했다. 이 물량의 약 56퍼센트는 브라질에서 생산한 것이다. 브라질은 스웨덴(약 16퍼센트)과 캐나다(약 15퍼센트)에 앞서 독일에 가장 중요한 철광석 원산지다.[22] 독일의 자동차 산업은 금속 원료의 가장 큰 산업적 최종 소비자 가운데 하나다. 철광석은 자동차 산업의 가장 중요한 원료다. 왜냐하면 승용차의 약 65퍼센트가 철(iron)과 강(steel)으로 이루어지기 때문이다. 2014년 철광석의 세계 시장 가격은 28퍼센트 하락했다.[23] 원료 수출업자들은 생산 확대를 통해 가격 손실을 상쇄하려 했다. 이는 마리아나의 광산 경영자에게도 적용된다. 사고 직전 댐에 가하는 부하가 엄청나게 높아졌다. 사마르코 광산의 채굴량은 "전년도에 비해 거의 40퍼센트 …… 증가했다. 이러한 시장 홍수 전략(market flooding strategy)은 마리아나에서 광산 폐기물의 급격한 증가로 이어졌고, 그 결과 주변 지역의 범람을 초래했다".[24]

마리아나의 재앙은 반짝이는 차체의 더러운 이면—우리의 공적 공간을 놀랍도록 의심의 여지없이 지배할 뿐만 아니라 다른 곳에 사는 사람들의 삶의 조건을 파괴하고 말로 표현할 수 없는 고통을 초래하는 측면—을 드러낸다.[25] 그러나 재앙 자체만큼이나 주목할 만한 것은 그런 재앙이 북반구의 집단적 기억으로부터 이별을 고한 속도다. 재앙은 아주 짧은 시간 동안만 자동차 이동 주체성에 대한 인식의 지평에 나타났다. 어떤 경우 재앙은 이런 주체성에 대한 지속적인 자극을 제시하지 못했고, 그리하여 이곳 생활양식과 저곳 고통 사이의 연관성에 대한 어떤 반성도 중단되

었다. 슈테판 레세니히는 이것을 "모르쇠에 대한 보편화한 욕구"라고 부른다.[26]

이는 또한 20세기가 지나는 동안 북반구에서 일어났고, 그 과정에서 자동차 이동성이 하나의 계급으로부터 대중 현상으로 발전한 배경으로도 파악할 수 있다. 1965년의 전독일자동차클럽(Allgemeiner Deutscher Automobil-Club, ADAC) 선언문에 따르면 "자동차 운전자는 그 자체로 계급이 아니며, 진보적인 기계화에 의해 이미 인민 대중을 대표한다".[27]

미국에서는 헨리 포드가 생산성을 현저하게 향상시킨 새로운 방법(특히 개별 부품의 표준화, 제품 범위의 제한, 나중에는 컨베이어 벨트 생산)에 기초해 대량 제작으로 생산한 모델 T로 계급을 포괄하는 현상으로서 자동차 이동성의 길을 개척했다. 자동차와 철강 산업은 20세기 전반기에 미국에서 노동자 계급이 높은 조직력을 갖춘 핵심 부문으로 떠올랐다. 노동자 계급은 그때까지 자신들에게 유보되었던 정치적·사회적 권리를 관철하기 위해 대공황 이후 몇 년간 그 조직력을 이용했다. 그런 가운데—대공황에 이어—미국의 정치적 관계가 개혁 지향적인 세력에 유리하게 바뀐 것도 그들에게 도움을 주었다. 1933년부터 프랭클린 D. 루스벨트가 추진한 경제 및 사회 개혁, 즉 뉴딜과 제2차 세계대전 동안에 이뤄진 미국의 확장적 재정 정책은 노동자 계급이 그때까지 깨닫지 못할 정도로 참여한 경제 부흥의 기초를 마련했다. 이러한 발전의 상징으로서 자동차의 확산과 자동차 산업에서 처음으로 새로운 생산 방법이 적용되었다. 따라서 1930년대 미국과 제2차 세계대전 이후 서유럽에서 시작되어 1970년대에 이르기까지 지속된 자본주의 단계를 '포디즘'이라고 부르는 것은 우연이 아니다.[28]

독일에서는, 좀더 정확히 말하면 볼프스부르크(Wolfsburg)에서는 페르

디난트 포르쉐(Ferdinand Porsche)가 1930년대에 포드의 생산 방식을 채택했다. 히틀러의 명령에 따라 그리고 강탈한 노조 자산과 강제 노동에 기초해 그는 폭스바겐 공장을 세우고 '카데에프-바겐〔Kdf-Wagen: 나치가 독일인의 여가 선용을 획일화하기 위해 시도한 조직 '기쁨에 의한 힘(Kraft durch Freude)'을 따서 명명했다〕'을 설계했다. 국가사회주의 아래서 1940년 이후부터는 이 차량의 "군사적 형제"(Sachs, 1984: 79)—퀴벨바겐(Kübelwagen, 군용 자동차)—만을 생산했지만, 제2차 세계대전 이후에는 폭스바겐이란 이름으로 이를 대량 생산해 연방공화국 경제 발전의 상징이 되었다. '국민의 차'라는 이 명칭은 계급을 포괄하는 자동차 이동성의 관념을 정확히 표현했다. 통계가 이 점을 확실히 뒷받침한다. 1960년부터 2016년까지 독일의 승용차 총수는 약 450만 대에서 약 4500만 대로 10배 증가했다.[29]

이러한 발전의 역설은 먼 거리를 빠르게 연결할 수 있는 가능성이 결코 시간과 삶의 질을 획득하게끔 해준다는 걸 의미하지 않는다는 데 있다. 이반 일리치(Ivan Illich)가 이미 1975년에 말했듯 상황은 정확히 그 반대다. "전형적인 미국인은 …… 깨어 있는 16시간 중 4시간을 도로나 자동차를 운행하기 위한 수단을 얻는 데 보낸다. 이 수치는 자동차 이용에 의해 강요된 다른 활동에 들어가는 시간은 전혀 포함하지 않는다. 예를 들면 병원이나 교통 위반을 다루는 즉결 재판소 또는 작업장에서 보내는 시간, 다음번에 더 좋은 차를 사기 위해 자동차 광고를 따져보거나 조언을 구하는 데 들이는 시간이다. 자동차 사고에 드는 총비용과 대학을 운영하는 데 필요한 전체 비용은 거의 같은 규모이며, 이는 국민총생산과 함께 증가한다. 그러나 교통에서의 시간 낭비는 좀더 시사하는 바가 많다. 즉 전형적인 미국인은 7500마일을 가기 위해 1600시간을 소비한다. 이는 시간당 5마일에도 미치지 못하는 거리다. 운송 산업이 없는 나라에서 사람들은 동일한 속도로 이동하고, 자기가 원하는 곳으로 어디든 움직인다. 아울러 그들은 교통에 미국의 경우처럼 사회적 시간 예산의 28퍼센트가 아니라 단지 3~8퍼센트만을 소비한다."[30]

더욱 빠르고 좀더 성능 좋은 자동차 개발은 시간 손실을 기술적으로나 경쟁적으로 최소화하려는 시도로서 이해할 수 있다. 누가 가장 큰 마력을 실행할 수 있는가 하는 것이 다른 것들을 떨쳐버린다. 그러나 다른 사람들도 마찬가지로 장치를 업그레이드하기 때문에 경쟁은 기술적으로 더 높은 단계에서 반복된다. 일정한 시점부터 시간 소모적인 속도는 사고 위험이 늘어나는 가운데서만 높아질 수 있다. 그 경우 경쟁은 다른 형태를 취한다. 즉 높은 등급의 장갑 차량은 뛰어노는 어린이, 보행자, 자전거 타는 사람과 소형차의 승객을 위험에 빠뜨리는 것과 동일한 정도로 자기 승객의 안전 요구를 충족시킨다. 아울러 최고 속도와 더불어 차량 내부 공간의 기술적 장비도 지위 문제가 된다. 그것이 (사고로 말미암은) 교통 정체 상황에서 시간 손실을 누가 가장 편안하게 형태화할 수 있는지를 결정한다.

여기서 대량 자동차 이동성의 중요한 특징이 나타난다. 즉 그것에 의해 경쟁과 효용 극대화라는 자본주의적 원리가 일상생활의 모공 속으로 스며든다. 개인의 자동차 이동적인 '해방'은 그의 자본주의적 주체화의 매개물이 된다. "대량 자동차 이동주의는 일상적 실천 수준에서 부르주아 이데올로기의 완전한 승리를 구체화한다. 그것은 각각의 모든 개인이 모든 것을 희생해 더 많은 가치를 창출하고 부유해질 수 있다는 기만적인 관념을 근거 짓고 유지한다."[31]

동시에 북반구의 포디즘적 이동성은 평등화하는 무언가를 지녔다. 즉 그것은 노동자 계급이 그때까지 알려지지 않았던 사회적 진보에 참여하는 걸 가능케 했다. 발전된 많은 자본주의 경제에서 포디즘의 핵심 부문으로 부상한 자동차 산업은 많은 일자리를 창출했다.[32] 이것과 다른 경제 부문들에서 창출되고 생산성 발전과 더불어 늘어난 소득은 임금 노동자에게 복지의 증대를 가져다주었고, 그들로 하여금 자신의 자동차 구매를 통해 공간적 이동성을 향상시킬 수 있도록 했다.

자동차의 포디즘적 확산과 복지 증대 그리고 그것이 가능케 하거나 상징화하는 사회적 참여는 본질적으로 자동차 이동 주체성의 형성에 기여했다고 할 수 있다. 신자유주의 아래서 늘어나는 양극화—SUV에 각인된 우월성이라는 제스처는 도로 교통에서 두드러진 표현이다—는 이런 주체성에 지금까지 아무런 영향도 미치지 못했다. 그와 반대로 대량 자동차 이동성의—평등적 차원과 더불어 언제나 이미 존재하는—경쟁적 차원은 이런 양극화도 정상적인 것으로 보이게끔 한다. 이런 점은 생태학적 위기로 전이될 수 있는 것으로 보인다. 자동차 이동성의 제국적 성격을 퇴색시키는 수십 년간의 실천은 그것에 의해 함께 생산되고 최근에는 점점 더 분명하게 가시화하는 사회적이고 생태학적인 저주에 직면해서도 그것을 문제로 삼지 않는다. 오히려 자동차 이동성은 해결책의 일부로 나타나며, 더 나아가 자동차의 견고함이 위기 적응의 개인적 능력을 확대하면 할수록 더욱더 그렇다.

이동성과 계급 그리고 젠더

동력화한 개인 교통이 개인화하는, 요컨대 모든 사회 부문을 경쟁 원리에 따라 구조화하는 경향이 있는 자본주의 생산 양식과 높은 수준의 양립성을 보일지라도 이것이 그 생산 양식의 강제적 결과는 아니다. 오히려 이는 석유와 내연 기관을 둘러싸고 집단화한 자본 당파들이 스스로를 위해 결정할 수 있었던 사회적 대결의 성과이자—전기로 구동하거나 공적인—대안적 운송 체계가 많은 곳에서 주변화하는 결과를 지닌다.

존 어리(John Urry)는 자동차로 이동하지 않는 운송 체계의 주변화를 특히 분명하게 인식할 수 있는 미국에서의 이런 갈등을 다음과 같이 기술한다. "1927~1955년 제너럴 모터스, 맥 매뉴팩처링(화물차), 스탠더드 오일(현재의 엑손), 필립스 페트롤리엄, 파이어스톤 타이어 앤드 러버 그리고 그레이하운드 라인스가 모여 정보와 투자와 '활동'을 공유했다. 그들의 목표는 트램……을 없애는 것이었다. 이 회사들은 다양한 위장 기업을 세웠는데, 그중에는 내셔널 시티 라인스(NCL)가 있었다. 특히 1930년대에 NCL은 여러 자회사와 함께 많은 전기 트램 라인을 사들인 다음 이것을 파괴했다. 적어도 45개 도시가 트램을 잃어버렸다. 전략은 동력화한 석유 기반 운송으로 옮겨가는 것이었다. 지방에 거주하는 시민은 석유 기반의 승용차와 버스에 대안 없이 남겨졌다. 이 탄소-음모는 미국의 반독점입법의 심각한 훼손을 의미했다. 이 음모는 1955년에야 드러났으며, 해당 기업들은 셔먼 반독점법(Sherman Anti-trust Act) 위반으로 유죄 판결을 받았다. 그럼에도 그 기업들은 경미한 처벌을 받았을 뿐이다." 그 협정의 성과에 대해 어리는 다른 교통수단에 대한 자동차의 우위가 "결국 자연스럽고

불가피한 것으로서 여겨졌다"고 기술했다.[33]

그러나 이는 투쟁의 끝을 의미하지 않았다. 1960년대 후반 미국에서의 환경 운동 출현과 로마클럽의 보고서 《성장의 한계》 같은, 환경과 자원 문제에 돌풍을 일으킨 학문적 설명과 더불어 자동차 이동성의 생태학적이고 건강과 관련한 결과도 정치화했다. 그리고 1970년대에 이스라엘-이집트 전쟁과 훗날의 이란 혁명 과정에서 석유 가격이 급등하고 그에 더해 미국의 석유 생산량이 피크에 도달했을 때, 경제적·사회적 발전의 탄소 집약성을 줄일 수 있는 기회의 창이 열리는 것처럼 보였다. 그러나 당시 미국 대통령 지미 카터의 대응 계획은 1980년대 초 로널드 레이건으로 교체되고 석유 가격이 다시 하락하면서 수포로 돌아갔다.[34]

국가는 자동차 이동성의 관철과 정상화에 핵심 역할을 담당했다. 여기서 선두 주자는 독일의 나치 국가였다. 나치는 오로지 자동차만 이용할 수 있는 기반 시설인 고속도로를 만들었다. 제2차 세계대전 후 미국과 일본 그리고 유럽에서 도로 네트워크가 대대적으로 확장되었다. 1970~2006년 유럽의 고속도로 네트워크는 4배로 성장한 반면, 궤도 기반 교통수단은 체계적으로 감소 또는 해체되었다.[35] 그사이 자동차 이동의 이해관계는 국가 기관과 기반 시설 체계에 깊숙이 파고들었다. 예를 들어 독일 연방정부는 자동차 산업에 좀더 엄격한 배기가스 기준 의무를 부과하려는 유럽 의회의 모든 시도에 격렬하게 반대한다.[36] 폭스바겐의 배기가스 스캔들은 이런 측면에서 아무것도 변화시키지 못했다. 이 기업이 '폭스바겐법'에 의해 보장된 특수한 공동 결정과 니더작센(Niedersachsen)주의 의결 저지권(중요한 모든 결정에 대한 거부권)에 근거해 사회 핵심 부문의 사회적·생태학적 전환으로의 진입을 위해 나섰다 할지라도 말이다.[37]

기반 시설과 제도와 주체에 자동차 이동성이 정착한 것은 자동차 산업의 힘뿐만 아니라 근본적 전환을 자신들의 조직력에 대한 위협으로 인식하는 노동자와 직원 및 노동조합의 이해관계 때문이기도 하다.[38] 우리는 이것을 뿌리 깊이 정착된 '자동차 이동 컨센서스'라고 부를 수 있을 것이다. 자동차 산업 종사자들은 여전히 강력하게 스스로를 자신의 기업 및 생산물과 동일시하는 듯하다. 폭스바겐의 예처럼 이런 점은 위기 상황에서도 나타난다. 비옥한 땅에 떨어질 것 같은 희생을 종업원에게 호소할 때 말이다.[39] 분명히 폭스바겐의 경우는 종업원과 지역 전체의 복지를 수십 년간 보장해온 협동조합주의적인 산업적 관계의 오랜 전통이 경쟁에 의해 유발되고 배기가스 스캔들에 의해 강화된 적응과 짝을 이룬다. 그 결과는 일자리 유지를 둘러싼 단기적 우려가 자동차 산업의 근본적인 사회적·생태학적 전환에 본래적으로 필요한 논쟁을 전혀 떠오르지 못하게 한다는 것이다.[40]

그에 반해 생산을 넘어서 북반구에서 전후의 대량 동력화와 더불어 배후로 물러선 것처럼 보였던 자동차 이동성의 계급적 성격이 다시금 좀 더 분명히 나타나고 있다. 이는 한편으론 앞에서 살펴보았듯 차량 유형과 관련이 있다. 이를테면 여기에는 SUV가 있고, 저기에는 소형차가 있는 식이다. 다른 한편 계급 관계는 일반적으로 누가 승용차를 소유 및 이용하는가 하는 물음에서 드러난다. 가령 2008년 월 소득 900유로 미만인 독일 가구의 64퍼센트에는 자동차가 없었던 데 반해, 월 소득 5000~1만 8000유로인 가구의 93퍼센트가 2대 이상의 승용차를 소유하고 있었다.[41] 또한 오스트리아교통클럽(VCÖ)은 수입과 더불어 필요로 하는 교통량도 증가한다는 것을 보여주었다. 여기서 흥미로운 점은 자동차 이용이 소득과 함께 과도하게 증가한다는 것이다. 이런 배경에서 자동차 이용 기반 시설을 국가 재정으로 확대하고 업그레이드하는 모든 시도와 자동차 이동성에 대한 그 밖의 후원은 언제나 이미 특권을 지닌 사람들을 위한 정책이며, 이는 사회적 불평등을 증대시킨다.[42]

자동차-제국적 생활양식은 앞에서 살펴보았듯 복잡하고 그 구체적인 형태에서 변화 가능한 계급 관계에 근거한다. 또한 자동차-제국적 생활양식은 그것이 동시에 산출하기도 하는 젠더 관계에 의거하기도 한다. 자동차는 성차별주의적 동기들로 인해 획득된다. 그 디자인은 젠더 고정 관념을 이용한다. 자동차는 공격성, 폭력, 테크놀로지 같은 특성에 따라 헤게모니적 남성성의 형성을 조장한다.[43] 그리고 노동 세계의 변화로 육체적 강인함이 중요성을 상실한 시대에 자동차는 "기술적 능력의 문제에 따라 남성성을 회복"하도록 도와준다.[44]

나아가 북반구에서 자동차 이동 생활양식의 보편화는 기능 분리 원칙에 입각한 도시 발전을 수반했으며, 이것이 젠더 관계에서 이를테면 불평등을 공간적으로 규정했다. 중간 계급의 주택이 대부분 사회 기반 시설을 제대로 갖추고 있지 못한 교외 지역에 집중되어 있고 노동은 도시와 상업 중심지에서 이루어지는 곳에서, 즉 도시를 오랫동안 특징지어왔던 기능적 혼합이 제거된 곳에서는 임금 노동과 돌봄 노동을 조화시키기 어렵다. 그런 형태의 도시 발전은 자동차 이동성의 보편화를 전제하며, 자동차 이동의 일상적 실천을 지속시키고, 돌봄 노동에 불리한 성별에 따른 분업 형태를 조장한다. "교통 체계는 정규직으로 생업에 종사하는 남성들을 위해 구상되며, 특히 생계 노동 일자리에 운송 가능성을 제공한다." 그에 반해 아이와 노인을 동반한다든지 쇼핑을 하거나 사회적·문화적 활동에 참여하는 것과 같은 비생계 노동의 이동성 요구, 그리고 생계 노동과 비생계 노동의 통합 가능성을 위한 인프라 필요 및 아이와 노인처럼 생업 활동을 하지 않는 교통 참여자의 요구는 경시된다.[45]

아델하이트 비제커와 자비네 호프마이스터(Sabine Hofmeister) 그리고 우타 폰 빈터펠트는 자본주의 생산 양식이 이중적 외부화에 토대를 두고 있다고 강조한다(3장 참조). 자본주의 생산 양식은 상품 순환을 규정하는 등가 교환 원리에 기반하지 않거나 아주 제한적으로만 기반하는 방식으로 자연뿐만 아니라 돌봄 노동도 전유한다. 이 밖에 그것은 자체의 사회적이고 생태학적인 비용을 자연과 돌봄 노동 영역으로 옮겨놓는 경향이 있다.[46] 자동차 이동성과 그 자원 수요 그리고 그것이 전 세계적으로 인간과 자연에 야기하는 엄청난 피해와 자동차 이동 기반 시설에 의해 규정되는 젠더 관계에서의 불평등, 요컨대 자동차 이동성의 제국적 성격에서는 외부화의 두 가지 형식이 모범적으로 합쳐진다.

자동차 이동성의 생태학적 현대화

최근에는 자동차 이동성의 생태학적 현대화가 두드러지게 나타나는 것으로 보인다. 자동차 제조업체들은 좀더 효율적인 내연 기관을 제공하고, 점점 더 전기와 하이브리드 엔진에 의존하고 있으며, 생태학적으로 효율적인 무인 자동차를 개발하고, 독자적인 차량 공유 업체를 운영하고 택시 앱 공급자를 사들임으로써 이동성 서비스 제공 기업으로서 자리매김하려 하고 있다.[47] 그렇게 함으로써 이들은 특히 이동의 '멀티 모드' 방식을 위해 자신의 차를 소유하는 걸 포기하는 젊은 교통 참여자들의 변화한 이동성 행동에 반응한다.[48] 동시에 이들 기업은 이동성 행동의 미래 발전을 적극적으로 형성하려 하고 있다.

이러한 발전을 평가하기 위해서는 생태 효율을 향상시키는 혁신과 생태 효과를 향상시키는 혁신을 구별하는 것이 중요하다.[49] 동일한 생산물이나 동일한 서비스가 혁신에 의해 이전보다 더 적은 자원과 배출을 통해 생산 또는 제공될 수 있을 때 생태 효율의 향상이 존재한다. 이는 운송 부문에서 예를 들어 개선된 동력 장치가 이전과 동일한 거리를 더 적은 연료로 갈 수 있게끔 해주는 경우다. 생태 효율 향상은 많은 경우 의미가 있다. 그렇지만 그것이 동시에 제품과 서비스의 가격을 낮춤으로써 추가 수요를 창출하고, 그리하여 더 높은 효율이 더 높은 소비로 과잉 보상될 경우에는 문제가 된다. 효율 향상과 더불어 소비 비용이 낮아지는 까닭에 자동차를 좀더 자주 운행할 때나 자동차 운행에서 절약한 돈을 항공 여행에 투입할 때에는 전체적으로 보아 환경 부담이 적어지는 게 아니라 늘어나는 리바운드 효과가 나타난다.[50] 그에 더해 환경 효율 향상에서는 '잘못된 목표에 따른 진보'가 문제일 수 있다. 그러한 진보는 "생태 혁신적 대안의 개발을 위한 노력에 필요한 수단을 계속해서 제공하지 않는" 데 기여한다.[51] 이는 내연 기관에 특히 해당된다. 동력 이용 개인 교통(MIV)이 화석 자원의 점진적 고갈과 이산화탄소 흡수원의 과부하에도 불구하고 전 지구적으로 아주 강력하게 확대되고 있다는 사실에서 비롯되는 사회적·생태학적 부담은 좀더 생태 효율적인 동력 장치를 통해서는 거의 보상될 수 없다.

이런 배경에서 생태 효과는 중요성을 획득한다. 이를 향상시킨다는 것은 단순한 "환경 부담의 양 감소"가 아니라 "자원, 에너지, 흡수원 이용의 질적 구조 조정"을 위해 노력한다는 걸 의미한다.[52] 문제는 예를 들어 많은 곳에서 국가의 후원을 받아 추구하는 전환, 즉 자동차 이동성과 관련해 내연 기관으로부터 전기 동력 장치로의 전환이다. 산업, 과학, 교단, 협회, 노동조합의 대표들로 구성된 독일 연방정부의 자문 기구 '전기 이동성을 위한 국가 플랫폼'에 따르면 이 프로젝트에서 문제는 "이동성의 지속 가능한, 즉 기후와 환경 친화적이고 자원을 절약하며 효율적인 개조를 위한 해법"이다.[53] 연방정부의 목표는 2020년까지 독일의 도로에서 100만 대의 전기 자동차가 달리도록 하는 것이다.

이 프로젝트가 실현하기에는 요원하다는 점을 제외하더라도—2016년 초 독일에서 등록된 전기 자동차는 약 3만 대에 불과했다[54]—자동차 군단을 전기 동력 장치로 전환하는 것이 사회생태학적으로 무엇을 의미하느냐는 의문이 떠오른다. 우선 눈에 띄는 것은 전기 이동성에 관한 논쟁이 곧바로 두 가지 중요한 축소를 보여준다는 점이다. 첫째, 전기 이동성이 전기 자동차 이동성으로 환원되는 반면, 예를 들어 트램이나 전기 버스 같은 전기 이동성의 집단적 형식을 위해 MIV를 억제하는 것은 일반적으로 종속적 역할을 수행할 뿐이다.[55] 둘째, 전기 자동차 운행이 내연기관 차량 운행에 비해 제공하는 생태학적 이점이다. 그러나 이런 생산의 생태학적 비용은 여전히 불충분하게만 조명받고 있다. 이러한 왜곡된 상황은 독일 연방정부가 최근의 경제 위기에서 자동차 산업을 지원하려던 '폐차 프리미엄'이라는 수단의 특징이었다. 여기서 문제 되는 것은 낡은 차를 연료를 더 적게 소모하고 따라서 운행하는 데 좀더 생태 효율적인 새 차로 교환한다는 것이었다. 생태계와 경제가 그로부터 똑같이 이익을 얻을 것이라는 주장이었다. 그러나 대체해야 할 자동차가 아마도 대부분 여전히 기능을 하고 있는 까닭에 사실상 필요하지도 않은 차를 생산하기 위해 낭비되는 물질과 에너지에 대한 물음은 아무도 제기하지 않았다 (2장 참조).

전기 자동차 이동성과 관련해 이제는 생태 효과라는 깃발 아래 경영에 초점을 맞추고 생산을 보이지 않도록 만드는 게 반복되는 것처럼 보인다. 출발점은 전기 동력 장치를 가진 자동차는 운전 중 이산화탄소를 배출하지 않으므로 그 자체로 내연 기관 자동차보다 환경 친화적이라는 것이다. 여기서는 모든 전기 자동차가 재생 가능 에너지로부터 나온 전기로 작동된다는 것은 확정된 게 아니라 그저 전제일 뿐이다. 그리고 이것을 달성할 때에도 전기 자동차의 생태 대차대조표에 중요한 문제, 즉 그 생산에 필요한 재료와 에너지에 대한 물음은 여전히 열려 있을 것이다.

그에 더해 전기 모터에 필요한 몇몇 금속의 이용 가능성도 문제가 될 수 있을 것이다. 에른스트 슈리플(Ernst Schriefl)과 마르틴 브루크너(Martin Bruckner)는 예를 들어 백금의 공급이 늘어나는 수요를 따라 잡지 못할 것이라고 예측한다. 구리의 경우도 부족의 징후가 존재한다. 이에 반해 현재 알려진 리튬 매장량은 '폭발적으로 성장하는 수요'를 충당하기에 충분할 수도 있다. 하지만 여기서 문제는 수요 증가에 상응하는 리튬 채굴의 확대가 해당 지역에서의 "심각한 부정적인 생태학적 결과"와 결부되어 있다는 점이다.[56] 유엔환경계획의 연구 〈금속의 재활용율: 현황 보고(Recycling Rates of Metals: A Status Report)〉에 따르면, 재활용에 의해서는 이용 가능성과 채굴 문제를 거의 해결할 수 없다. "전 지구적 금속 이용이 증가하고 수명이 긴 제품에 금속을 사용하는 한 완전한 재활용조차도 수요의 얼마 안 되는 부분 이상을 충족시킬 수는 없다."[57]

이러한 "에너지 전환의 물질적 전제" 이외에 또한 "물질 전환의 에너지적 전제"도 고려해야 할 것이다. 전기 모터나 풍력 터빈에 쓰이는 금속을 채굴하기 위해서는 "재생 불가능한 화석 에너지가 대규모로 투입된다". 그리고 광석의 금속 함량이 감소하고 광산이 접근하기 어려워지는 정도에 따라 에너지 소모는 증가한다.[58]

마지막으로 자원 정의(正義)의 기준이 중요성을 지닌다. 자원 공급과 수요의 불일치에 대한 고려는 여전히 자원을 사용하거나 화석 에너지 투입을 통해 생산하는 제품이 결코 모든 사람에게 똑같이 이익이 되지 않는다는 것을 보여주지 못한다. 이익을 얻는 것은, 특히 전기 자동차 이동성에서 이익을 얻는 것은 전기 자동차 이동성이 관철되는 (북반구에 있는) 도시와 지역의 대부분 주민이다. 이에 반해 손해를 보는 사람은 남반구의 광산 지역에서 발견할 수 있다. 그들은 전기 자동차 이동성에 거의 참여하지 않지만, 전기 동력 장치에 필요한 금속 채굴이 초래하는 생태계와 건강상의 피해를 입을 것이다. 그러므로 이산화탄소 배출 저감을 목표로 하면서 동시에 전기 자동차 이동성의 물리적 차원을 문제 삼지 않고 화물과 여객 운송의 규모에 의문을 제기하지 않는 이동성 전환은 그 혜택을 거의 받지 못하는 쪽에서 보면 물질과 에너지에 대한 과도한 요구를 함축한다. 이는 제국적 생활양식을 극복하는 게 아니라 그 에너지적이고 물질적인 기초의 변화에 의해 지속된다.

그런 까닭에 우리는 킹즐리 데니스(Kingsley Dennis)와 존 어리가 다음과 같이 확언한 것에 동의할 수 있다. "자동차의 생태학적 영향은 원료의 채굴, 차량 생산, 도로 기반 시설의 운영과 유지 및 보수, 수많은 사망자와 부상자로 인한 병원비와 정서적 비용 등등을 포함해 그 라이프 사이클 전체 및 그와 연관된 인프라 시스템에 기인한다. 자동차 운전자는 그 비용 전체를 지불하지 않는다. 왜냐하면 이러한 생태학적이고 의료 시스템과 관련한 많은 비용이 자동차 가격에 포함되어 있지 않기 때문이다."[59]

그러므로 본질적으로 앞에서 설명한 시장 형태적이고 기술에 고정된 자동차 이동성의 '생태화' 전략에서 문제 되는 것은 제국적 생활양식을 그 핵심 부분 중 하나에 대한 선택적인 생태학적 현대화를 통해 지속시키려는 시도다. 결정적인 물음은 '이동성 전환'에 관한 지배적 논쟁에서 거의 제기되지 않는다. 즉 이동을 어떻게 회피하거나 단축할 수 있는가? 그리고 현실적으로 필요한 이동을 어떻게 가능한 한 사회적이고 환경 조화적으로 조직할 수 있는가? 이러한 물음에 생태 효율을 통해서도, 생태 효과를 통해서도 대답할 수 없다는 것은 놀라운 일이 아니다. 오히려 그러한 물음에 대답하기 위해서는 이동성 문제를 좀더 넓은 사회적 맥락과 충족의 관점에서 주제화할 필요가 있다(8장 참조). 그러나 이는 제국적 생활양식과 그 근저에 놓인 사회적 관계 및 주체화 형식의 핵심으로 곧장 나아가는 걸 뜻한다.

7

거짓 대안: 녹색 경제에서 녹색자본주의로?

녹색 경제는 거짓 해결책이다. 그것은 분명히 현실의 갈색 채굴적이고 에너지 집약적인 경제에 반대하지 않기 때문이다. 그 녹색 메커니즘은 창출된 교환 가치가 현실 경제와 상호 보완적이며 밀접히 결합되어 있다는 논리에 따라 고안된다.

—카밀라 모레노[1]

이 책 2장에서 우리의 출발점을 이룬 관찰은 다중적 위기 현상에 직면해 최근 생태학적으로 파괴적인 경제 양식과 정치가 점점 더 문제화되고 사회적·생태학적이거나 심지어는 거대한 전환의 필요성과 대결하게 된다는 것이었다. 그러나 우리의 논증에 따르면 '새로운 비판적 정설', 요컨대 전환 논쟁에서 형성되는 주류는 우리가 다중적 위기의 주요 원인인 지배 형식의 자본주의적 동역학과 세력 관계를 볼 수 없게끔 만든다.

이하에서 우리는 앞장들의 제국적 생활양식에 대한 우리의 성찰에 입각해 전환과 '녹색 경제'에 관한 최근의 논쟁에 대한 비판으로부터 헤게모니 이론적 렌즈를 통해 그러한 맥락 속에서 전개되는 정치적이고 경제적인 전략들로 넘어가고자 한다. 다시 말하면 새로운 비판적 정설은 단지 그 구상의 문제 적합성과 관련해서만 우리의 관심거리가 되는 것은 아니라는 얘기다. 오히려 우리는 그것이 바로 자기의 생략과 축소에 근거해 어느 정도 지극히 배타적인 생태학적 현대화의 계기로, 또는 그람시의 말을 빌리자면 '녹색자본주의'를 위한 유기적 지식인들의 포럼이 되는지에 대해 묻고자 한다.[2]

우리가 받는 인상은 전환 논쟁의 주류에서 문제가 되는 것은 무엇보다도 우선 지배적인 담론과 계속해서 연결될 수 있어야 한다는 것, 경제적이고 정치적인 엘리트들을 혼란스럽게 하지 않으면서 그들로 하여금 사회적·생태학적 개편에 가능한 한 흥미를 느끼도록 해야 한다는 것이다. 그러나 바로 그로 인해 후자는 자유주의적 현대화 프로젝트 방식에 머물 위험이 있다. 그에 반해 우리는 논쟁에서의 갈등을 두려워하지 않으면서 현 상황에서 누가 본래 이익을 보고 있는지를 분명히 해야 한다고 주장한다. 그들은 무엇보다도 우선 정치적이고 경제적인 엘리트들이지만 또한 제국적 생활양식에 편입되어 있는 대부분의 전 세계 중간 계급이기도 하다.

이런 의미에서 우리는 우선 '녹색 경제'라는 개념과 그에 맞서 정식화해온 비판을 다루려 한다. 그런 다음 격심해지고 있는 사회생태학적 모순이 그 틀 내에서 지배 형식적으로 다루어지는 새로운 자본주의 구성체로의 이행이 현재 어느 정도까지 나타나고 있는지 탐구하고자 한다. 마지막으로 어떤 지점에서 해방적 대안을 시작할 수 있는지, 그리고 현재의 자본주의적 제한을 넘어서 사회적·생태학적 전환을 추진할 수 있는지 다룰 것이다.

'녹색 경제'의 비판을 위하여

지난 몇 년 사이 현재의 다면적 위기를 현대화의 기회로 파악하는 일련의 전략 보고서가 출간되었다. 그 보고서들의 공통분모는 경제의 녹색화가 사회적·생태학적으로 경제적 윈-윈 상황을 창출할 것이라는 가정이다. 유엔환경계획의 중요한 보고서는 다음과 같이 말한다. "경제의 녹색화는 원칙적으로 성장 브레이크가 아니라 새로운 성장 엔진이다. ……그것은 새로운 일자리를 만들어내는 발전기이며 …… 또한 지속되고 있는 빈곤을 퇴치하기 위한 필수적 전략이다."[3] OECD는 경제의 녹색화에서 "혁신과 위기 예방의 이중 전략"을 본다.[4] 독일 연방 환경부의 한 연구는 야심적인 기후 정책이 그에 따른 투자(예를 들어 건설 부문)의 결과 심지어 지금까지의 경로에서 이루어진 성취보다 높은 성장을 가져올 것이라고 강조한다.[5]

녹색 경제의 이상과 그에 이르는 전략에서 중요한 가정은 다음과 같다. 즉 실질적인 혁신은 바로 올바른 질서 틀만을 필요로 하는 '시장'에서 출발한다는 것이다. 국가는 효율적이라고 가정한 시장에 대한 규칙을 정립하고 최악의 시장 과잉이나 위기, 즉 '시장 실패'에 대응해 행동한다. 여기서 명시적으로나 암묵적으로 출발점을 이루는 것은 필요하다고 여겨지는 자연 소비와 흡수원 부담의 절대적 감소가 제국적 생활양식, 자본주의 정치 경제, 그것을 담지하는 사회적 세력 관계에 의문을 제기하지 않고서도 이뤄질 수 있다는 것이다. 토마스 파토이어(Thomas Fatheuer)와 릴리 푸어(Lili Fuhr) 그리고 바르바라 운뮈시히(Barbara Unmüßig)는 "경제적 합리성은 더 이상 환경과 기후 정책에 반대하지 않는다. 아니, 그것은 그에 호의적이다"며 녹색 경제 전략의 근본 가정을 비판한다.[6] 그들에 따르면 자칭 진보적 녹색 경제의 개념은 자연을 가치화하는 새로운 순환을 도입한다. 즉 다양한 자연에 하나의 가격을 부여할 때 기존 경제가 현재의 모습 그대로 남아 있을 수 있다는 것이다. 자본주의 생산 양식의 '외부 비용'은 처음부터 그것을 전혀 만들어내지 말아야 할 강력한 자극이 존재하도록 그 생산 양식 안으로 회수, 전문 용어로는 '내재화'해야 한다. 따라서 "탄소에 가격을 매겨라"가 새로운 구호다. 이산화탄소는 "21세기의 통화"[7]가 될 수 있을 것이다. 이는 어떤 조건 아래서 이산화탄소를 배출하고 회피하거나 제어하는지를 추출하는 등가물이다.[8]

아마도 모두가 그로부터 이익을 얻을 것이다. 기업은 많은 이익을 가져다주는 새로운 사업 영역을 열 것이며, 환경은 이제 단순히 이익을 가져다줄 뿐만 아니라 지속 가능하게 가치화할 것이고, 그 종사자들은 자기의 소득을 북반구 미래 부문의 녹색 일자리에서든 남반구 이산화탄소 저수지의 지속 가능한 관리에서든 환경 친화적이고 의미 있는 방식으로 벌어들이게 될 것이다.

그러나 경험적으로뿐만 아니라 이론적으로도 근거 있는 의심이 제기되고 있다. 가령 (페미니스트) 사회학자들은 녹색 경제와 전환 전략의 협소한 노동 개념을 지적한다. 그 중심에는 생태학적으로 현대화해야 하는 생계 노동이 놓여 있고, 여기서는 녹색 일자리가 종종 종사자들에게 낮은 정도의 안전만을 제공하는 집단 계약적인 회색 지대에서 생겨난다는 점을 무시할 뿐만 아니라 "인간의 삶과 공동생활의 중심적 기초"를 형성하는 돌봄 노동 분야를 제외한다는 것이다.[9] 그리고 남반구의 일자리에 관한 한 파토이어는 녹색 경제 정책과 구상이 원주민 공동체를 "생태계 서비스 제

공자"로 축소시킴으로써 그들을 지극히 도구적으로 대한다는 점을 지적한다.[10]

생태계가 파괴되지 않는 것은 손실 비용을 수치로 나타내는 가격표가 붙어 있지 않기 때문이라는 사실은 감춰져 있다. 그 이유는 오히려 해당 영토에 살고 있는 사람들(종종 소농과 원주민 공동체)의 권리가 체계적으로 무시당한다는 데 있다. 이 사람들의 특수한 자연 관계는 "외부에서 비롯된 이해관계가 토지 이용에 관한 결정을 내리자마자 무시 또는 억압된다. 이는 지역 공동체와 종종 국가 권력의 도움을 받는 기업 사이의 수많은 토지 이용 갈등을 통해 증명된다".[11] 그러므로 녹색 땅 차지하기와 생태계 서비스 및 노동력의 가치화 전략은 바로 그것이 내세우는 자연을 보존하기 위한 전제를 훼손할 위험이 있다.

마지막으로 사회적·생태학적 비용의 외부화가 단순히 '시장 실패'를 나타내는 것이 아니라는 점을 무시한다. 자본주의 생산 양식과 그에 상응하는 제국적 생활양식은 체계적으로 "부정적 외부 효과"를 만들어내는 경향이 있다.[12] 환경 친화적 경제 활동을 위한 인센티브를 창출하기 위해 자연의 서비스를 화폐량으로 표현함으로써 이러한 부정적 외부 효과를 "내부화"하는 것은 자연의 복잡성을 "단순한 물신화한 범주로" 축소시키며, "사회와 자연에서의 수많은 상호 의존을 가격의 형태로 표현할 수 없다"는 점을 무시한다.[13]

녹색 경제의 이상과 전략을 "바이오 경제"의 형태로 구체화하는 데서도 상황은 아주 유사하다.[14] 공식적으로 이것은 "경제와 생태학을 지적인 방식으로 결합함으로써 바이오 기반의 지속 가능한 경제 성장을 가능케 한다. 바이오 경제는 미래의 능력 있는 경제 체제라는 틀 내에서 모든 경제 부문에서의 생산물과 처리 및 서비스를 제공하기 위해 지식을 기반으로 재생 가능한 자원을 생산하고 사용하는 것이다".[15] 구체적으로 문제되는 것은 재생 가능한 생물 자원의 생산과 사용 및 폐기물의 이용이다. 생체 물질은 더욱더 시장성 있는 제품으로 가공해야 하며, 가치 창출 사슬 대신 '가치 창출 순환'이 있어야 한다. 농업과 임업, 어업, 산업과 서비스 부문은 해당 기술을 매개로 해서 재생 가능한 원료로 전환되어야 한다. 예를 들어 식품 생산, 주택 건축과 도시 개발 또는 양식업을 강조한다.[16] 바이오 경제의 투입물은 바이오매스 및 기존의 그리고 재생 가능한 에너지원, 즉 태양·바람·지열 에너지와 사탕수수나 팜유이어야 한다. 유럽연합 집행위원회와 독일 연방정부는 논쟁을 주도하고 있으며, 이를 통해 성장의 새로운 추진력을 기대하고 있다.[17]

유럽에서 논의의 추진력을 이루는 것은 대륙이 점점 더 부족해지는 경향이 있는 자원의 수입에 높은 정도로 의존하고 있으며, 이것이 이용 가능성과 가격에 영향을 미친다는 점이다. 자주 들을 수 있는 주장에 따르면, 문제는 자원이 유한하고 인구가 증가하는 세계에서 복지를 유지하는 것이다. 훼손 및 파괴된 '자연 자원'을 복원해야 한다. 제시되는 또 다른 이유는 기후 변화와 전 세계적 기아 및 세계 인구 증가에 대항한 투쟁 그리고 성장과 경쟁력 및 복지의 보장이다.[18]

바이오 경제 논쟁에서 독일을 대표하는 인물은 랄프 퓍스(Ralf Fücks)다. 이 주제를 다룬 그의 책에 딸린 부제는 다름 아닌 바로 현재 이루어지고 있는 '녹색혁명'이다. 책에서 그는 "생물학적 과정과 자원의 기술적 사용"으로서 이해되는 바이오테크놀로지를 새로운 선도 과학으로 선언한다.[19] 자원 생산성(생태 효율)의 증대와 더불어 일관성의 순환 원리에 방향을 맞추는 것은 경제 성장을 자연 사용과 분리해야 한다. 그러면 자연 사용이 상대적으로 감소함으로써 국내총생산보다 더 느리게 증가할 뿐만 아니라 절대적으로도 줄어든다〔절대적 분리(decoupling)〕. 퀵스의 표현을 빌리면 이는 "지성적 성장(intelligentes Wachstum)"일 것이다. 퀵스는 그것에서 단지 바람직한 목표뿐만 아니라 적어도 독일에서 이미 일어나고 있는 과정을 보고 있다. 그가 거기서 1960년대의 녹색혁명이라는 자본주의적 현대화 전략에서 북반구 나라들의 수많은 소농의 존재를 파괴한 것과 같은 진보 신앙에 얼마만큼이나 속고 있는지는 일단 제쳐놓고 말이다.

어떤 경우 자본주의 아래서 성장을 자원 사용과 환경적 영향으로부터 절대적으로 분리시킬 수 있다는 가능성을 가정하는 것은 대담한 희망 그 이상이다. 이는 적어도 우리가 자원 사용과 흡수원 이용을 물질적 발자국(material footprint)을 가지고, 즉 "성숙한 경제의 자원 집약적 과정의 외부화"를 가시화하는 소비 기반 지표를 가지고 규정할 때 사실이다.[20] 구체적으로 이것은 한 나라에서 소비하는 재화의 자원 등량(等量)을 측정하고, 하나의 재화에 들어가는 자원(예: 금속)뿐만 아니라 그 생산에 필요하거나(예: 물) 생산 과정에서 쌓이지만 최종 생산물에서는 나타나지 않는(예: 폐기물) 자원도 고려한다. 수입의 자원 등량 더하기 국내의 자원 채굴 및 수출의 자원 등량의 차이는 한 나라의 물질적 발자국을 제공한다. 이에 근거하면, 대부분의 OECD 국가에서는 절대적 분리는 말할 것도 없고 자원 생산성에서의 개선이 거의 이루어지지 않았다. 오히려 물질적 발자국은 국내총생산과 발맞추어 증가했다.[21] 녹색혁명은 사회적·생태학적 비용의 외부화 문제를 지금까지 남겨두었다.

앞에서 설명한 논쟁의 원칙적 문제는 국가와 자본주의 사회라는 개념이 결여되어 있다는 점이다. 시장과 국가는 중립적 제도가 아니라는 생각은 쓸데없는 게 아니다. 시장은 단순히 자원의 효율적 배분을 위한 기구가 아니며, 그와 마찬가지로 국가도 구속력 있는 규칙을 만들고 집단적 문제를 해결하기 위해 사회적 이해관계 대립 위에 서 있는 기구로 이해할 수 없다. 그 대신 그 핵심에서 문제 되는 것은 사회적 지배 관계다. 그것은 단지 유연한 노동 시장에서 노동조합의 보호를 받지 못하는 임금 노동자나 복지 국가의 후견에 내맡겨져 있는 장기 실업자의 경험인 것만은 아니다. 시장은 불평등 구조에 기반하고 그것을 재생산하며, 따라서 사람들의 삶의 기회를 함께 결정한다. 그리고 국가는 제도적 경직성과 자본주의적 구조 강제에 적어도 원칙적으로 종속되어 있는 사회적 이해관계를 성공적으로 표현하고 일반화할 수 있는 사회적 대결의 극히 비대칭적인 영역이다.

이것은 예를 들어 자동차 기업을 수용해 그것을 민주적 통제 방식으로 정치 제도에서의 지속 가능한 이동성 구상의 제공자로 전환할 것을 제안함으로써 주목을 끌려고 하는 각각의 모든 사회 집단이나 정당으로 하여금 고통을 느끼도록 할 것이다. 그러나 이러한 관심사가 아무리 올바르고 중요하다 할지라도, 자본주의 국가의 기구들에서 이는 단적으로 협상의 여지가 없으며, 그 실행 가능성은 말할 것도 없다. 그에 반해 자동차 이동성을 내연 기관에서 전기 모터로 전환함으로써 생태학적으로 현대화하자는 요구는 다르다(6장 참조). 즉 최후의 자동차 제조업체와 그 고객들에게도 언젠가는 석유에 기반한 속도 열광이 기후 및 자원 정책적인 이유에서 너무 멀지 않은 미래에 지나가버릴 게 분명하다. 국가는 이러한 인식 과정을 전기 자동차에 대한 판매 프리미엄 같은 다소 의미 있는 조치를 가지고 촉진한다. 국가가 이렇게 하는 것은 무엇보다도 우선 그 자신도 세금과 노동 시장 및 산업 정책상의 이유에서 의존하지 않을 수 없는 핵심 산업의 장기적 경쟁 능력을 그 산업의 고유한 대표자들의 단기적이고 편협한 이해관계에 맞서 구축하기 위해서다. 그러므로 국가는 자신에게 고유한 수단과 자신 속에 제도화한 강제력을 가지고 사회적 이해관계의 구성에 영향을 미친다—그 목표는 지배 형태의 현 상황을 바로 그것의 영구적이고도 언제나 거듭해서 강력한 특수 이익에 반해 관철되는 전환을 통해 보존하는 것이다.

최근에는 이러한 긴장감 넘치는 역동성으로부터 새로운 구성체, 즉 '녹색자본주의'가 출현할 것이라는 걸 보여주는 징후가 늘어나고 있다. 이 새로운 구성체는 녹색 경제와 거대한 전환의 정치적·학문적 선구자들이 상상하는 것과 같은 윈-윈 상황과는 거의 공통점이 없을 것이다. 왜냐하면 자본주의적 조건 아래서 환경과 사회 정책은 경제와 사회의 근본적인 사회적·생태학적 개조를 달성할 수 없기 때문이다. 비록 전환적인 환경 및 사회 정책의 필요성을 폭넓게 느낀다 할지라도—확실히 정부 부처와 의회 및 정당의 수많은 관계자들이 관심을 갖고 있다—그것은 언제나 거듭해서 구조적인 한계에 부딪힌다. 그러나 이러한 정책과 그 근저에 놓여 있는 전환과 녹색 경제 또는 바이오 경제 구상에서 결과할 수 있는 것은 다소 효과적이지만 어느 경우든 다중적 위기에서 나타난 자본주의의 사회적·생태학적 모순에 대한 사회적·공간적으로 지극히 배타적인 처리다. 생물리학적 생활 토대의 파괴를 아주 제한적으로만 저지하는 녹색자본주의적 축적 체제는 아래에서 다루고자 한다.

가치화, 외부화, 수동 혁명: 녹색자본주의?

2장에서 우리는 자본주의적 자연 관계의 파괴성과 더불어 전환 능력도 염두에 두는 것이 중요하다는 점을 강조한 바 있다. 우리가 마르크스를 따라 논의했듯 이전의 생산 양식과 달리 자본주의는 오직 영구적인 변화의 방식으로만 유지될 수 있다. 이런 점은 현재의 상황에서도 관찰할 수 있다.

자연의 자본주의적 가치화는 단지 파괴만을 의미하지 않는다. 그 대신 그것은 자연의 보존을 전제로 취할 수 있다. 이는 예를 들어 자본주의적 자연 관계의 파괴성과 더불어 전환 및 적응 능력을 염두에 두는 "바이오 자본주의"[22]나 "포스트 포디즘적 자연 관계"[23] 같은 (조절 이론에서 영감을 받은) 개념의 핵심 사상이다. 모든 근본적 연속성에도 불구하고 자본주의적 자연 관계는 바로 다른 형식의 자연 전유 또한 드러내 보이는 시공간적 단절에 의해서도 특징지어진다. 가령 생명공학의 발전과 더불어 종자 및 제약 산업 같은 관련 자본 집단에 커다란 의미를 지니는 새로운 유전자 자원이 구성된다. 이러한 자원은 그걸 사용하면서 물질적 변형과 파괴를 동반하는 게 아니라 어느 정도까지는 그에 대한 보호를 전제한다는 점에서 화석 자원들과 구별된다. 왜냐하면 이용에 대한 관심은 그 자원의 물질적이거나 에너지적인 특성이 아니라 유전질이 포함하는 정보에 대한 것이기 때문이다. (그러나 일단 정보를 획득하고 이용하고 나면, 보호에 대한 관심은 빠르게 사라질 수 있다.) "전환을 달리 표현하면, 자연 보호는 더 이상 자연의 자본주의적 이용 형식과 대조를 이루며 이루어지는 게 아니라 자연의 가치화의 내재적 요소로서 성립한다고 할 수 있다."[24]

바로 현재의 다면적 위기에서 그러한 형태의 가치화가 중요성을 획득하는 것으로 보인다. 가령 최근의 분석과 논쟁은 그런 점을 시사한다. 이런 분석과 논쟁에서는 환경 및 에너지 정책적으로 틀 지어져 있는 가치화 과정, 즉 비자본주의적 환경에 대한 자본주의적 가치화 과정을 녹색 약탈(green grabbing)이라는 개념을 가지고 기술한다.[25] 이산화탄소 흡수원과 생물 다양성 저수지로서 산림 보전 같은 생태계 서비스에 대한 지불이 여기에 속한다. 그것은 자연 이용의 기회 비용에 방향을 맞추고 있으며, 따라서 다른 곳에서는 경제적으로 돈벌이가 되지만 생태학적으로는 파괴적인 생태계의 사용을 포기하는 것에 대해 보상한다.[26] 그러나 녹색자본주의적 축적 체제의 기능성과 관련한 영향은 그것이 기껏해야 간접적으로만 새로운 형태의 가치 창출에 기여한다는 점에서 주의 깊게 평가해야 한다. 이는 만약 달성한 소득을 농업과 임업 또는 산업 생산의 생태학적 현대화를 위해 사용한다면 사실일 것이다. 이게 사실이 아니라면, 그러한 소득은 배출권 거래와 비슷하게 기껏해야 과잉 축적된 자본의 투자를 위한 단기적 가능성을 창출할 뿐이다. 최악의 경우 그러한 소득을 둘러싸고 경제적 위험뿐만 아니라 생태학적 위험도 내포하는 새로운 투기적 (금융) 시장 부문이 발전한다. 상쇄(offset) 거래의 기능화는 바로 생태학적으로 파괴적인 제국적 생활양식의 극복이 아니라 지속에 의거한다. 제국적 생활양식을 극복한다면, 거래할 게 더 이상 아무것도 존재하지 않을 것이다. 따라서 환경 부담을 줄이기 위해 고안한 인센티브 메커니즘으로서 상쇄 시장은 (생태학적으로 현대화한) 제국적 생활양식의 지속에 그 경제적 성과가 달려 있는 세력들의 영향력을 제도화한다.[27]

그렇지만 지극히 의심스러운 경제적이고 생태학적인 영향은 생태계 서비스에 대한 지불의 하나의 측면일 뿐이다. 그 상징적 차원은 헤게모니 이론적 관점에서도 마찬가지로 흥미롭다. 만약 사적 개인이나 기업이 스스로 책임져야 할 소비와 생산에 제약된 환경 피해를 여러 가지 상쇄의 형태로 방출할 수 있다면, 자연은 원리적으로 대체 가능하다는 확신이 공고해질 수 있다. 요컨대 한 곳에서의 배출을 다른 곳에서의 재조림(再造林)으로 보상한다는 것이다. 여기서 고속도로 인터체인지에 길을 비켜주는 생태계가 원상 복구될 것이고, 비행기를 이용한 휴가 여행은 만약 사람들이 그 후에 성장과 생명 순환 과정에서 이미 발생한 배출물을 흡수하는 나무 심기에 재정 지원을 하게 되면 생태학적으로 나쁜 평판을 만회할 거라는 것이다. '자연 자본'이 오랫동안 문제없이 대체 가능함으로써 총자본량이 성장을 계속한다는 신고전주의적 환경경제학의 사고방식은 따라서 상식이 된다.

나아가 생태계 서비스에 대한 지불은 그걸 수령하는 국가들에서 주체의 위치를 이동시키고 사회적 세력 관계를 변형시킨다. 예를 들어 토마스 파토이어는 아마존 지역에서 산림 보존 메커니즘인 REDD+[28]를 둘러싸고 어떻게 새로운 광범위한 사회적 동맹이 형성되어 생태학적 문제에 대한 시장 형식의 처리를 헤게모니적으로 뒷받침하는지 기술한다. 그에 따라 토착 공동체들은 전혀 다른 행동 논리로 통합된다. 그들의 경제적 실천 유지는 점점 더 그들이 "REDD+ 체제로 편입되는" 것에 달려 있다. 캐슬린 맥아피(Kathleen McAfee)는 이것을 "포용적 신자유주의(inclusionary neoliberalism)"와 "신자유주의적 환경주의(neoliberal environmentalism)"라고 부른다.[29] 기본적으로 이는 합의와 강제 또는 반대하는 행위자들의 주변화에 의거해 경제적 목표와 생태학적 목표를 동시에 추구하는 새로운 형식의 포용이다. 그 경우 거래(trade-off)는 더 이상 경제와 생태 사이가 아니라 시장에 의해 추동되는 생태학적 현대화와 거기서 배제된 사람들의 사회적 권리 사이에 존재한다.[30]

생태계 서비스에 대한 지불에서 문제 되는 것이 이른바 자연 자본의 보존 또는 대체이고, 그와 결부된 사회생태학적으로 파괴적인 생산 및 소비 규범의 헤게모니적 공고화를 경제적 가치 창출보다 더 높이 평가해야 한다면, 여기서 고찰해야 할 두 번째 형태의 가치화는 직접적으로 가치 창출에 기여한다. 여기서는 건설된 환경보다 더 적은 자연이 가치화한다. 데이비드 하비(David Harvey)에 따르면, 건설된 환경에서 문제는 생산과 소비의 일반적 조건을 함께 형성하거나 생산 과정에서 고정 자본으로 투입하는 고정적인 인공물 전체다. "공장, 댐, 사무실 건물, 작업장, 백화점, 도로, 철도, 항구 시설, 발전소, 상수도와 하수도 시스템, 학교, 병원, 공원, 영화관, 레스토랑—이 목록은 끝이 없다."[31]

에너지 공급 인프라의 형태로 이루어진 건설된 환경은 현재 사회적 대결의 중심에 있다. 독일의 '에너지 전환'은 이에 대한 풍부한 시각적 자료를 제공한다. 재생에너지법(Erneuerbare-Energien-Gesetz, EEG)의 결과로서 화석 및 원자력 발전의 중심적 구조를 약화시킬 뿐만 아니라 후자의 경영자들을 생존 위기로 이끌어간 수많은 분산된 시설이 만들어졌다. 재생 가능 에너지는 그것이 무료로—비록 서로 다른 정도라 할지라도—어디에서나 사용할 수 있는 한 문제로 드러난다.[32] 에너지 경제 관련 대기업들은 재생 가능 에너지의 자유로운 이용 가능성을 전혀 바꿀 수 없겠지만, 아마도 그 공급 형식은 변화시킬 수 있을 것이다. 요컨대 재생 가능 에너지는 중앙 집중화하거나 분산될 수 있다. 그리고 바로 이것을 둘러싸고 현재 독일 에너지 정책의 갈등이 전개되고 있다. 분산된 시설의 장려를 반박하는 동시에 대규모 해양 풍력 발전소와 새로운 송전선 계획을 추진하고 있는 것은 전통적인 에너지 경제가 생존을 위협하는 위기 상황에서 공세로 나아가며, 사회적·정치적 대결 및 재생 가능 에너지의 특수한 물질성의 결과로서 자신에게 지금까지 폐쇄되어 있던 공간으로 나아가려 노력하고 있다는 것을 시사한다. 따라서 문제 되는 것은 에너지 부문에서의 자본주의적 땅 차지하기 시도다.

그것이 성공을 거두면, 사회적 핵심 부문에서 환경과 에너지 위기는 필요한 인프라 투자로 인해 상당한 가치 창출 잠재력을 지니고, 따라서 경제 위기 관리에도 이바지하는 방식으로 처리될 것이다.[33] 제국적 생활양식은 이에 대해 근본적 물음을 제기하지 않은 채 현대화할 것이다. 그 경우 에너지 소비 수준의 언급할 만한 감축을 이루지 못한 채 그 사회적·생태학적 비용의 외부화가 다만 다른 분야로 옮겨갈 뿐이다. 요컨대 (그렇더라도 그것을 이후에도 계속 이용하는 걸 둘러싸고 전과 마찬가지로 치열한 투쟁이 이루어지는) 화석 자원과 이산화탄소 흡수원으로부터 대부분 남반구의 광상에서 채굴해 북반구의 재생 가능 에너지 인프라를 구축하는 데 들어가는 구리와 희토류 같은 금속들로 옮겨간다.[34]

녹색자본주의의 계기가 될 수 있는 세 번째 형태의 가치화는 땅 움켜쥐기(land grabbing), 다시 말하면 전에는 자주 '황폐한' 것으로 여기던 땅을 종종 불명료한 토지 소유 관계를 이용하는 국내 또는 외국 투자자가 매입하거나 임대하는 것이다. 땅 움켜쥐기는 요컨대 소유한 토지에서 바이오 연료를 경작할 때에는 에너지 정책적인 목적에 이바지할 수도 있다. 비록 바이오 연료 생산이 그사이 매우 논란의 대상이 되고 있긴 하지만, 이는 남반구의 많은 나라에서 확산하고 있다. 생산해야 하는 식물에 따라 소농들은 계약 농업에 의해 "바이오 연료 프로젝트"[35]로 편입되거나 (강제적으로) 내쫓긴다.[36] 여기서 경제적 목적과 더불어 생태학적 목적을 얼마나 충족할지는 물론 극도로 의심스럽다. 그럼에도 불구하고 바이오 연료 생산을 넘어선 중요성을 지니고 제국적 생활양식의 현대화를 통해 이루어지는 모순에 대한 지배 형식의 대처를 생각함 직한 것으로 나타나게 하는 발전이 엿보인다. 생태학적 위기와 에너지 위기에 직면해 에너지 공급이 점점 더 화석적인 것 대신 지속적으로 재생되는 바이오매스에 의존한다면,[37] 토지에 대한 투자는 앞을 내다보는 전략으로 입증될 수 있을 것이다. 신흥 경제국들에서 육류 소비 증가와 식량 안보 담론에 의해 틀 지어지는 예상되는 인구 증가 같은 발전은 이러한 추측을 뒷받침한다.

우리의 관점에서 바라볼 때 녹색 경제를 빙자해 자연을 가치화하는 새로운 형식은 그것을 (서로 다른 방식으로) 다중적 위기, 특히 경제적이고 생태학적인 위기의 진원지에서 시도하는 한 흥미롭다. 그런 약속은 그람시의 '수동 혁명'(2장 참조)이라는 의미에서 사회적 세력 관계 및 지배적 생산과 소비 규범을 근본적 권력과 지배 관계가 의문시되지 않도록 전환시키는 것이다. 예를 들어 토지의 가치화와 관련해—중심적인 "축적의 축"인—산업 자본과 금융 자본의 관계에서[38] 확대된 재생산에 유리할 수 있는 새로운 발전을 관찰할 수 있다. 가령 매들린 페어베언(Madeleine Fairbairn)은 2007년 이후 관찰할 수 있는 경작지와 관련한 금융 지원에 대한 연구에서 "실물 경제로의 복귀"를 진단한다.[39] 투자자들은 물론 경작지의 교환 가치에 대해서도 관심을 갖고 기후 변화, 에너지 위기, 개발도상국에서의 늘어나는 육류 소비와 인구 증가를 배경으로 한 가치 상승에 투기한다. 그러나 도시의 부동산과 달리 경작지의 교환 가치와 사용 가치는 서로 분리하기가 아주 어렵다. "왜냐하면 토지 자체가 단순히 가치를 창출하는 경제적 활동을 위한 장소가 아니라, 그러한 활동을 위한 필수적 기질(基質)로서 기능하기 때문이다."[40] 그런 까닭에 경작지에 대한 현재의 투자 물결은 실질적인 축적을 매개하는 금융 지원으로도 해석할 수 있다. "많은 투자자가 경작지를 생산적인 농업 활동의 일환으로서 획득하며, 이러한 추세는 경작지의 사용 가치를 강조하는 좀더 광범위한 담론에 의해 뒷받침된다."[41]

그러므로 금융에 의해 지배되는 자연의 가치화는 신자유주의적인 평상적 일(business as usual)의 지속이나 "실질 자본의 이윤율은 화폐의 요구를 지속적으로 충족시키기에 충분하지 않다"고 하는 익숙한 문제를 가진 새로운 영역으로의 금융 지원 확대와 반드시 같은 의미를 지니는 건 아닐 것이다.[42] 오히려 앞에서 설명한 발전이 관철되고 일반화해, 예를 들어 광업과 생태학적 현대화를 위해 필요한 원료(구리, 희토류, 리튬 등등)의 채굴로 확대된다면, 산업 자본과 금융 자본 사이의 관계는 실질적 축적뿐만 아니라 생태학적 위기에 대한 선택적 관리에도 유리한 방식으로 전환될 수 있을 것이다.

그에 더해 이는 녹색자본주의 프로젝트가 제국적 생활양식을 근본적으로 의문시하지 않을 것이라는 점도 말해준다. 그 프로젝트가 산업 자본과 금융 자본의 위기에 처한 관계를 대상으로 제국적 생활양식을 새로운 토대 위에 세우고자 하는 것과 마찬가지로, 프로젝트는 지배적인 생산과 소비 규범을 근본적으로 전환시키는 대신 제국적 생활양식을 생태학적으로 현대화하겠다는 약속으로 유혹한다. 바이오 연료의 혼합, 전기 자동차 이동성의 촉진, 항공 교통을 유럽의 배출 거래 시스템에 포함시키는 것, 해양 풍력 발전소에서의 전기 생산과 그 분배를 위한 거대한 송전선 건설 등의 모든 조처는 지배적 생산과 소비 규준의 정상성을 제시한다. 그 프로젝트는 깊이 뿌리박고 있는 일상적 지각 및 실천과 연결되며, 위기에 빠진 제국적 생활양식이 현대화에 의해 지속될 수 있다는 메시지를 전달한다.

외부화와 저항

녹색자본주의는 전혀 불가피한 것이 아니다. 많은 곳에서 경제의 녹색화는 화석주의적인 자본 분파와 일상적 실천의 저항에 부딪친다. 특히 미국에서는 이 분파와 실천이 도널드 트럼프의 선거 승리로 추가적인 추동력을 얻을 수 있었다. 수압 파쇄(fracking)를 이용한 석유와 가스 채굴, 샌드 오일로부터의 석유 획득 및 화석 에너지원의 심해 퇴적물 탐사와 이용은 큰 호황을 누리고 있다.[43] 유럽연합에서는 재생 가능 에너지 체제로의 이행이 비셰그라드 그룹(Visegrád Group: 폴란드, 체코, 슬로바키아, 헝가리)에 의해 브레이크가 걸렸다. 그리고 녹색 자본 분파와 실천이 사회적으로 적절해지는 곳에서도 그들은 퇴보하는 세력과 끊임없이 충돌하지 않을 수 없다. 이는 바로 재생 가능 에너지 분야의 선두 주자 독일, 즉 산업과 에너지 경제 및 노동조합으로 이뤄진 강력한 사회 세력이 에너지 전환에 대한 저항을 점점 더 공세적으로 표현하고 경제 부처 같은 국가 기구에서 자신의 정치적 대변자를 발견하는 곳에도 적용된다.[44]

마지막으로 녹색자본주의는 생태학적 위기에 효과적으로 대처하지 못하고, 불평등을 줄이거나 모든 사람을 위한 좋은 삶의 조건을 창출하지도 못할 것이다. 오히려 그것은 새로운 사회적·생태학적 비용을 야기하고 외부화할 것이다. 중국과 아프리카 또는 다른 곳에서 비참한 조건 아래 수많은 '녹색' 기술에 필수 불가결한 희토류나 그 밖의 원료를 채굴하는 노동자, 미국이나 유럽 시장에 '바이오 연료'를 공급하기 위해 건강과 생명을 거는 브라질 농장의 사탕수수 노동자, 땅 움켜쥐기에 의해 자기 땅에서 내쫓기는 소농, 재조림 활동에 대해 불확실한 가치의 약속어음으로 '보답'을 받고 그럼으로써 식량 안보를 기후 보호를 위해 희생시키는 케냐의 여성,[45] 녹색 경제 구상에서 고려되지 않는 "사람(또한 자연)에 대한 무임금 돌봄 활동"과 "열악한 임금을 받는 사람 관련 서비스"로 말이다.[46]

다양한 자본 분파 사이 및 발전한 자본주의 세계와 남반구 개발도상국 사이의 세력 관계가 새롭게 조정된다. 산업화했거나 산업화하고 있는 나라 내부에서는 불평등이 증가한다. 그리고 세계의 나머지에 대한 관계는 군사적 강제와 "적극적 원료 외교"[47]를 토대로 재조직된다. 따라서 녹색자본주의 프로젝트는 필연적으로 대단히 불명확한 시간적 전망을 지닌 공간적으로 "단편화한 헤게모니"[48]를 제시하게 될 것이다.[49] 이는 배제와 착취를 특징으로 함에도 불구하고 제국적 생활양식을 보장한다.

하지만 이런 상황은 해방적 변화의 장소와 행위자를 가리킨다. 그것은 자본주의 생산 양식에 내재하는 위기에 대처하기 위해 그 생산 양식이 지니는 "가능성의 구조적 고갈"[50]이 아니다. 오히려 제국적 자연 전유를 통해 매개된 사회적 불평등이므로 중심적인 사회적·생태학적 갈등이 불붙고 민주적인 대안이 전개될 수 있다. 후자는 사람들이 자기 삶의 조건에 대한 통제를 회복하려 하는 곳에서는 어디서나 발생한다. 물이나 에너지 공급의 인프라 시스템을 다시 공동체 소유로 하는 것을 둘러싼 갈등에서, 땅 없는 자들이 벌이는 영토권을 둘러싼 운동의 투쟁에서, 유전(genetic) 자원과 관련해 사적인 지식재산권에 대한 소농과 토착 공동체의 거부에서 말이다. 이 목록은 계속될 수 있다. 일반적으로 이러한 투쟁에서 전면에 놓이는 것은 생태학적인 것이 아니라 사회적이고 민주적인 목표다. 생태학은 종종 그런 것들에 함축되어 있거나 성공적인 대결의 "부수적인 효과"다.[51]

바로 그런 까닭에 이러한 단초들로부터 근본적인 사회생태학적 전환의 전제와 요소에 관해 몇 가지를 배울 수 있다. 파괴적인 자연 관계를 극복하기 위한 중요한 열쇠는 사회적 지배의 해체에 놓여 있다. 커다란 생태학적 위협에 직면해 위에서 언급한 단초들은 틈새 실험에 불과한 것으로 나타날 수 있다. 하지만 한편으로 경험은 근본적인 변화가 종종 사회적 여백에서 출발한다는 것을 가르친다. 다른 한편 처분권을 둘러싼 투쟁은 개념적으로 전혀 주변적인 것이 아니다. 오히려 그것은 자본주의의 파괴적인 정치생태학의 핵심에서 시작된다. 자본주의는 자기 가치화의 전제인 자연 자원에 대한 배타적 통제에 놓여 있다. 그런 까닭에 사회적 자연 관계의 민주화와 사회적 불평등에 대항한 투쟁은 제국적 생활양식에 대한 반발, 녹색자본주의를 통한 그것의 현대화를 뛰어넘는 데 필요 불가결하다. 이것이 마지막 장에서 다룰 주제다.

8

연대적 생활양식의 윤곽

이것은 현대의 좌파에게 핵심 도전이 되었다. 그 정치적 작용의 전체 스타일과 의사소통 방식을 수많은 행위자의 자체 권력 부여와 더 낫고 다른 사회에 대한 그들의 전적으로 고유한 관념에 대한 존중에 초점을 맞추는 것—하지만 정의로운 연대의 사회에 대한 사회적 담론과 공동의 전략에 대한 탐색에 고유하고도 통일된 기여를 수행하는 것 말이다.

—디터 클라인[1]

진정한 대안의 필요

이 책의 시작 부분에서 우리는 위기가 전환점이 될 수도 있다고 주장했다. 우리는 다중적 위기가 기껏해야 녹색자본주의적으로, 그러나 경향적으로는 권위주의적이고 신자유주의적이거나 극우적인 방식으로 처리됨으로써 제국적 생활양식을 방어한다는 것을 체험하고 있다. 더 나아가 긴급한 사회 문제들이 이슬람 공포증적이고 인종주의적이며 국가 보수주의적이고 반페미니즘적이며 배타적으로 주제화된다. 이른바 단순한 대답은 특히 다른 사람들에게서 그들의 체류권과 많은 경우에는 그들의 생활권을 거부하는 데 존재한다. "부당한 관계에 대한 정당한 비판은 …… 인류에게 적대적인 담론으로 옮겨진다. 불쾌해하고 겁먹은 자들이 당신들을 약자와 타자, 낯선 자들에 맞서 단결시킨다."[2]

이러한 것은 선거에서 목소리를 높일 수 있지만, 위기의 원인을 변화시키지는 못한다. 제국적 생활양식을 안정화하려는 시도는 수많은 사람의 죽음에 이르기까지 더 많은 배제로 이어지고, 세계 다른 지역들에서의 생태학적 황폐화와 불안정한 노동 조건을 의식적으로 구매하거나 무시한다.

보수적이고 자유주의적이며 사회민주주의적인 스펙트럼에 걸쳐 있는 확고한 지위를 지닌 정치 세력은 단지 아래로부터 위로의 재분배 증가와 그에 수반되는 분열과 불안 및 몰락의 두려움에 대한 (앞에서 설명한) 대답만을 가지고 있다. 자본의 구조적 권력에 직면해 그들은 장소 및 경쟁 정책을 추구한다. 사회민주주의도 기존의 사회적 세력 관계를 근본적으로 변화시킬 수 없으며, 또 그렇게 하려고 하지도 않는다. 지금까지 "상류층 최대 부유화" 프로젝트가 관철되었으며, "전 지구적 엘리트들의 좌파 자유주의 프로젝트"—이마누엘 칸트의 전통에서 세계주의 프로젝트라고도 말할 수 있을 것이다—는 주변화되었다.[3] 금융 시장을 규제하거나 심지어 금융 제도를 사회화하고 자산가의 이익을 제한하려는 진지한 시도는 거의 존재하지 않는다. 파나마 페이퍼스(Panama Papers)나 캐나다와 미국에 맞선 유럽연합의 자유 무역 정책은 엘리트들이 계속해서 자신들의 전략을 관철시키려 한다는 증거다. 〔이미 조짐을 보이고 있는 범대서양무역투자동반자협정(TTIP)의 실패가 뚜렷한 불일치를 암시한다 할지라도 말이다.〕[4] 다중적 위기의 구성 요소인 사회적 재생산과 돌봄의 위기는 가부장제 형식 분업의 강조를 통해 다뤄지고 있다.[5] 여성은 다시 '아궁이에서' 남성에게 의존해야 한다. 그러한 '제안들'은 반페미니즘적인 전환의 일부다.

사회 문제는 많은 곳에서 극우파에 의해 점령된다. 독일의 독일을위한 대안, 오스트리아의 오스트리아자유당(Freiheitliche Partei Österreichs, FPÖ) 또는 스위스의 스위스인민당(Schweizerische Volkspartei, SVP) 같은 정당은 공격적으로 특권을 방어하려고 한다. 그들은 '거기에 속하는' 자들을 위한 이른바 '보호'를 제공하기 위해 권위주의적이고 시장 근본주의적이며 인종주의적이고 국가주의적인 내용의 강령을 정식화한다. 이러한 약속은 그 어떤 곳에서도 충족되고 있지 않다. 영국의 브렉시트(Brexit) 투표와 도널드 트럼프의 선거 승리는 배제 정책이 그걸 옹호하는 많은 사람에게 부정적 결과를 가져온다 할지라도 오늘날의 차단 정치를 옹호하는 데 대한 구체적인 증거다.[6]

국제적 수준에서도 연대적이고 평화 애호적인 형태의 갈등 처리는 뒤로 밀려난다. 이는 유럽 반(半)주변부의 경제적으로 좀더 취약한 국가들에 대한 유럽연합의 정책에서뿐만 아니라 심화하고 있는 시리아 내전 같은 유럽연합 저편에 대한 정책에서도 나타난다. 또한 유럽 인구 대부분의 빈곤화에 대해서나 자신들의 헐벗은 생존을 두려워하는 수많은 사람의 탈출에 대해서도 제국적 생활양식의 공격적인 규제는 부분적으로 책임이 있다. 왜냐하면 제국적 생활양식은 땅 차지하기와 외부화를 통해 다른 곳의 생활 관계를 불안정하게 만들기 때문이다.[7] 군사화와 안보화 정책이 더욱 지배적이게 된다. 그래서 유럽연합은 인종주의적 분위기와 기꺼이 제국적 생활양식을 바꿀 의지가 없는 것에 직면해, 그리고 많은 난민의 고통에 직면해 외부 국경을 군사화하는 것에만 의지할 수 있다.[8] 유럽연합의 이러한 군비 확장은 미국에서 트럼프의 선거 승리와 미국의 이른바 직접적인 안보 이익에 대한 그의 집중에 따라 더욱 강화될 것이다.

생태학적 현대화의 여러 야심찬 시도도 마찬가지로 지배적 이해관계와 권력 관계에 대해 의문을 제기하지 않는 것과 같은 다중적 위기의 해결책을 드러내지 않는다. 전기 모터로 구동되는 자동차를 둘러싼 현재의 논쟁은 오히려 경쟁력 상실이라는 두려움에 빚지고 있다. 전기 이동성의 확산에 수반되는 화석 에너지의 절약은 일차적으로 차량 이용에서의 더 적은 석유 수입과 더 낮은 이산화탄소 배출량의 관점에서 파악된다. 전기로 구동되는 자동차 생산에서의 높은 자원 소비는 거의 주제화되지 않으며, 경우에 따라서는 전혀 충분한 정도로 존재하지 않는, 전기 배터리에 필요한 원료에 대해서는 전적으로 침묵한다(6장 참조). 사실상 제국적 생활양식의 위기 외부화 메커니즘은 더 이상 그 배경에 대해 의문을 제기하지 않은 채 수용된다. 지속 가능성 논쟁과 사회적·생태학적 전환을 둘러싼 주류의 논쟁은 동시에 이 시대의 긴급한 사회 문제, 요컨대 늘어나는 불평등, 배제, 약자에 대한 경멸과 인종주의에 대해 기이하게도 계속해서 침묵한다.[9]

한 가지는 확실해 보인다. 다중적 위기는—특히 그 사회적·생태학적 차원에서—전혀 다른 형태의 사회적 재생산으로 이어질 것이다. 가령 팀 디 무지오(Tim di Muzio)는 상승하는 에너지와 자원 가격이 예를 들어 식량 생산(평균적으로 산업적으로 처리된 식품의 1칼로리는 10칼로리의 에너지 투입을 필요로 한다), 건강, 고용 및 이동성 분야에서 다양한 인구 집단의 에너지 이용 가능성에 영향을 미치게 될 것임을 지적한다.[10] 특히 석유는 자본주의 세계 경제의 에너지적인 윤활제일 뿐만 아니라 산업적인 식품 생산의 핵심 투입물이자 플라스틱 제품의 중요한 구성 요소다. 따라서 전체 생활양식의 필수적일 뿐만 아니라 종종 보이지 않는 계기이기도 하다.

우리는 제국적 생활양식의 헤게모니적인, 다시 말하면 폭넓게 수용된 성격을 의식하고 있다. 북반구에서는 그와 관련해 무언가를 유지해야 하고 남반구의 많은 나라에서는 확대해야 하지만, 이를 일반화할 수는 없다. 따라서 우리가 정치적으로나 분석적으로 견지하는 것은 점점 늘어나는 배척과 점점 더 난폭해지는 외부화에 직면해 긴급하게 연대적이고 정의로우며 사회적·생태학적이고 평화로우며 민주적인 생활양식을 향한 진정한 대안이 필요하다는 것이다.

비판적 분석과 진략적 방향 정립

2장에서 설명했듯 제국적 생활양식 개념은 사람들의 일상적 행위뿐만 아니라 일반적으로 이 행위를 비로소 가능케 하는 구조도 염두에 둔다. 이것은 지배적 상황에 대한 비판을 위한 사고와 행위 공간을 열어준다. "오늘날 비판적-유물론적 이론은 이전보다 더 사람들의 구체적 생활 세계와 유기적으로 결합되어 그때그때마다의 역사적 순간에 대한 일반적 의식을 날카롭게 하고 대안적 사회 형태의 성립을 위한 현존하는 잠재력을 제시하는 과제를 지닌다."[11]

제국적 생활양식의 변화는 다양한 지점에서 착수해야만 한다. 즉 자본주의적 팽창과 땅 차지하기를 밀어내고 연대적 생활양식을 가능케 하는 다른 정치적 규칙 및 사회적 자명성과 이상을 창출해야 한다. 중요한 것은 또한 주체성의 변화와 사람들이 경험할 수 있는 부정의의 감소 그리고 세력 관계의 변동이다. 문제는 자본주의적 팽창과 땅 차지하기를 뒷받침하고 사회를 위계화하는 훈육적인 실천 저편의—영양, 주거, 의복, 건강 등—삶의 구체적 차원이다.

연대적 생활양식이 사회적으로 보편화하는 과정은 동시에 사회적 조건의 변화로서, 그리고 사람들의 사고와 행위의 자기 변화로서 수행된다.[12] 비판은 대안의 발전을 위해 중요하다. 왜냐하면 한편으로 미래의 것은 기존의 것으로부터 출현해야만 하고 이를 위해 일반적으로 먼저 후자를 일단 파악해야만 하기 때문이다. 다른 한편 제국적 생활양식은 수많은 사람의 욕망과 몸에 새겨져 있다. 따라서 대안은 자신의 생활양식과의 대결, 그리고 제국적 생활양식 저편의 대안적 경험에 대한 허용으로부터 성립한다. 철학자 미셸 푸코(Michel Foucault)는 기존의 관계와 이 관계로의 자신의 편입에 대한 실천적 비판의 이러한 형식 및 다른 주체성의 형성을 "그런 식으로 통치되지 않는 기술" 및 "자발적인 불복종의 기술"이라고 불렀다.[13]

비록 푸코가 그것을 무엇보다도 우선 개인에 대해 생각했다 하더라도, 우리 생각에 그것은 노동조합과 사회 전체 같은 집단적 행위자에게도 적용된다. 그것은 변화하는 틀 조건과 다른 세력 관계 및 사회적 방향 정립, 그리고 좋은 예와 더불어 자신의 생활양식에 대해 기꺼이 의문을 제기하고자 하는 의지를 필요로 한다. 왜냐하면 다음은 분명하기 때문이다. "우리는 근본적으로 아무것도 변화시킬 수 없으며, 기껏해야 아마도 몇 가지 사소한 것을 개선하기 위해 몇 개의 나사를 돌릴 수 있을 뿐이라는—하지만 약간 좋은 것은 전혀 좋은 것이 아니라는—치명적인 생각은 사회적 정체로 이어진다. 만약 우리가 더 이상 아무것도 변화시킬 수 없다면, 우리는 뒤떨어질 것이고, 다원주의는 시민이 마지막 자리로 물러서서 자기에게 제공되는 광경에 대해 기껏해야 동의하며 고개를 끄덕이거나 좀더 흔히는 자기의 의견을 헤아리지 않는다고 낙담해 머리를 흔드는 구경꾼 민주주의가 될 것이다."[14]

비판적-해방적 전환이라는 의미에서의 변화(2장 참조)는 우선 문제가 있는 발전에 제동을 거는 것을 의미한다. 땅 차지하기와 인간과 자연의 상품화에 의한 자본주의적 팽창의 계속적인 과정과 국제적 수준에서, 예를 들어 캐나다-EU 포괄적경제무역협정(CETA)에 의해 제도화해야 하는 것과 같은 신자유주의적 속박의 권위주의적 정책 그리고 제국적 생활양식의 부정적 결과의 외부화 및 갈등 해소의 증대되는 폭력성과 군사화에 브레이크를 걸어야 하는 것이다.

나아가 수많은 필요한 방어 투쟁을 넘어서서 전략적으로 문제 되는 것은 제국적 실천을 억제하고 몰아내는 것이다. 이는 또한 근본적인 사회적 전환이 녹색 경제에 관한 논쟁에서 널리 퍼져 있는 가정과 달리 결코 승리하는 자만을 아는 것은 아니라는 걸 의미하기도 한다. 많은 사람은 서로 다른 크기로 잃을 것이며, 잃지 않을 수 없다. 왜냐하면 그들이 행하는 것은 보편화할 수 있는 게 아니라 다른 사람들의 희생으로 이루어지는 것이기 때문이다. 베른트 조머(Bernd Sommer)와 하랄트 벨처(Harald Welzer)는 이러한 필연성을 적절하게도 "현재와 미래에 살아가는 사람들의 삶의 기회를 대대적으로 침해하는 경제 전략으로부터 오늘날 이익을 얻고 있는 집단과 개인들의 특권 박탈"이라고 부른다.[15] 하지만 이것은 예를 들어 물질적이고 인생과 관련한 안전이나 덜 소외된 노동 같은 좋은 삶의 다른 요소들을 위한 공간을 비로소 열어준다.

그리고 마지막으로 문제 되는 것은 연대적 생활양식과 관련한 해방적인 행위를 비로소 가능케 하는 공간과 동맹의 확대다. 그러므로 방어 투쟁과 지배적인 파괴적 동역학을 몰아내는 것을 넘어서서 연대적 생활양식을 위한 단초를 촉진하고 공고화해야 할 것이다.

널리 퍼진 마음의 불편함과 다양한 현실적 경험

지배적 사고 형식과 실재적 상황에 대한 대안을 발전시키기 위한 다양한 경험과 실마리가 존재한다.[16] 그것들은 무수한 연대적 실천과 지적 개입 그리고 연대적 생활양식의 효소로 간주할 수 있는 현재적이고 역사적인 경험에서 나타난다. 미래의 일은 결코 마스터플랜으로서 성립할 수 없다. 오히려 그것은 다른 더 나은 세계의 지평에서 점차적으로 발전해야만 한다. 이를 위해 필요한 것은 생각과 행동의 용기, 일정한 낙관주의와 생산적인 자기비판, 약자와 배제된 자들에 대한 공감, 그리고—학자로서 우리의 경험에 따르면—진보적인 사회적 행위자들과 기꺼이 뒤섞이고 협력하려는 의지다. 여기서 우리는 무엇보다도 종종 무시되는 경험을 가시화하고 체계화하는 것에, 그리고 앞장의 분석에서 도출한 생각에 양분을 제공하는 것에 관심을 갖는다. 그 배후에는 권위주의적이고 항상 파괴적인 자본주의에 대한 대안이 지금까지보다 좀더 강력하게 형성되었으면 하는, 그리고 그것들이 안정되어 지배적인 동역학 과정에서 주변적인 것으로 머무르거나 마찬가지로 파괴되지 않았으면 하는 분석적이고 정치적인 갈망이 놓여 있다.

출발점을 형성하는 것은 상황에 대해, 자본주의 위기의 중압감에 대해, 자연 파괴에 대해, 엘리트들이 자기 지위를 확보하는 잔혹성에 대해 커다란 사회적 마음 불편함이 존재한다는, 우리가 보기에 그럴듯한 관찰이다. 정치적 대표자들에 대한 불만이 기존 제도 내에서 더 이상 대안을 뚜렷하게 가시화할 수 없다는 인식처럼 증가하고 있다. 나아가 여기엔 스스로 적응하고 기능해야만 한다는 일상적 압력에 지속적으로 저항할 수 없다는 느낌이 있다. 사태가 '그렇게' 계속 진행되지 않을 것이며 제국적 생활양식은 비연대적이고 파괴적이라는 다소 불분명한 예감이 퍼지고 있다. 미국의 버니 샌더스(Bernie Sanders)나 영국의 제러미 코빈(Jeremy Corbyn) 같은 정치인들에 대한 놀라울 정도로 광범위한 지지는 에스파냐에서 인디그나도스(Indignados)의 사회 운동과 마찬가지로 그것의 표현이다. 그들은 문제를 협상하고 대안적 전략을 수립할 수 있는 정치적 공간의 문을 열고 있다.

재러드 다이아몬드(Jared Diamond)는 왜 사회가 생존 또는 몰락하는가라는 물음에 대한 역사적 연구에서 중요한 모순을 지적한다. 그는 사회 몰락의 이유를 행위자가 물론 개별적으로는 합리적으로 행동하지만 그렇게 함으로써 사회적 손해를 초래한다는 데서 찾는다. 그들은 개별적 행동을 통해 사회의 성공을 결정하는 구조적 원칙을 재생산함으로써 동시에 그 사회의 몰락을 준비한다. 다이아몬드의 분석을 우리의 주제에 적용하면 다음과 같이 논증할 수 있다. 즉 자본주의 사회의 성공은 그 사회가 점점 더 많은 삶의 영역을 상품화함으로써 성장 강제를 제도화했다는 점에 그 이유가 놓여 있다. 욕구의 충족이 아니라 이윤 극대화에 방향을 맞추는 것은 전에는 알려지지 않았던 생산력 발전을 해방시켰으며, 그것이야말로 다른 사회들에 대한 자본주의 사회의 경제적 우위를 근거 짓는다. 석탄과 석유의 에너지 잠재력과 짝을 이루어 이런 방식으로 불과 몇 세기만에 이전에는 거의 상상도 할 수 없었던 물질적 부가 축적되었다. 바로 이러한 것이 오늘날 그 반대로 전환되려 하고 있다. 화석 자원의 연소와 원리적으로 무한한 경제 성장에 대한 구조적 강제는 실로 많은 곳에서 극도로 위협적인 위기의 핵심 문제로 인식된다. 그러나 이에 상응하는 지각과 행동 패턴은 그것의 근본적 극복이 아니라 제한된 생태학적 현대화가 생각할 수 있는 방식으로 정치 제도와 사회적 세력 관계 그리고 사람들의 상식 안에 새겨졌다.

다이아몬드는 특히 자신의 이해관계를 가지고 때때로 "그 밖의 사회의 이익에 대립하는" "의사 결정자와 권력자"에게 초점을 맞춘다. "특히 엘리트들이 자기 행동의 결과로부터 스스로를 차단할 수 있는 경우, 그들은 종종 자기 자신에게 이익이 되는 것을 다른 사람에게 해를 끼칠지 여부와 전혀 상관없이 행한다."[17] 매우 부유한 사람들의 특권에 대한 옹호 및 그것과 결부된 불평등은 몇 년 전부터 "너희 1퍼센트에 대항하는 우리 99퍼센트"라는 구호 아래 정치화되어왔다. 이런 사태는 제국적 생활양식의 심화와 확대 및 공간과 시간에서 외부화의 다양한 메커니즘에 직면해 첨예화하고 있다. 권력과 부의 정치에서 볼 때, 사회의 발전 방향을 결정하는 것은 단연코 1퍼센트의 부자다. 사회정치적으로—우리가 앞장들에서 제시한—그림은 훨씬 더 복잡하다. 그리고 중요한 것은 바로 여기서 시작하는 것이다. 다시 말하면 확산되고 있는 불만과 마음의 불편함에서, 그리고 지배적 상황에 대해 여러 곳에서 관찰할 수 있는 실천적 문제화에서 말이다. 극우 정당의 선거 성공은 다름 아닌 널리 퍼져 있는 인종주의의 표현일 뿐만 아니라 바로 이러한 마음 불편함의 표현이기도 하다.

상황에 대한 마음의 불편함은 사람들의 "상식"이 결코 통일적인 것이 아니라 "분열되고 일관성 없으며 모순된 세계관"이라는 점과 연관이 있다.[18] 제국적 생활양식의 경제적, 정치적, 미디어적 주창자들은 사람들로 하여금 서로 경쟁하게 하고, 엘리트에 대한 신뢰를 강화하며, 환경 파괴를 기술적으로 대처할 수 있는 것으로 제시하고, 저항과 근본적 대안을 조롱하고 무시하거나 때로는 억압하며, 대다수의 삶을 순종과 소비와 '자신의 행복한 삶'으로 훈련시킴으로써 상식을 일관된 것으로 만들고자 한다.

하지만 이는 점점 더 성공하지 못하고 있다.

2015년 늦은 여름 이후 난민에 대한 수많은 사람들의 연대 물결은 동시에 제국적 생활양식이 다른 곳에서 야기하고 있는 황폐화에 대한 인정이기도 하다.[19] 제국적 생활양식과 관련한 불만과 연대적 공동생활의 형성에 대한 갈망은 사회 도덕적 다수파를 달성할 수 있을 것이다—비록 이들이 곧바로 행동과 변화로 옮겨가지는 않더라도 말이다. 마르크스는 프롤레타리아를 "특수한 불의가 아니라 일반적 불의가 그들에게 행사"되기 때문에 "그들의 보편적 고통에 의해 보편적 성격"을 지니는 계급이라고 언급했다.[20] 오늘날 난민과 관련해서도 비슷한 주장을 할 수 있다.[21] 요컨대 그들은 제국적 생활양식에서의 보편적 고통을 상징한다. 아울러 그들은 주류 사회(host society)로 하여금 세계의 극적인 격변에 비추어 자신의 생활 조건을 변화시키기 위한 학습과 통찰 및 참여의 가능성을, 그리고 제국적 생활양식과 결부된 많은 특권의 배경에 대해 물음을 던질 가능성을 상기시킨다.

우리는 다양한 대안을 연대적 생활양식에 대한, 요컨대 자본주의적이고 가부장적이며 인종주의적인 요구와 자연의 정복과 착취에 대한 요구 저편에서 전혀 다른, 즉 정의롭고 민주적이며 평화롭고 생태학적으로 실제로 지속 가능한 복지 모델에 대한 탐색 과정의 일부로서 이해할 것을 제안한다.[22] 연대적 생활양식의 윤곽은 사회를 그 가장자리로부터 원칙적으로 의문시하는 다양한 현존하는 논의와 실천에서 나타난다. 이러한 것에 주목하고, 이러한 것을 구축하는 것은 중요하다. 그리고 안정시키고 반향을 일으키는 대안을 받아들이는 것도 중요하다. 연대적 생활양식의 형성은 비동시적이며, 예기치 않은 것을 숨기고 있으며, 때로는 천천히 그러나 본질적으로 갈등을 통해 이루어진다.

난민 운동의 정치화에 따른 영향은 다른 저항 및 운동들과 동시에 일어난다. 요컨대 높은 임대료와 투기에 대한 항의, 노동의 지속적인 압축과 생계 노동의 유연화 및 무임금 형식의 노동에 대한 불만, 계급과 젠더 또는 서로 다른 기원을 지닌 사람들이 구체적이고 일상적으로 경험하는 분업의 불쾌함, 민영화와 유럽의 긴축 정책에 대한 비판, TTIP와 CETA 및 자유 무역 정책 전체에 저항하는 운동, 그리고 석탄 발전소 건설과 육류 공장, 유전공학적으로 변형된 씨앗과 그에 상응하는 식품, 에너지 그룹의 권력과 성 차별 및 여성 폭력에 대한 항의와 동시에 일어난다. 다양한 국제적 캠페인은 제국적 생활양식의 부정적 함축, 예를 들어 식량 생산 및 스마트폰과 의류 제조의 사회적이고 생태학적인 영향을 지적한다. 이 목록은 계속 이어질 수 있다.

제안할 수 있는 대안과 실천적 발상도 마찬가지로 다양하다. 공공 주택 건축의 강화와 '도시에 대한 권리'의 요구, 전환 마을(transition towns)과

도시 농업(urban gardening), 환경 정의와 기후 정의, 석탄으로부터의 탈출과 '엔데 겔렌데(Ende Gelände, 마지막 지대)', 에너지 민주주의와 에너지 공급의 사회화, 식량 주권과 생태학적 농업, 동물권과—라틴아메리카에서 나온—자연의 권리 강화, 코먼스(commons, 공유재)와 코머닝(commoning, 공유화), 좋은 노동과 기본 소득, 생계 노동과 무임금 재생산 노동의 연대적 분배, 자유 소프트웨어와 정보적 자기 결정, 인프라 또는 사회생태학적 인프라로서 사회 정책 등이 그것이다. 제도적 대안에는 미래 협의회, 금융 시장 규제 또는 수십 년 동안 자동차 교통으로 훈련해온 '도시의 이동성 개혁' 전략이 포함된다. 포괄적 구상에는 탈성장(degrowth)과 포스트성장, 포스트 발전과 포스트 채굴주의, 케어 혁명과 돌봄 파업, 감속과 시간 복지, 공생(共生), 포-인-원 관점(four-in-one-perspective), 글로벌 사회권과 모두를 위한 좋은 삶이 있다. 이 목록도 극히 일부일 뿐이다.[23]

비판적 분석과 해방적 정치는 기본 원리로서 생물리학적인 생명 기초를 파괴하지 않는 모든 사람을 위한 좋은 삶의 조건이야말로 사회 발전의 핵심적인 규범적 기준점이라는 것을 견지한다. 각각의 특수한 생활양식은 그 전제와 부정적 결과를 외부화하지 않고, 다른 사람들을 착취하지 않고, 그들의 고유한 기초를 파괴하지 않고 보편화할 수 있어야만 한다. 구체적으로 그것은 자원 소비와 배출의 급격한 감소를 의미한다. 하지만 또한 자연 전유, 생산과 노동, 집단적 공동생활, 결정 내리기와 갈등 해결의 연대적 형태를 향한 정치적·경제적·사회적 구조 변화도 의미한다.

많은 요구와 움직임에 공통된 것은 그것들이 사용 가치로, 즉 필요한 생활 수단과 생활 조건들에 대한 정의로운 접근으로 정향되어 있다는 점이다.[24] 그것들은 그에 상응하는 형식의 경제와 정치의 조직화 및 공동생활과 주체화를 요구하며, 그런 까닭에 이윤 및 자본과 권력 축적의 명령을 물리친다. 따라서 그것들은 연대적 생활양식을 위해 갈등과 학습 과정을 통과하는 제국적 생활양식의 점진적 극복의 구성 요소다. 이와 같은 변화는 권력과 소득 그리고 재산의 재분배와 연관이 있으며, 함축적으로나 명시적으로 생산 수단의 소유권에 대한 처리와 사회의 어떤 분야에 투자가 이루어질 수 있고 또 그래야 하며 어떤 분야에 그래서는 안 되는지에 대한 통제의 문제를 제기한다. 따라서 연대적 생활양식의 성립은 민주주의의 심화와 특히 경제 민주화 전망의 확대와 함께 진행된다.

이런 의미에서의 변화는 구체적 행동과 좀더 포괄적인 이론적 지평 사이의 긴장 속에서 이루어져야 한다. 로자 룩셈부르크(Rosa Luxemburg)는 이와 관련해 "혁명적 현실 정치"에 대해 이야기했으며, 요아힘 히르쉬는 "급진적 개혁주의"에 대해, 디터 클라인(Dieter Klein)은 "이중적 전환"에 대해 말한다. 클라인에 따르면, 다양한 대안에는 내적 연관, 즉 수많은 자원과 함께 보급되는 지배자들의 관철 구호에 반대하는 "아래로부터의" 살아있는 이야기가 결여되어 있다. 필요한 것은 "현재의 것 속에 잠자고 있는 가장 기본적인 전진 욕구와 그것을 실현하는 길과 목표에 대한 비전 사이에서 대담한 선을 긋는 것이다. ……인류의 존재에서 어떤 삶의 물음이 대답을 요구하는지 찾아내고 그 대답을 언표되지 않은 데에서 잡아채는 것, 그것이야말로 현대 좌파 서사의 내용을 제공할 수 있을 것이다".[25] 이것은 단순하게 실현할 수 없다. 왜냐하면 특히 진보 정당, 노동조합 또는 동맹 같은 집단적 행위자에게는 언제나 거듭해서 단기적인 행동이 일차적 과제가 되기 때문이다.

연대적 생활양식의 부분적으로 눈에 띄지 않는 성립

연대적 생활양식은 숭고한 정치적 진술이나 더 나은 기술(技術)을 가지고서는 성취할 수 없다. 〔폴 메이슨(Paul Mason)은 후자를 포스트 자본주의의 기초라고 부른다.〕 오히려 그것은 오직 전혀 다른 형태의 공동생활에 의한 사회의 새로운 조직화로서만 이루어질 수 있다.[26] 이 새로운 형태와 더불어 새로운 주체성이 형성되고 "새로운 습관"이 수립된다.[27]

철저히 전략적으로 기업과 국가가 원하는 것, 즉 제국적 생활양식을 일상과 몸에 새겨 넣는 것은 많은 대안이 때때로 전혀 눈에 띄지 않게 성립한다는 것—오늘날의 생활과 소비 규범에서 벗어나고, 명시적이고 함축적인 규칙을 더 이상 따르지 않으며, 일정한 관행과 권고를 더 이상 받아들이지 않고 차단한다는 것—을 시사한다. 학생들은 학교에서 코카콜라 자판기를 추방하고, 고기를 더 이상 먹지 않으며, 자동차 소유는 더 이상 추구할 만한 가치가 없는 것으로 여긴다. 그리고 '정상적' 경력도 추구하지 않는다. "이차적이고 종속적이거나 부수적이던 것이 …… 새로운 이데올로기적·교리적 복합체의 핵심이 된다. 낡은 집단 의지는 그 모순적인 요소들로 해체된다. 왜냐하면 이러한 요소들 가운데 종속적인 것이 사회적으로 발전하기 때문이다."[28]

그러므로 제국적 생활양식에 맞서는 대항 헤게모니[29]는 다른 규칙과 정치적·경제적인 전략 그리고 투자와 생산 수단의 사용을 둘러싼 대결과 더불어 더 이상 일정한 형태의 일상을 살고자 하지 않는 것 또는 완전히 실천적으로 더 이상 그렇게 살지 않는 것을 의미한다. 충족되지 않은 갈망과 가로막힌 기회가 우리를 만족스러운 삶으로 이끌 수도 있다.

사회적·생태학적 재생산의 다른 논리

2장에서 우리는 각각의 모든 변화가 전환의 지배적 논리 그리고 부르주아-자본주의적 사회의 영구적 자기 혁명화와 대결해야만 한다고 주장했다. 연대적 생활양식은 완전히 다른 형태의 사회적·생태학적 재생산과 돌봄 및 대비하는 살림살이를 내용으로 한다. "돌봄 논리는 사회와 자연의 살아 있는 것을 재생산하고 보호하지만, 시장으로부터 생산성 증가와 효율 증대, 경쟁과 축적이라는 자본주의적 원리에 의해 공격당하고 주변화한다."[30]

이런 관점에서 사회는 전혀 다르게 생각하고 만들어져야 한다. 더 이상 합리적으로 행동하고 자기의 이익을 최대화하려는, 이른바 자율적인 주체들의 부딪침으로서 사회를 생각되어서는 안 된다. 사람은 자기 자신과 세계를 제어하는 자율적 주체가 아니다.[31] 오히려 사람들에게 그렇게 암시될 뿐이다. 사람은 무엇보다도 기획된 상품의 다양한 선택지라는 세계 대해 '주권적 소비자'로서 행동해야 한다고 여겨진다. 하지만 마르틴 크로나우어(Martin Kronauer)에 따르면 사람은 "자신의 결정이 초래하거나 저지할 수 있는" 것에 대해서만 책임을 질 수 있다. "그것은 시장 효과에 적용되지 않는다. ……이는 스스로 결정하는 삶의 가능성에 대해 직접적인 결과를 지닌다. 그것은 시장 의존성에 대한 보호에 달려 있다."[32]

사실 모든 인간은 취약하고 보호를 필요로 하며 사회와 공동체 속에서 함께 재생산된다. 다양한 다른 형태로 돈과 상품을 사용해서 말이다. 이러한 불변의 취약성은 부분적으로 제국적 생활양식의 전제와 결과가 외부화하는 것에 의해 세계 다른 지역에 사는 다른 사람들이 불안정하고 안전하지 않은 상황에서 살고 일해야만 할 뿐만 아니라, 삶의 생물리학적 기초가 악화하거나 심지어 파괴되기도 함으로써 안정된다.[33] 그러므로 연대적 생활양식은 인간과 인간 외부의 삶의 근본적 취약성을 인정하고 많든 일부든 사람들의 불안정과 사회적 자연 관계에 기반하지 않은 공동생활의 형태를 창조해야만 한다. 가브리엘레 빙커(Gabriele Winker)는 여기서 "케어 혁명"을 핵심적인 것으로 간주한다. 그것은 "페미니즘 정치라는 인식에 의거해 돌봄 노동의 근본적 의미를 중심에 놓고 사회적 공동생활을 인간적 욕구로부터 출발해 형태화할 것을 목표로 하는 정치적 전환 전략"이다.[34] 그녀는 이를 위해 케어 분야의 민주화와 자기 관리, 급진적 노동시간 감축, 무조건적 기본 소득, 사회적 인프라의 구축과 모든 생산 수단의 사회화 같은 전략을 제안한다.[35]

서로와 자연에 대한 돌봄을 중심에 놓는 사회는 자동적으로 자본주의적 이용과 축적의 명령에 비판적이다. 이는 탈성장이나 포스트 성장 개념이 만들어낸 메커니즘이다. 문제는 예를 들어 교육과 보건 시스템, 공공서비스나 좋은 식품에 대해 '더 많은 것'을 통째로 거부하는 게 아니라 학습 과정을 가능케 하는 것과 각각의 구체적인 소비재와 생산 수단 및 서비스의 증가가 사회적으로 바람직하고 사회적·생태학적으로 책임질 수 있는 것인지 민주적으로 결정하는 것이다. "중요한 것은 척도를 새롭게 규정하는 것이다. 일상적 관행과 주체에 초점을 맞추는 것은 시장 형식의 성장 패러다임이 경제 관계와 자연 관계를 결정할 뿐만 아니라 그 사이에 서구에서와 마찬가지로 전 지구적으로 심리적-사회적 수준에 깊이 새겨져 있다는 것에 대한 대답이다."[36] 하지만 변화되고 변화하는 일상적 실천은 개별적 소비 행동에서 다 드러나지 않는다. 오히려 그것은

파괴적인 관계를 정치화하고 대안을 구축하는 집단적이고 정치적인 계기를 요구한다.[37]

이런 맥락에서 디터 크라머(Dieter Kramer)는 대단히 교훈적인 질문을 제기한다. “우리는 사람들이 그들의 일상에서 성장 사회의 위기라는 문제도 고려하기를 기대할 수 있을까?” 사람은 바로 그들 자신의 일상적 문제를 다루어야 한다. 디터의 대답은 분명하고 정치적으로 매우 중요하다. “성장 사회의 문제와 이러한 일상적 문제 사이의 연관을 밝혀내면서도 그로부터 비관주의적이고 퇴행적인 태도가 발생하지 않도록 하는 데 성공한다면, 아마도 사회적·생태학적 전환과 관련한 정치적 동기 부여를 위한 출발점을 획득할 수 있을 것이다.” 충분함을 둘러싼 논쟁은 이런 방향을 지시한다. 문제는 포기가 아니라 대체, 무엇이 얼마만큼 ‘충분’한가에 대한 물음이다. “사람들은 좋은 삶과 올바른 삶에 대한 자신의 생각을 가지고 개인적 삶에서 한계를 정할 수 있다.”[38] 여기에 실패하면 도박 중독이나 구매 중독, 약물 의존이나 과도한 노동에 빠진다.

여기서 흥미롭고 중요한 것은 모든 분야를 포괄해 종사자들에게서 강력한 도덕적 경제를 확인해주는 최근의 노동 및 산업 사회학적인 조사 결과다. 그에 따르면 단기적인 수익 지향의 지배를 받고 노동 과정의 영구적인 강화에서 발현되는 신자유주의적 요구는 고용인들에 의해 결코 완전하게 내면화하지 않으며 또한 개인적으로 극복해야 할 도전으로서도 간주되지 않는다. 오히려 그것은 정의의 요구에 대한 훼손으로서, 그리고 노동 과정의 기술적-기능적 요구와 통합할 수 없는 것으로서 감지된다. 이러한 것은 작업장의 일상에서 불의(不義) 경험과 지배적인 사회적 발전에 대한 불편함 사이에—물론 현재는 아주 취약한—다리를 놓는 정치화로 이어질 수 있다. 최선은 "일상적인 사회 및 자본주의에 대한 비판이 경쟁에 의해 추동되는 성장 논리의 체험에 양분을 제공하는 것이다".[39]

연대적 생활양식—전 지구적이고 지속적인

제국적 생활양식의 기본 메커니즘은 그것의 사회적·생태학적으로 문제 많은 전제와 결과를 외부화하는 데 놓여 있다. 제국적 생활양식은 체계적으로 열악한 노동 조건과 착취, 권위주의적인 정치적·사회적 관계, 불안정한 생활 조건과 생태학적 파괴를 생산한다. 다양한 외부화 메커니즘의 지양은 의심할 여지없이 연대적 생활양식과 관련한 가장 어려운 과제들 가운데 하나다.

기본 전제는 이러한 외부화를 가시화하는 것이다. 이것은 제국적 생활양식이라는 개념 그 자체의 관심사다. 이는 자신의 특권이 자기 사회 내부에서의 착취와 파괴에, 또한 '다른 곳에서의' 착취와 파괴에도 토대한다는 계몽과 통찰을 의미한다. 이에 관한 정보는 일상적으로 존재한다. 하지만 그에 관해 사회적으로 행동과 관련한 지식은 존재하지 않는다. 우선 공감을 실천하는 것은 어려운 만큼이나 진부하다. "예를 들어 내가 모르고 '이해'하지 못하며, 심지어 내 비위를 상하게 할지도 모르는 사람들의 어떤 삶을 애도할 수 있는 삶으로서, 그리고 내가 거기에 관계되고 또한 내가 거기에 '결합'되어 있는 삶으로서 인정할 수 있는가?"[40]

또한 언제나 연대적 (재)생산 양식이기도 한 연대적 생활양식은 종종 파편화하고 지금까지 자본주의의 가치화 명령에 의해 구조화한 가치 창출과 공급 사슬을 변화시켜야만 한다. 이 사슬에 의해 제국적 생활양식의 부정적 함축의 외부화가 일어나고, 이로 인해 제국적 생활양식은 수많은 갈등과 환경 파괴의 원인이 된다.[41]

이는 자신의 사회와 다른 곳에서의 다양한 요구와 갈등을 인정하고 지원하는 것과 결부되어 있다. 그것은 세계 여러 곳에서 제국적 생활양식의 요구에 반대하는 사람들과의 공감과 실천적 연대를 의미한다. 그리고 세계 다른 곳에 있는 사람들의 존엄을 인정하고 굴욕과 비인간화에 맞서 일어서며 더 좋은 삶을 위해 투쟁하는 것을 의미한다. 이것이 1994년 초부터 멕시코 사파티스타의 "충분하다(Ya basta)!"라는 외침의 핵심이었으며, 바로 그러한 까닭에 이는 전 세계적으로 반향을 일으켰다. 그 외침은 무엇보다도 우선 연대를 봉기로써 실천하는 것이 아니라 수많은 다양한 해방 투쟁 사이의 결합을 창조하고 서로 다른 세계 곳곳에서 공동으로 제국적 생활양식에 대한 대안을 찾아내자는 것이었다. 왜냐하면 연대적 생활양식의 창조는 공통된 인간성의 고도로 구체적인 문제이기 때문이다.

포괄적인 의미에서 이것은 자본주의적이고 위계화하는 외부화를 기반으로 하는 까닭에 잘못된 복지 약속을 내놓는 것이 아니라, 정의롭고 연대적이며 지속 가능한 복지의 형식을 창조하고 살아가는 것을 의미한다. 그러므로 수많은 대안적인 제안과 요구, 실천과 구체적이고도 포괄적인 전략이 존재한다. 후자는 궤도 바꾸기, 즉 지금까지 결코 정확하게 알려지지 않은 길을 도입하지만 또한 다른 길을 배제하는 것을 의미하기도 한다.[42] 그러한 변화가 언제부터 어떻게 '체계적 영향'을 펼치는지를 우리는 그때그때마다 나중에야 비로소 알게 된다.

연대적 생활양식을 위한 헤게모니 능력이 있는 프로젝트는 많은 것과 여러 가지를 결합해야 하며, 경험 가능하고 매력적이어야만 한다. 그러한 프로젝트를 담당하는 것은 경향적으로 사회 중간층과 하층의 동맹이 될 것이다.[43] 그러나 바람직한 것은 반체제 진보적 엘리트들도 점점 더 상황의 심각성을 인식하고 그에 따라 행동하는 것이다.[44] 어쨌든 필요한 것은 대안의 추가나 위장환경주의(greenwashing)의 위험을 반성하고 인종주의적이고 착취적이며 가부장적이고 폭력적이며 파괴적인 프로젝트에 대해 빨간 선을 긋는 것이다.

이번 장과 4장 그리고 5장에서 개별적인 지적을 통해 보여준 중요한 대결은 제국적 생활양식의 많은 요소에 대한 비판과 해소를 둘러싸고 일어난다. 다른 한편으로 문제 되는 것은 연대적 생활양식의 조건과 실천 및 욕망의 인정과 안정화다.

연대적 생활양식과 관련한 또 다른 중요한 물음은 변화를 어떻게 확보하고 추동하며 반동으로부터 보호할 수 있는가 하는 것이다. 이를테면 중요한 것은 제도와 법의 문제다. 일반적으로 말하자면 사회의 짜임새를 좌파에서 세우는 것이다. 제국적 생활양식은 본질적으로 자본주의적이고 가부장적인 국가에 의해 확보된다. 이런 국가는 사회적 세력 관계의 "물질적 응축", 투쟁과 모순에 의해 스며든 "전략적 장(場)"이다.[45] 스스로의 관심과 정체성 및 가치 관념을 지닌 다양한 행위자가 구체적인 전략과 경우에 따라서는 포괄적인 프로젝트를 가지고 사회적으로 적절한 '국가'가 되어, 다시 말하면 법률의 형태를 취해 인정받고 무시 또는 억압당하지 않기 위해 투쟁한다. 7장에서 제시했듯 국가는 동시에 사회적 이해관계에 일정한 형식을 부여한다. 그리하여 국가는 예를 들어 소유-개인주의적 관심의 형성에 기여하고, 따라서 적대적인 사회 세력 간의 갈등을 지배적 형식의 질서 재생산과 통합할 수 있는 방식으로 구조화한다. (그럼에도 그들의 생존을 보장할 수 있는 것은 아니다.) 그러함에 있어 법 형식은 중심적 역할을 한다. 소냐 부켈(Sonja Buckel)이 적절하게 확언하듯 그것은 "개인들을 자본주의적이고 가부장적인 모나드로서 주체화하고, 그들을 외면적인 통일로 다시 접합시킨다".[46]

이러한 정치적이고 법적인 형태에 대한 비판은 제국적 생활양식을 몰아내는 것의 본질적 계기다. 그러나 이와 동시에 연대적 생활양식을 전개하기 위해서는 사회를 어떠한 짜임새로 만들어야 하는가 하는 물음이 전면에 놓인다. 일찍이 약 20년 전 볼프디터 나르(Wolf-Dieter Narr)가 썼듯 "정치적 헌법 체제 문제"는 "단적으로 시간문제"다.[47] 그 물음에 대답하는 것은 기존의 해방적이고 보편화할 수 있는 대안들을 반동적인 공격에 맞서 보호하는 동시에 반성적으로 계속해서 발전할 수 있도록 그것들을 제도적으로 확보하는 것을 의미한다. 여기서는 민주주의에 대한 열정적인 이해야말로 모범적인 이념이다. 결정의 영향을 받는 모든 사람이 평등한 권리를 지니고 그 결정의 성립에 참여하는 것이다. 사회를 그렇게 정비하는 것은 주체들에게 영향을 미치지 않을 수 없다. 모두의 자유로운 발전 조건이 더 이상—부르주아적이고 자본주의적인 사회에서처럼—개인의 자유로운 발전의 제한이 아니라 그것의 실현에 놓여 있다면,[48] 현재의 지배적이고 경쟁과 자기 이익에 정향된 주체성을 연대적이고 협력적인 주체성으로 전환할 기회가 존재할 것이다. 그에 더해 사회를 이렇게 정비하는 것과 더불어 외부화로 향하게 하는 구조적 강제를 극복하기 위한 전제도 성립한다. 교환 가치 지향과 경쟁 및 성장의 자본주의 메커니즘은 힘을 잃게 될 것이며, 생태학적으로 잘못된 결정의 비용은 더 이상 다른 곳으로 전가하는 것이 아니라 모든 사람이 짊어지게 될 것이다. 알렉스 데미로비치(Alex Demirović)에 따르면 "모두가 이것을 알기 때문에, 그들은 가깝고 먼 곳의 자연을 희생시키는 결정을 저지하려 시도할 것이다".[49]

연대적 생활양식을 둘러싼 갈등은 문제 있는 것으로 여겨지는 관계를 지양하고 대안을 강화해야 한다는 것을 중심으로 전개된다. 그리하여 많은 투쟁은 공유 재산의 창출과 공동생활의 다른 형식뿐만 아니라 예를 들어 재생산 노동의 다른 분배와 따라서 젠더 관계의 변화를 다룬다. 또한 그것은 연대적 형식의 복지 국가, 요컨대 "사회적 안전과 신뢰할 수 있는 익명의 보상 메커니즘 형태의 사회적 관계를 분리하는 것"이기도 하다.[50] 이것은 동시에—우리는 이런 점을 신자유주의적이고 활동적이며 여러 가지 문제에서 점점 더 억압적인 국가의 발전에 근거해 아주 잘 알고 있다—국가의 제도적 개조를 함축한다. 왜냐하면 세력 관계와 담론은 국가에 외면적이지 않기 때문이다. 그러나 연대적 생활양식의 다면적 차원은 제도적으로 "응축"[51] 되어야 한다. 물론 자본주의적이고 가부장적인 국가에서 제도화해 있는 지배 형태의 논리를 극복하는 관점에서 말이다.

자유주의적이고 점점 더 권위주의적인 민주주의의 제한을 포괄적인 사회적 민주화를 위해 지양하는 것은 연대적 생활양식을 위한 투쟁의 핵심 구성 요소다. 이것은 사회적·정치적 우경화에 대항한 방어 투쟁뿐만 아니라 제국적 실천의 억제와 새로운 것의 제도적 확보도 포함한다. 그 출발점은 오늘날 우리가 직면해 있고 끝없는 고통을 초래하는 사회적·생태학적 격변의 원인이 전 지구적인 사회적 관계에 있지, 우리가 이 책 서두에서 인용한 로버트 캐플런의 공포 시나리오와 대부분의 정치 엘리트가 주장하듯 남반구의 내부적인 과정에 있는 것은 아니라는 걸 통찰하는 것이다.

이런 전 지구적 관계를 보여주기 위해 우리는 이 책에서 제국적 생활양식을 탐구하고, 그것에 사회관계와 자연 관계의 민주적 형태화에 기초하는 연대적 생활양식의 윤곽을 대비시켰다. 우리의 분석이 학문적이고 사회·정치적인 논쟁과 특히 연대적 생활양식을 위한 현재와 미래의 투쟁 방향 정립에 기여한다면, 소기의 목적을 성취했다고 할 수 있을 것이다.

주

●

1 생활양식의 한계에서

1. Federici 2012: 100.
2. Kaplan 1994. 영어 원전의 모든 인용은 우리가 독일어로 옮겼다(U. B./M. W.).
3. 같은 책, 58.
4. "숙소를 제공받은 난민의 절대적인 수를 계산할 때 2015년 중반에 월등하게 가장 많은 난민을 수용한 국가는 모두 다 유럽연합 바깥에 자리 잡고 있으며, 그 대부분은 심지어 안전하게 멀리 떨어져 있다. 터키·파키스탄·레바논·이란·에티오피아가 이 순위표를 이끌고 있으며, 처음 10개국 자리에서는 오로지 아시아와 아프리카 국가들만 발견할 수 있다"(Lessenich 2016: 155).
5. 이에 대해서는 Frey 2016의 세분화한 평가 참조.
6. Schmidt/Sieron 2016, Bauhardt 2009 그리고 Dietz 2011 참조.
7. Räthzel 1991: 25. 또한 우파 포퓰리즘과 신자유주의의 교집합에 대한 크리스토프 부터베게(Christoph Butterwegge 2016)의 교훈적 논문도 참조. 여기서 저자는 불안해진 소시민들이 '독일을위한대안' 같은 정당이 자신들의 물질적 이익에 반하는 신자유주의적 의제를 추구함에도 불구하고 우파에 투표하는 명백한 역설을 다루고 있다. 부터베게는 이것을 한편으로는 우파가 약속하는 "민족 공동체"라는 감정적 "보금자리의 포근함"으로 설명한다. 다른 한편 그는 입지국가주의(Standortnationalismus)를 우파 포퓰리즘과 신자유주의의 중요한 공통점이라고 확인한다. 입지국가주의는 경제 경쟁에서 다른 나라를 능가하는 것뿐만 아니라, 자기 나라나 다른 나라의 능력이 없거나 능력을 갖출 준비가 되어 있지 않다고 알려진 집단을 이른바 자신의 유

능함을 통해서만 달성한 성과에 참여하는 데에서 배제하는 것을 내포한다. "신자유주의와 우파 포퓰리즘의 가장 중요한 교집합은 모두의 복지를 증진시키기 위해서는 '경제 입지 D'를 자랑스러워하고 그것을 강화해야만 한다는 확신에 놓여 있다. 신자유주의는 다른 경제 입지와의 성과 경쟁에 집착함으로써 입지국가주의, 사회다윈주의, 복지국수주의를 위한 이상적 배양지를 창출한다"(Butterwegge 2016).

8. Fücks 2013.
9. WBGU 2011.
10. 2장의 내용은 부분적으로 Brand 2016b에서, 5장에서 화석 에너지에 대한 수요 성장을 다룬 절은 Wissen 2016에서 가져왔다. 7장에서 녹색자본주의의 가능성을 논의하는 부분은 본래 Wissen 2014에 실려 출간되었다.
11. Lucke 2016.

2 다중적 위기와 사회적·생태학적 전환

1. MEW 4: 465.
2. UNEP 2016a.
3. Haberl et al. 2011, Schaffartzik et al. 2014의 장기적 추세에 대한 개관 참조.
4. Unmüßig 1998.
5. Görg/Brand 2002.
6. Schwarzer 2011.
7. 글로벌 카본 아틀라스(Global Carbon Atlas)에 따른 수치. http://www.globalcarbonatlas.org.
8. WBGU 2009.
9. 섭씨 2도 목표는 지구 평균 온도의 온난화를 산업화 이전 시기에 비해 섭씨 2도로 제한해야 한다는 것을 말한다. 출발점은 그럴 경우 기후 변화를 계속 제어할 수 있다는 것이다. 왜냐하면 그럴 경우 기후 변화의 자기 강화 효과가 나타나는 일정한 '티핑 포인트'(가령 엄청난 양의 온실가스 메탄을 방출할 영구 동토층의 해빙)에 도달하지 않을 것이기 때문이다. 그러나 이 목표는 논란의 여지가 있다. 왜냐하면 티핑 포인트와 거기에 도달하게 될 대기 중 온실가스 농도는 대략적으로만 규정할 수 있기 때문이다. 게다가 많은 지역에서는 섭씨 2도도 이미 너무 높다. 그러한 온난화

만으로도 전 지구적 척도에서의 기후 변화를 제어하지 못하면서 그곳의 삶의 조건을 파괴할 수 있기 때문이다. 그런 까닭에 2015년의 파리 기후 협정은 지구 온난화를 섭씨 1.5도로 제한하는 것을 목표로 했다.

10. Demirović et al. 2011.
11. New Economics Foundation 2010.
12. 이에 대해서는 PROKLA. Zeitschrift für kritische Sozialwissenschaft(〈PROKLA. 비판적 사회과학 잡지〉, 2015년도 제4권 및 2016년도 분)에서의 논쟁 참조.
13. Federici 2012, Wichterich 2013, Aulenbacher et al. 2015, Hajek/Opratko 2016.
14. Rivera 2015, UN-Generalversammlung 2015. 자세한 내용은 Martens/Obenland 2016 참조.
15. 앞에서 언급한 WBGU 보고서 외에 Brie 2014, Jonas/Littig 2017과 Brand/Wissen 2017도 참조.
16. Nalau/Handmer 2015: 351.
17. Driessen et al. 2013: 1.
18. WBGU 2011: 84, 256 이하.
19. 같은 책, 89.
20. Polanyi 1995〔1944〕.
21. Haberl et al. 2011.
22. Schneidewind 2013: 85. 강조는 U. B./M. W.
23. Biesecker/von Winterfeld 2013: 163.
24. 루츠 브랑슈(Lutz Brangsch)가 어느 한 토론에서 이런 생각을 처음으로 표명했다.
25. Beck 2011.
26. Offe 1973.
27. Poulantzas 2002〔1978〕.
28. 그에 더해 베크(Beck 2011)는 과학이 그것과 모순에 휘말린다는 점을 지적한다. 한편으로 과학은 정치에 결정을 처방하려 하지 말라고 요구한다. 그러나 다른 한편 그렇게 이해된 과학으로부터 강제적이고 명백한 정치적 행동 요구가 생겨난다. 그에 의해 과학은 정치화하는 반면, 기후 정치는 뚜렷이 탈정치화한다. 이에 대해서는 또한 로저 필케(Roger Pielke)의 블로그 "Planetary Boundaries as Power Grab", http://rogerpielkejr.blogspot.de/2013/04/planetary-boundries-as-

powergrab.html 참조.

29. 노동이라는 주제는 WBGU 보고서에서 일반적으로 아무런 역할도 하지 않는다. Biesecker/von Winterfeld 2013 참조.

30. Haug 2011, Winker 2015.

31. Rockström et al. 2009.

32. Crutzen 2002, Steffen et al. 2011.

33. Görg 2015: 30.

34. 제러미 배스킨(Jeremy Baskin), Lövbrand et al. 2015: 216에서 인용.

35. MEW 4: 467.

36. Görg 2015: 241.

37. Dietz 2011.

38. Crutzen 2002: 23.

39. WBGU 2011.

40. 여기서 문제 되는 것은 엘마르 알트파터(Elmar Altvater)가 이미 1996년에 '미래가 있는 독일'에 관한 부퍼탈 연구소의 연구에 대해 비판한 것과 동일한 누락이다. "우리는 다음과 같이 첨예화해서 표현할 수 있다. 즉 생태학적 지속 가능성에 대해 이야기하고 자본주의에 대해 침묵하는 것, 생태학적 혁명—왜냐하면 감축 시나리오는 다른 아무것도 요구하지 않기 때문이다—을 요구하고 정치적·경제적·사회적으로 거의 모든 것을 예전 그대로 놔두는 걸 허용할 수 있는가?"(Altvater 1996: 84, Rilling 2011: 16 참조).

41. Brie 2015: 27.

42. 같은 책, 28.

43. 같은 책, 29.

44. Demirović 2016.

45. MEW 4: 465.

46. Brand/Niedermoser 2016.

47. Hirsch 1990, Esser et al. 1994.

48. 여기서 남북 관계는 지리학적 범주로서가 아니라 다양한 사회적인 구조적 맥락에서 선진 산업 국가들과 경제적으로 불충분하게 발전한 나라들 사이의 전 지구적 연관을 추적하는 관계적 범주로서 이해할 수 있다.

3 제국적 생활양식의 개념

1. GH 4: 499.
2. '자원'과 '흡수원' 개념은 계속해서 문제로 다루어야 할 것이다. 왜냐하면 그것들은 용어법적으로 이미 인간의 외적 자연에 대한 도구적 이해를 포함하기 때문이다. 외적 자연의 요소들은 그 자체로 자원과 흡수원이 아니라 특정하고 역사적으로 변화 가능한 사회적 욕구와 관련해서만 그러하다. 비슷한 의구심을 노동력 개념에 대해서도 제기할 수 있다. 사람을 그의 노동력과 분리하는 것은 특히 자본주의적인 관념이다. 봉건 영주와 달리 자본주의 기업가는 사람 전체가 아니라 그의 노동력만을 소유한다. 이런 점을 앞서 제시하는 가운데 우리는 그 개념을 계속 사용할 것이다. 왜냐하면 우리가 관심을 기울이는 문제들은 다른 방식으로는 거의 주제화할 수 없을 것이기 때문이다. 아울러 그 용어를 비판적·분석적으로 사용함으로써 자본주의적인 사회적 (자연) 관계의 도구적 성격과 지배 형식을 정확히 가시화할 수 있기 때문이다. 우리는 제국적 생활양식 개념에 시간적 요소도 받아들일 수 있을 것이다. 왜냐하면 우리 사회의 일상적 재생산은 많은 문제를 미래로 옮겨놓기 때문이다. 이런 점은 화석 연료의 연소에서 발생하고 기후 체계를 오랫동안 변화시키는 배출물이나 그 위험이 아주 오랜 세월에 걸쳐 계속해서 존재하는 핵폐기물에서 분명해진다. 하지만 이런 식으로 이야기를 미래로 확장하는 것은 여기서 일차적으로 의도하는 게 아니다.
3. McMichael 2009.
4. Kramer 2016: 29.
5. GH 11: 1375.
6. Ludwig 2012: 113, GH 10: 1341도 참조.
7. Ludwig 2012: 114, Habermann 2008 참조.
8. Diezinger 2008: 204.
9. 같은 곳.
10. 이에 대해서는 Rössel/Otte 2011이 포괄적으로 다루고 있다.
11. Bourdieu 1987.
12. Jonas 2017: 120, Jonas/Littig 2015 참조.
13. Bourdieu 2009: 181.
14. Bourdieu 1987: 307.

15. 같은 책, 735.

16. Kramer 2016: 29.

17. Sonderegger 2010.

18. Hornborg 2010: 43.

19. MEW 25: 115 이하.

20. 가령 온두라스에 대한 Heuwieser 2015의 연구 참조.

21. Newell/Paterson 2010: 132 이하 참조.

22. Wackernagel/Beyers 2010.

23. MEW 4: 465 이하.

24. Luxemburg 1970〔1913〕, Harvey 2005, Dörre 2013.

25. Chakrabarty 2010, Mezzadra 2012.

26. Görg 2004 참조.

27. Atzmüller et al. 2013.

28. 이에 대해서는 특히 Aglietta 1979: 151 이하 참조.

29. Sablowski 2010: Sp. 1642, Steckner/Candeias 2014도 참조.

30. Fröbel, Heinrichs et al. 1977.

31. Schmidt 2013.

32. Aulenbacher et al. 2015: 6장.

33. Said 1981.

34. Lessenich 2016: 69, Massarrat 2006, 2장과 8장.

35. Thompson 1980a.

36. Graefe 2016: 43.

37. GH 1: 101, Buckel/Fischer-Lescano 2007 참조.

38. GH 3: 372.

39. GH 22.

40. GH 10: 1356.

41. Habermann 2008: 126.

42. Demirović 1997: 257.

43. 이에 대해서는 예를 들어 Bröckling et al. 2000, Boltanski/Chiapello 2003, Foucault 2006〔1977/1978〕, Ludwig 2011, Ludwig 2012, Welzer 2011 참조.

44. Ludwig 2011도 참조.

45. Graefe 2016: 43.

46. Neckel/Wagner 2013, Eversberg 2014, Lessenich 2014, Graefe 2016.

47. 부르디외가 단지 무의식적인 실천만을 보며, 그럼으로써 사람들을 수동화하고 고유한 행위 가능성, (자기)반성과 학습 과정을 보지 못하게 한다는 비판이 자주 제기되었다(이 비판과 다른 비판들에 대해서는 Sonderegger 2010: 22-28 참조). 부르디외에 대한 "좀더 반항적인" 독해는 다음과 같은 이의를 제기한다. 즉, 부르디외에게 권력 전략과 지배 구조는 "상황이 (행위자의 눈에) 그에 상응해 위기적이거나 긴급할 때에는 전적으로 명확한 의미에서 언제나 알려져 있으며, 언어로 표현되는 경향이 있고, 베팅의 대상이 될 수 있다"(Sonderegger 2010: 27).

48. Thompson 1980a.

49. Wilkinson/Pickett 2010, 불평등한 사회에서 지위 소비의 사회적·생태학적 영향에 대해 연구한 15장 참조. 또한 Veblen 2011도 참조.

50. Hirsch 1980.

51. Appel 2010.

52. 부퍼탈 연구소의 다른 출판물(Wuppertal Institut für Klima, Umwelt, Energie 2005)은 "초국가적 소비자 계급"에 대해 언급한다. 이 개념은 북반구의 소비 규범이 남반구의 중간 계급과 상위 계급에게 확산되는 것을 확실하게 보여준다. 그러나 이는 마르크스적 의미에서의 계급 개념이 아니다. 왜냐하면 거기에서 다루는 것은 생산 과정에서의 개인들의 위치가 아니기 때문이다.

53. Wuppertal Institut für Klima, Umwelt, Energie 2009: 152.

54. 따라서 앞으로의 연구에서는 계급과 젠더 또는 인종적 특성에 따른 다양한 지배 관계가 어떠한 제국적 측면을 보여주는지, 거기서는 그때그때마다 어떠한 모순이 나타나는지 물어야 할 것이다.

55. 우리는 상대적으로 개방된 세계 시장이 물론 구매력이 강한 나라들에서 노동력의 재생산을 더 값싸게 할 수 있지만, 동시에 특히 기준의 축소와 임금 손실 또는 실업에 의해 생계 노동이 압박을 받는다는 사실을 알고 있다.

56. MEW 23: 331 이하.

57. Lessenich 2016: 51.

58. Biesecker/von Winterfeld 2014: 2-5.

59. 같은 곳.

60. Wichterich 2016a: 60.

61. 같은 곳. Winker 2015도 참조.

62. Wright 2010: 69.

63. Welzer 2013: 78.

64. Brand/Wissen 2014.

4 제국적 생활양식의 역사적 발생

1. Galeano 1973: III.

2. 그렇다고 해서 연대적 생활양식을 위한 해방적 투쟁을 평가 절하해서는 안 된다.

3. Brenssell 2013 참조.

4. 여기서 우리는 역사학적이고 구조론적으로 치우친 조절 이론과 네오 그람시주의적 국제정치경제학의 개략적인 도식화를 차용한다. Alnasseri et al. 2001, Cox 1987, Candeias 2004, Sieder/Langthaler 2010, Jessop 2001 참조.

5. 제국적 생활양식 개념에 대한 비판과 관련한 이러한 위험에 대해서는 Burchardt/Peters 2015: 248 참조.

6. Sieder/Langthaler 2010: 10.

7. 같은 곳.

8. Althusser 1968: 80, Hall 2012 참조.

9. Görg 2003, Becker/Jahn 2006, Krausmann/Fischer-Kowalski 2010, Brand/Wissen 2011.

10. Jahn/Wehling 1998: 83.

11. 우리는 '중간 계급'이나 '중간층' 개념이 날카롭지 못하다는 점을 알면서도 그것을 사용하고자 한다. 일차적으로 생각할 수 있는 것은 임금에 의존하되 일반적으로 노동 계급보다 더 많은 임금을 받고 "관리 책임이라는 계급 사다리에 편입"되어 있다는 점에서 노동 계급과 구별되는 기능 및 직업 집단이다(Kadritzke 2016a: 481). 사회적 '중간'에 대한 상세한 검토와 그것을 최근에 사회학적으로 이론화한 것에 대한 비판과 관련해서는 Kadritzke 2016a, Kadritzke 2016b 참조.

12. 우리는 4장에서 특히 자본주의 중심부에서 제국적 생활양식의 사회적 보편화에 초

점을 맞추지만, 부분적으로는 준주변부 중간 계급에서의 제국적 생활양식에도 주목한다. 여기서 설명하고자 하는 것은 (a) 가치화와 축적 및 땅 차지하기의 자본주의적 동역학, (b) 광범위한 인구의 복지와 물질적 참여 및 삶의 조건을 점차적으로 개선하기 위한 투쟁, (c) 제국적 생활양식과 점점 더 결속되는 사회 구조적 위계화, 그리고 (d) 기능적인 외부화다.

13. 5장에서도 우리는 역사적·현재적 국면에 따라 (a) 자본주의의 가치화, 축적, 땅 차지하기뿐만 아니라 (b) 더 좋은 삶의 조건을 둘러싼 남반구 나라들의 투쟁도 제국적 생활양식을 확장하고 헤게모니적인 것으로 만든다는 점을 보여주려 한다. (c) 위계화의 형식만이 이와 결부되어 있는 것은 아니다. (d) 그에 더해 생태학적, 경제적, 사회적 이유로 보편화할 수 없는 것이 보편화한다.

14. Brand/Dietz 2014.

15. Frank 1969.

16. 클로펜부르크(Kloppenburg 1988)는 식물에서 기원하는 자원의 "본원적 축적"을 탐구했다. 광물과 농업 생산물뿐만 아니라 과학적 "채집 여행"의 성과로서 엄청난 가치를 지니는 종자 형식의 다양한 생물학적 자원도 중심부로 들어왔다.

17. Schramm 2010: 371. 우리는 유럽과 라틴아메리카에 집중하고자 한다. 중국, 오스만 제국, 일본, 인도에서는 19세기에 이르기까지 경작과 생산에서 유럽의 개입이 거의 없었다. 중국은 18세기 중엽에도 1인당 소득이 영국보다 높았고, 19세기 중엽에는 훨씬 큰 경제적 성과를 보였다. 또한 최근의 역사 연구는 자본주의 세계 체제가 단지 유럽에서만 출발해 발전한 것이 아니라, 근대 초기의 그 원천에서 유럽 식민주의의 시작에 이르기까지 세계 다양한 지역에서 다극적으로 조직되어 있었다는 것을 보여준다. Kurtenbach/Wehr 2014의 개관 참조. 마누엘 슈람(Manuel Schramm, 2000)은 또한 중국, 오스만 제국, 일본, 인도에서는 1800년 이전에 이미 단적으로 좀더 광범위한 인구의 구매 소비가 존재했으며, 상업도 더 일찍 수행되었다고 주장한다.

18. Schüller 1994.

19. 이에 대해서는 Galeano 1973이 상세하게 설명하고 있다.

20. Gerstenberger 2006. 국가의 폭력 독점에서 문제 되는 것은 종종 가정하듯 서구만의 독특한 특징이 아니다. 그것은 세계의 다른 지역에서도 이루어졌다(Kurtenbach/Wehr 2014). 그에 더해 페미니즘적 연구는 물리적 폭력에 대한 서구 국가의 독점이

가정의 폭력은 대부분 감춘 채 상상 속의 것으로만 여긴다는 점을 보여준다(Sauer 2001: 4장).

21. Meiksins Wood 2015: 116 이하.
22. 같은 책, 122.
23. Gerstenberger 2006, Meiksins Wood 2015.
24. 같은 책, 203.
25. 같은 책, 204.
26. Hornborg 2010: 43.
27. Schramm 2010: 366 이하.
28. Thompson 1987〔1963〕: 345.
29. 슈람은 이것을 다르게 평가한다. 그에 따르면 영국은 이미 "1800년경에 소비 사회의 중요한 요소, 예를 들면 농업에서 높은 정도의 상업화, 번창하는 소비재 생산, 산업화 이전 수준에 맞는 아주 효과적인 운송 체제, 구매와 판매의 개인적 자유, 상업적 광고 등등"을 보여주었다(Schramm 2010: 365).
30. Osterhammel 2011: 338.
31. Krausmann/Fischer-Kowalski 2010: 43 이하.
32. Osterhammel 2011: 934.
33. Polanyi 1995〔1944〕: 330 이하.
34. Moscovici 1990: 398 이하.
35. Hobsbawm 1987.
36. Komlosy 2010: 46.
37. Poulantzas 2001: 51 이하.
38. Donghi 1991.
39. Kaltmeier 2011.
40. Polanyi 1995〔1944〕: 329. 또한 Brie 2015 참조.
41. 1833년부터 1864년까지 영국의 공장 입법과 관련해서는 MEW 23: 294-315 참조.
42. Hermann 2015: 109 이하.
43. Thompson 1980b: 46.
44. 좀더 상세한 역사적 설명은 미국에서의 뉴딜과 더불어 유럽의 파시즘도 다루어야 할 것이다. 파시즘은 일정한 방식으로 이후 제국적 생활양식의 관철에 추동력을 제

공했다.

45. Schor 2015: 61.

46. Aglietta 1979: 158.

47. Lutz 1989.

48. Kloppenburg 1988.

49. GH 22: 2088 이하.

50. 같은 책, 2069 이하.

51. Schmidt 2013: 405.

52. Huber 2013: 180 이하.

53. Krausmann/Fischer-Kowalski 2010: 52.

54. Schaffartzik et al. 2014: 90 이하.

55. 슈람(Schramm 2010: 45)은 사회주의적 소비 모델과 서구적-개인주의적 소비 모델의 구별을 강조한다. 전자는 특정한 국가와 시간의 경과에 따른 뚜렷한 차이에도 불구하고 또한 "(개인적 선택의 자유를 제한하면서) '정의로운' 자원 분배와 자동차나 가정용 기기 같은 수명이 긴 재화의 공동체적 이용 측면"을 함축했다.

56. Dunlap/Catton 1994: 12.

57. Donghi 1991: 416.

58. Schramm 2010: 376.

59. Kloppenburg 1988, McMichael 2009.

60. Sachs 1997, Ziai 2011 참조.

61. Mitchell 2011: 8장.

62. 이에 대한 척도는 1인당 이산화탄소 배출량이다. 북반구 나라들의 1인당 이산화탄소 배출량은 남반구 나라들보다 훨씬 많다. (양자의 수치가 근접하는 경향이 나타나고 있기는 하지만 말이다.) IEA 2014: 84 이하 참조.

63. Altvater 1987.

5 제국적 생활양식의 전 지구적 보편화와 심화

1. Luxemburg 1970〔1913〕: 286.

2. Carson 2007〔1963〕.

3. Altvater/Mahnkopf 1996: 7장, Zinn 2015.

4. Brand 1999, 동독의 환경 운동에 대해서는 Rucht 1994, Rink 2002 참조.

5. 동독의 환경 운동에 대해서는 Rucht 1994, Rink 2002 참조.

6. Hardt/Negri 2002: 286. 또한 Boltanski/Chiapello 2003 참조. 감정 노동에 대한 최근의 평가 절상에 대해서는 Penz/Sauer 2016: 5장 참조.

7. Altvater/Mahnkopf 1996.

8. Williamson 1990.

9. Fröbel et al. 1977.

10. Wuppertal Institut für Klima Umwelt Energie 2005: 68 이하. "생태적 배낭"은 한 제품의 고유한 양을 제외하고 그 제품의 생산에 들어가는 자원의 총량을 가리킨다.

11. Braune 2014, Wagner 2013.

12. Bäuerle et al. 2011.

13. Dannoritzer 2015: 89.

14. Krausmann/Fischer-Kowalski 2010: 56.

15. Weis 2013.

16. McMichael 2009.

17. 같은 책, 154.

18. Boylos/Behr 2008.

19. Hartmann 2015에 나오는 생생한 사례 참조.

20. Sezgin 2015: 26.

21. Statistisches Bundesamt(독일 연방통계국) 2012: 649.

22. Bpb 2016a.

23. Bpb 2016b.

24. WTO 2014.

25. WTO 2015: 14 이하.

26. 화물량의 더 높은 성장은 한편으로는 생산품 구성의 예상된 변화에 기인하며, 다른 한편으로는 평균 12퍼센트에 달하는 수송로의 예상된 증가에 기인한다. 2050년까지 미국과 중국의 무역이 전개될 북태평양 항로는 가장 중요한 무역로로서 미국과 유럽 간 북대서양 항로를 대체할 것이다(ITF 2015: 75).

27. ITF 2015: 74 이하.

28. IATA 2014, 2016.

29. Wolf 2007: 302.

30. 같은 책, 303.

31. 같은 책, 293.

32. Schaffartzik et al. 2014: 90 이하.

33. BP 2016: 23 이하.

34. IEA 2015b: 120 이하.

35. 2000~2014년 거의 62퍼센트 증가했으며, IEA는 2014~2040년에 48퍼센트가 될 것으로 추산한다. IEA 2015b: 115 이하.

36. IEA 2015b: 72.

37. 같은 책, 115 이하, 146, BP 2016: 13 참조.

38. Haberl et al. 2011, Schaffartzik et al. 2014.

39. 중간 계급의 산정과 비교 문제에 대해서는 Popp (2014: 33 f.), ILO (2013: 32) 참조.

40. Popp 2014: 34.

41. UNDP 2013.

42. Popp 2014: 32, 36; 또한 Kharas 2010도 참조.

43. 게다가 예를 들어 아르헨티나와 가나 같은 나라들의 중간 계급은 뚜렷이 구별된다.

44. Popp 2014: 32.

45. ILO 2013: 36.

46. Popp 2014: 36 이하.

47. Dietz/Brunnengräber 2008.

48. NBS 2016.

49. Hung 2009.

50. World Steel Association 2015.

51. IEA 2015b: 278.

52. 780만 대를 일본에서, 570만 대를 독일에서 그리고 미국과 남한에서 각각 410만 대를 생산했다(OICA 2016).

53. Lüthje/McNally 2015, Zhang 2015.

54. "도시로 이주해 거기서 산업 노동을 함으로써(다궁, 打工) 자유를 추구하는 것은 농촌 노동자들의 공통된 열망, 여러 세대에 걸쳐 더욱 심화된 갈망이다. ……중국에

서 프롤레타리아화 과정은 고유한 동역학에 따른다. 이 과정은 그 자체로 개혁 시기의 급속한 산업화와 세계화로부터 출현한 도시-농촌 간 커다란 대립 맥락에서 다궁을 통해 자유롭게 되기를 바라는 사람들의 강력한 원망에서 비롯된다"(Pun/Lu 2010: 500).

55. Pun/Lu 2010: 497 이하, 504 이하.

56. Schmalz 2017.

57. Lüthje/McNally 2015.

58. Huan 2008, Schmalz 2017.

59. Ming 2015.

60. 같은 책, 33.

61. IEA 2015a: 28.

62. Pun/Lu 2010, Fuchs 2015.

63. Ming 2015: 35.

64. 같은 책, 32.

65. Zhang 2015: 191.

66. BMVI 2015: 327.

67. Huan 2016.

68. UNEP 2016b.

69. Brand/Schmalz 2016.

70. 상세한 내용은 FDCL/RLS 2012, Brand/Dietz 2014를, 볼리비아의 사례에 대해서는 Radhuber 2013을 참조. 라틴아메리카에서의 한 세기에 걸친 발전 모델은 채굴주의라고 명명할 수 있으며, 2000/2003년 이후의 단계는 신채굴주의라고 부를 수 있다. 물론 이는 그 정부가 좌파인지, 중도 좌파인지 아니면 보수적인 신자유주의 파인지와는 무관하다. 이를 다루는 문헌에서는 '신채굴주의' 개념을 종종 진보적인 정부에 대해서만 사용한다.

71. Svampa 2012, Brand/Dietz 2013.

72. Bussolo et al. 2014: 3.

73. Natanson 2012.

74. Gago 2015.

75. 같은 책, Blühdorn 2013.

76. Brand 2016a.

77. 야수니 국립공원의 사례는 또한 원료 채굴의 국제적 차원도 보여준다. 에콰도르 정부는 2007년 외국 채권자들이 총 36억 달러, 즉 석유 판매에서 얻을 수 있는 수익의 약 절반을 보상해준다면 야수니 국립공원에서의 석유 채굴을 포기할 의사가 있다고 선언했다. 이 계획은 2013년 국제 사회의 지급 불능으로 인해 좌절되었다(Acosta 2015).

78. Lander 2016.

79. Speed 2007.

80. Holloway/Peláez 1998, Brand/Cecena 2000, Lang 2015.

81. Lang 2015: 244 이하.

82. 같은 책, 236 이하.

83. Lang 2005, Harvey 2005.

84. Rockström et al. 2009.

85. Wissen 2010.

6 제국적 자동차 이동성

1. "Al socialismo se puede llegar solo en bicicleta." 호세 안토니오 비에라갈로는 칠레의 정치가다. 그는 사회주의자인 살바도르 아옌데 대통령 정부(1970~1973)에서 법무부 차관을 지냈다. 인용은 이반 일리치(Illich 1974)의 책에서 가져왔다.

2. BMVI 2015: 135 이하.

3. Stremmel 2015.

4. Dudenhöffer 2013. There is much to gain in China's SUV market—but for whom?, in: Forbes, 2015년 5월 21일(http://www.forbes.com; 30.05.2016).

5. Dudenhöffer 2013.

6. Unfallforschung der Versicherer 2012(보험사 사고 조사 2012).

7. Verron 2015: 12.

8. 소득과 교육 수준 및 자원과 배출 집약성의 연관에 대해서는 Wuppertalinstitut für Klima, Umwelt, Energie 2009: 152 이하, 그리고 Kleinhückelkotten et al. 2016 참조.

9. Steger 2015.

10. Hauff 1987: 46.
11. Sachs 1997: 99 이하.
12. Steger 2015, Dennis/Urry 2009: 41도 참조.
13. Steger 2015.
14. Knoflacher 2014, Knoflacher 2014 참조.
15. Stremmel 2015.
16. Sachs 1984: 109 이하, Schwedes 2014: 21도 참조.
17. Schivelbusch 2015〔1977〕: 29 참조.
18. Sachs 1984: 23 이하에서의 생생한 설명 참조.
19. 같은 책, 26.
20. 같은 책, 30.
21. 정의로운 이행 동맹(Just Transition Alliance). Brie/Candeias 2012: 13에서 인용.
22. BGR 2015: 79.
23. 철과 강에 관한 자료는 Kerkow et al. 2012: 12. 철광석에 관한 자료는 BGR 2015: 7.
24. Lessenich 2016: 12.
25. 자동차 생산의 가치 창출 사슬과 관련해 서로 다른 단계들에서 생겨나는 인권 침해와 생태학적 파괴에 대한 체계적 연구는 우베 케르코프(Uwe Kerkow), 옌스 마르텐스(Jens Martens), 악셀 뮐러(Axel Müller)에 의해 이루어졌다(Kerkow et al. 2012).
26. Lessenich 2016: 111 이하.
27. Sachs 1984: 96에서 인용.
28. Schmidt 2013 참조.
29. 연방정부 교통국에서 수행한 '1960~2016년 자동차 종류에 따른 총수' 조사에 따른 수치. http://www.kba.de; 15.09.2016 참조.
30. Illich 1974: 26 이하.
31. Gorz 2009: 53 이하, Paterson 2007: 5장도 참조.
32. Kaufmann 2011: 16 이하.
33. Urry 2013: 77 이하. 또한 Wolf 2007: 123 이하도 참조.
34. Urry 2013: 79-96.
35. Wolf 2007: 11장.

36. 이에 대해서는 자동차 산업과 독일 경제 부처의 협력에 대해 시사하는 바가 많은 연대기 참조(Ott 2016).
37. Krull 2015 참조.
38. Brie/Candeias 2012: 17.
39. Krull 2015.
40. 이와 동시에 자동차 산업에서도 그에 상응하는 저항 전통이 존재하며, 오늘날에도 그러한 전통은 계속된다. 1970년대와 1980년대 초에 다임러-벤츠의 '플라카트-그룹(Plakat-Gruppe)'은 자동차 산업의 사회적·생태학적 전환을 바로 일자리 유지에 대한 위협으로서가 아니라 그것을 위한 전제로서 바라보았다(Hoss 2004: 2부). 이 그룹의 멤버 디터 마르셀로(Dieter Marcello)는 한 논문에서 다음과 같이 썼다. "우리가 일자리를 요구할 뿐만 아니라 그 일의 의미와 목적을 묻고 종업원들이 이런 방향에서 또한 IG 메탈에도 압력을 행사할 때, 우리는 1990년대에 사회적 계획을 세워야만 했던 데서 벗어나 그 대신에 대안적 운송 체계를 위한 대안적 생산물을 구축할 수 있을 것이다"(Marcello 1980: 53. 또한 IG Metall/Deutscher Naturschutzring 1992도 참조).
41. Stieß et al. 2012: 26.
42. VCÖ 2009: 9 이하. 이러한 생각을 우리는 베티나 우르바네크(Bettina Urbanek)에게서 가져왔다.
43. Paterson 2007: 47 이하.
44. 같은 책, 134.
45. Bauhardt 2007: 308.
46. Biesecker/Hofmeister 2010, Biesecker/von Winterfeld 2014.
47. Busse et al. 2016.
48. Umweltbundesamt 2015: 41 이하, Verron 2015: 12. 바이오 연료 문제, 즉 내연기관에 바이오 에탄올과 바이오 디젤을 투입함으로써 부분적으로 화석 연료를 대체하고자 하는 시도에 대해서는 여기서 상세하게 다루지 않는다. 이러한 시도와 관련해 사회적·생태학적인 파괴적 영향 및 그에 대한 저항은 잘 기록되어 있다. 예를 들어 Dietz et al. 2015, Pichler 2014, Brad et al. 2015 참조.
49. Huber 2011, Canzler 2014 참조.
50. Santarius 2015 참조.

51. Huber 2011: 287.

52. 같은 곳.

53. 플랫폼의 홈페이지 http://nationale-plattform-elektromobilitaet. de; 22.06.2016 참조.

54. 2016년 7월에 도입되어 같은 해 5월 18일부터 소급 적용하고 있는 전기 자동차에 대한 구입 프리미엄도 거의 효과가 없었다.

55. VCD 2010 참조. 우리는 자동차 이동성의 디지털화가 이러한 자동차 이동성을 얼마만큼이나 이를테면 좀더 집단적인 형태의 이동성으로 전환시켜나갈 것인지 여전히 지켜봐야 한다. 그것은 적어도 외르크 헨첼(Jörg Häntzschel 2016)이 옹호하는 테제다. 그에 따르면 새로운 (보험) 기술적 가능성은 점차 운전자에게서 힘을 빼앗고 통제함으로써 궁극적으로 자동차 이동 주체성을 변화시킬 수 있게 해준다. 내비게이션 장치를 확립함으로써 "스스로 결정하는 운전자들의 거친 무리로부터 …… 모든 사람에게 동일한 지시를 내리는 디지털 여성 목소리의 합창단에 의해 마지못해 이끌리는 집단이 생겨날" 것이다. 이러한 발전은 고객의 운전 행태를 언제나 꿰뚫어 보고 이를 돈으로 제재하며 "운전자를 공동체의 규율 잡히고 협조적인 구성원으로" 교육하는 자동차 보험사의 텔레매틱스(telematics)에 의해 촉진된다. 결국 전자적인 '운전 보조 장치'는 그 이름에도 불구하고 점차 운전에 대한 통제권을 갖게 될 것이다. 그러나 독일에서는 이러한 가능성이 사장될 위험이 있었다. 독일의 자동차 제작사들은 계속해서 속도와 마력에 투자했고, 국가 정책은 다양한 수단, 즉 당근과 채찍을 동원해 "오랜 도취적이고 자살적인 제임스 딘(James Dean) 운전 모델"을 부추긴다.

56. Schriefl/Bruckner 2016: 229 이하.

57. Schriefl/Bruckner 2016: 231에서 인용.

58. Exner et al. 2016: 12 이하.

59. Dennis/Urry 2009: 45.

7 거짓 대안: 녹색 경제에서 녹색자본주의로?

1. Moreno 2013: 95.

2. 좀더 상세한 내용과 이론적 논의에 대해서는 Brand/Wissen 2013, Sander 2016 참조.

3. UNEP 2011: 3.

4. Jänicke 2011: 5, OECD 2011도 참조.

5. Jaeger et al. 2011.

6. Fatheuer et al. 2015: 55, Hartmann 2015: 9-15. Tanuro 2013: 1 이하.

7. Fatheuer et al. 2015: 147, Moreno et al. 2015도 참조.

8. Bauriedl/Wichterich 2015: 10 이하 참조.

9. Aulenbacher 2015: 38, Littig/Spitzer 2011, Littig 2013, Gottschlich 2012.

10. Fatheuer 2013: 51.

11. Kill 2014: 39 이하.

12. Wright 2010: 59 이하, 69.

13. Altvater 2016: 96, 97.

14. 때때로 '바이오 기반 경제'나 '바이오 기반 산업'이라고도 부른다. 이 개념에 대한 비판은 Grefe 2016 참조.

15. BMBF 2014: 2.

16. El-Chichakli 2016: 223.

17. Bioökonomierat 2015.

18. BMBF 2014.

19. Fücks 2013: 15.

20. Wiedmann et al. 2013: 3.

21. 같은 곳.

22. Haug 2001.

23. Brand/Görg 2003.

24. Görg 2003: 286.

25. Fairhead et al. 2012.

26. 비판적 접근은 Dempsey/Robertson 2012, Gómez-Baggethun/Ruiz-Pérez 2011, Fatheuer 2013에서 찾아볼 수 있다.

27. 이에 대해서는 또한 '상쇄하기'의 생물 다양성과 관련한 글을 쓴 파토이어 참조. "상쇄는 실제로 자연보호를 문제 있는 방식으로 자연 파괴와 연결한다. 왜냐하면 '신용'은 파괴를 보상하기 위해 그것을 구매해야 하는 사람들에게만 수요가 있기 때문이다. 이러한 것이 환경 보호에서 중요한 요소가 된다면, 그로부터 치명적 의

존성이 생겨난다. 그 경우 자연 보호는 점차 파괴(의 보상)를 통해 재정 지원을 받고, '선'의 창출이 '악'의 계속성과 결합한다"(Fatheuer 2013: 55, 65, Spash 2010, Botzem 2012, Zeller 2010, Heuwieser 2016: 10 이하 참조).

28. REDD는 '산림 전용 및 산림 황폐화 방지로부터의 탄소 배출 감축(Reducing emissions from deforestation and forest degradation)'을 의미한다. 이 메커니즘은 이산화탄소 흡수원으로서 산림의 보존을 위한 지불을 내다보고, 경제적으로 물론 이익을 가져다주겠지만 흡수원 기능의 파괴를 함축하는 다른 이용을 포기하는 데 따른 보상을 의미한다. '+'는 산림 개간의 단순한 포기를 넘어서 지속 가능한 산림 경영 조처를 나타낸다. 2013년 바르샤바에서 열린 19차 기후변화협약 당사국총회(COP 19) 이후 REDD+는 유엔기후변화협약의 구성 요소로 자리 잡았다. 2015년의 파리 기후협정은 협약 당사국들의 이행을 '북돋우지만', 이와 관련해 어떤 구체적인 세부 사항도 포함하고 있지 않다(Ecologic 2016: 18).
29. McAfee 2012: 109.
30. McAfee 2012, Hartmann 2015: 4장, Peluso/Lund 2011, Kelly 2011.
31. Harvey 1999〔1982〕: 233.
32. 이는 재생 가능 에너지를 공간적 집중이 에너지 산업의 중심적 구조를 촉진시킨 원자력 및 화석 에너지와 구별해준다. 오랫동안 지배적이었던 "에너지 산출 공간과 에너지 소비 공간의 분리"는 "선택된 에너지원의 내재적 요구"로부터 결과한 것이었다(Scheer 2012: 42 이하).
33. Haas/Sander 2013, Sander 2016 참조.
34. Exner et al. 2016 참조.
35. McMichael 2008.
36. 마리아 바코우제(Maria Backhouse, 2015)는 이러한 연관을 브라질 파라(Pará)주에서의 팜유 생산 확장에 대한 연구에서 면밀히 검토했다. 땅 움켜쥐기의 현재 추세에 대해서는 Plank/Plank 2013도 참조.
37. 이러한 것이 전(前)산업적 시대에 사실이었듯이 말이다. Fischer-Kowalski et al. 1997 참조.
38. Becker 2013.
39. Fairbairn 2014: 784, Hoering 2011도 참조.
40. Fairbairn 2014: 782.

41. 같은 책, 779; GRAIN 2008도 참조.

42. Altvater 2005: 114.

43. Wissen 2016, Daniljuk 2015 참조.

44. Haas 2016 참조.

45. Bauriedl/Wichterich 2015: 15.

46. Gottschlich 2012: 1.

47. 유럽연합은 아프리카의 중요한 원료에 대한 접근을 확보하기 위한 노력을 이렇게 표현한다(Europäische Kommission 2011: 16).

48. Brand 2004.

49. McMichael 2012 참조.

50. Fischer-Kowalski 2011.

51. Wissen 2004.

8 연대적 생활양식의 윤곽

1. Klein 2013: 58.

2. Hoffer 2016: 32.

3. 같은 책, 27.

4. 미국 금융 자본의 계속적인 지배적 역할에 대해서는 Scherrer 2015 참조.

5. 신자유주의적 헤게모니의 확보를 위한 젠더 관계의 의미에 대해서는 예를 들어 Brenssell 2015 참조.

6. 자본주의의 다양한 발전 가능성에 대해서는 예를 들어 Zinn 2015, Klein 2013 참조.

7. 이에 대해서는 '탈출과 이주의 경제학'에 대한 〈PROKLA. 비판적 사회과학 잡지(PROKLA. Zeitschrift für kritische Sozialwissenschaft)〉 183권(46. Jg. Nr. 2)도 참조. 유럽연합과 유럽에서 독일의 역할에 대해서는 Crome 2013 참조.

8. 유럽연합에서 경제 정책적 발전과 좌파 정치에 대한 도전은 Vogel 2015와 Schneider 2017 참조.

9. Dellheim et al. 2013, Luks 2016 참조.

10. Di Muzio 2015: 153 이하.

11. Tauss/Ehs 2016: 174.

12. 변화의 이러한 두 차원에 대해서는 마르크스의 세 번째 포이어바흐 테제, MEW 3: 5 이하 참조.
13. Foucault 1992: 12, 15.
14. Hartmann 2015: 384.
15. Sommer/Welzer 2014: 221.
16. Brie/Candeias 2016.
17. Diamond 2005: 531.
18. GH 8: 1039.
19. 자원봉사자들의 원칙적으로 매우 환영할 만한 참여의 양면성, 요컨대 난민 원조가 복지 국가의 성취를 해체하고 "활동하는 국가(aktivierender Staat)"를 구축하는 맥락에서 이루어진다는 것에 대해서는 van Dyk/Misbach 2016 참조.
20. MEW 1: 390.
21. Möller 2016.
22. 광범위한 논쟁에 대해서는 예를 들어 Deutscher Bundestag 2013, Nicoll 2016, Muraca 2014, D'Alisa et al. 2016, AK Postwachstum 2016, Martínez-Alier et al. 2010 참조.
23. Brand et al. 2012, Degrowth in Bewegungen 2016, Fischer-Lescano/Möller 2012, Klautke/Oehrlein 2008, Strohschneider 2014, AK Wien 2016, Barth et al. 2016, Nanz/Leggewie 2016, Emunds/Merkle 2016, Nyéléni Austria 2014, VCÖ 2016, Sommer/Welzer 2014: 6장과 7장 참조.
24. Karathanassis 2015: 2013 이하, Gottschlich/Hackfort 2016.
25. Klein 2013: 61 이하.
26. Mason 2016.
27. Brangsch 2015. 폴 메이슨(Paul Mason, 2016)의 저명한 진단과 달리 우리는 디지털화한 자본주의가 '포스트 자본주의'를 위한 물질적 기초를 창출했다고 생각하지 않는다. 그 정치적 지향에서 단적으로 공감할 수 있는 그러한 테제는 바로 변화해야 하는 복잡하고 상식에 깊이 뿌리박혀 있는 자본주의적 형태를 과소평가한다.
28. GH 8: 1051. 칸데이아스(Candeias, 2012)는 그람시를 따라 "분자적 변화"에 대해 이야기한다. 이 분자적 변화는 개별적인 것들로서 다룰 수는 있지만, 합쳐져 서로 뒤얽힐 때는 구조적 위기로 응축될 수 있다.

29. Brand 2005.

30. Wichterich 2016b: 186.

31. Aulenbacher et al. 2015.

32. Kronauer 2014: 437.

33. Lorey 2012, 또한 〈룩셈부르크. 사회 분석과 좌파 실천 잡지(LuXemburg. Zeitschrift für Gesellschaftsanalyse und linke Praxis)〉, 1/2015의 별권 《불안정보다 더 많은 것(Mehr als prekär)》도 참조.

34. Winker 2015: 143. 또한 Dück/Fried 2015도 참조.

35. 같은 책, 6장.

36. Wichterich 2016b: 197.

37. Grunwald 2012 참조.

38. Kramer 2016: 16.

39. Dörre et al. 2013: 219 이하. 또한 멘츠와 니스(Menz & Nies, 2016: 538)도 참조. 그들은 노동 과정의 요구 사항과 단적으로 광범위한 함축을 지니는 경제적 수익 기대 사이의 모순을 정치화할 수 있는 가능성을 지적한다. "……고용인들은 역동적인 시장 요구 사항의 과도함에 반하는 구체적인 물질적 노동 과정을 고발한다. 다시 말하면, 그들은 경제적 합리성 원리에 반하는 기술적-기능적 원칙을 제시한다. 그리고 사용 가치로 정향된 생산(또는 서비스)의 논리를 추상적인 수익 요구에 대한 정향에 대립시킨다. ……그 경우 여기서 떠오르는 갈등은 자본주의 생산 양식의 근본 모순, 즉 사용 가치와 교환 가치의, 착취에 대한 관심과 노동의 구체적 유용성에 대한 정향의 모순적 관계를 가리킨다."

40. Aulenbacher et al. 2015: 141.

41. Schurath 2015, Pichler et al. 2016.

42. 신자유주의자들은 이것을 정확히 이해했다. 즉 헤게모니를 둘러싼 미세한 투쟁을 예를 들어 특정한 법률을 통한 분명한 단절과 연계시켰다. Urban 2009 참조.

43. Brie/Hildebrandt 2015.

44. Klein 2016.

45. Poulantzas 2002〔1978〕: 159.

46. Buckel 2008: 126.

47. Narr 1998: 286.

48. MEW 4: 482.

49. Demirović 2012: 70, Thie 2013: 105 이하도 참조.

50. van Dyk/Misbach 2016: 213.

51. 이 과정에서 진보 정당의 역할에 대해서는 예를 들어 Steckner 2013, Porcaro/Candeias 2016 참조.

참고문헌

Acosta, A. (2015): Buen Vivir—Vom Recht auf ein gutes Leben, München.

Aglietta, M. (1979): A theory of capitalist regulation. The US experience, London.

AK Postwachstum (Hrsg.) (2016): Wachstum—Krise und Kritik. Die Grenzen der kapitalistisch-industriellen Lebensweise, Frankfurt am Main/New York.

AK Wien—Kammer für Arbeiter und Angestellte Wien (2016): Schwerpunktheft zu Umwelt und Verteilungsgerechtigkeit, in: Wirtschaft & Umwelt 3/2016.

Alnasseri, S., et al. (2001): Raum, Regulation und Periodisierung des Kapitalismus, in: Das Argument, 43(1), S. 23-43.

Althusser, L. (1968): Für Marx, Frankfurt am Main.

Altvater, E. (1987): Sachzwang Weltmarkt. Verschuldungskrise, blockierte Industrialisierung, ökologische Gefährdung—der Fall Brasilien, Hamburg.

Altvater, E. (1996): Der Traum vom Umweltraum. Zur Studie des Wuppertal Instituts über ein "zukunftsfähiges Deutschland", in: Blätter für deutsche und internationale Politik, 1/1996, S. 82-91.

Altvater, E. (2005): Das Ende des Kapitalismus, wie wir ihn kennen. Eine radikale Kapitalismuskritik, Münster.

Altvater, E. (2016): The Capitalocene, or, Geoengineering against Capitalism's Planetary Boundaries, in: Moore, J. W. (ed.): Anthropocene or Capitalocene? Nature, History, and the Crisis of Capitalism, Oakland, S. 138-151.

Altvater, E.; Mahnkopf, B. (1996): Grenzen der Globalisierung. Ökonomie, Ökologie und Politik in der Weltgesellschaft, Münster.

Appel, A. (2010): Die Genderbilanz des Klimadiskurses. Von der Schieflage einer Debatte, in: Kurswechsel. Zeitschrift für gesellschafts-, wirtschafts- und umweltpolitische Alternativen, 25(2), S. 52-62.

Aulenbacher, B. (2015): Unentbehrlich, unterbezahlt—und viel zu wenig anerkannt. Was Sorgearbeit ist, wer sie leistet und welche Konflikte entstehen, in: Le Monde diplomatique; Kolleg Postwachstumsgesellschaften (Hrsg.): Atlas der Globalisierung. Weniger wird mehr: Der Postwachstumsatlas, Berlin, S. 38-41.

Aulenbacher, B.; Riegraf, B.; Völker, S. (2015): Feministische Kapitalismuskritik, Münster.

Backhouse, M. (2015): Grüne Landnahme—Palmölexpansion und Landkonflikte in Amazonien, Münster.

Bauhardt, C. (2007): Feministische Verkehrs- und Raumplanung, in: Schöller, O.; Canzler, W.; Knie, A. (Hrsg.): Handbuch Verkehrspolitik, Wiesbaden, S. 301-319.

Bäuerle, L.; Behr, M.; Hütz-Adams, F. (2011): Im Boden der Tatsachen. Metallische Rohstoffe und ihre Nebenwirkungen. Siegburg, Südwind—Institut für Ökonomie und Ökumene 〔http://www.suedwind-institut.de; 06.12.2016〕.

Barth, T.; Jochum, G.; Littig, B. (Hrsg.) (2016): Nachhaltige Arbeit. Soziologische Beiträge zur Neubestimmung der gesellschaftlichen Naturverhältnisse, Frankfurt am Main/New York.

Bauhardt, C. (2009): Ressourcenpolitik und Geschlechtergerechtigkeit. Probleme lokaler und globaler Governance am Beispiel Wasser, in: PROKLA, 39(3), S. 391-405.

Bauriedl, S.; Wichterich, C. (2015): Ökonomisierung von Natur, Raum, Körper. Feministische Perspektiven auf sozial-ökologische Transformationen. Berlin, Rosa-Luxemburg-Stiftung 〔https://www.rosalux.de; 06.12.2016〕.

Beck, S. (2011): Moving beyond the linear model of expertise? IPCC and the test of adaptation, in: Regional Environmental Change, 11(2), S. 297-306.

Becker, E.; Jahn, T. (Hrsg.) (2006): Soziale Ökologie. Grundzüge einer Wissenschaft von den gesellschaftlichen Naturverhältnissen, Frankfurt am Main.

Becker, J. (2013): Regulationstheorie. Ursprünge und Entwicklungstendenzen, in: Atzmüller, R., et al. (Hrsg.): Fit für die Krise? Perspektiven der Regulationstheorie, Münster, S. 24-56.

BGR (2015): Deutschland—Rohstoffsituation 2014, Hannover, Bundesanstalt für Geowissenschaften und Rohstoffe 〔https://www.bgr.bund.de; 15.9.2016〕.

Biesecker, A.; Hofmeister, S. (2010): Focus: (Re)productivity. Sustainable relations both between society and nature and between the genders, in: Ecological Economics, 69(8), S. 1703-1711.

Biesecker, A.; Winterfeld, U. von (2013): Alte Rationalitätsmuster und neue Beharrlichkeiten. Impulse zu blinden Flecken der Transformationsdebatte, in: GAIA, 22(3), S. 160-165.

Biesecker, A.; Winterfeld, U. von (2014): Extern? Weshalb und inwiefern moderne Gesellschaften Externalisierung brauchen und erzeugen. Working Paper der DFG-KollegforscherInnengruppe Postwachstumsgesellschaften, Nr. 02/2014, Jena 〔http://www.kolleg-postwachstum.de; 06.12.2016〕.

Bioökonomierat (2015): Bioeconomy Policies (Part II): Synopsis of National Strategies around the World 〔http://gbs2015.com; 27.1.2017〕.

Blühdorn, I. (2013): Simulative Demokratie: Neue Politik nach der postdemokratischen Wende. Berlin.

BMBF (2014): Wegweiser Bioökonomie. Forschung für biobasiertes und nachhaltiges Wirtschaftswachstum, Berlin, Bundesministerium für Bildung und Forschung 〔https://www.bmbf.de; 06.12.2016〕.

BMVI (2015): Verkehr in Zahlen 2015/16. Hamburg, Bundesministerium für Verkehr und digitale Infrastruktur 〔http://www.bmvi.de; 30.05.2016〕.

Boltanski, L.; Chiapello, È. (2003): Der neue Geist des Kapitalismus, Konstanz.

Botzem, S. (2012): Kohlenstoff-Ökonomie. Der Einfluss der Finanzindustrie auf den europäischen Emissionshandel, in: WZB Mitteilungen, Nr. 137, S. 29-31.

Bourdieu, P. (1987): Die feinen Unterschiede. Kritik der gesellschaftlichen Urteilskraft, Frankfurt am Main.

Bourdieu, P. (2009): Entwurf einer Theorie der Praxis, Frankfurt am Main.

Boylos, L.; Behr, D. (2008): Peripherie & Plastikmeer. Globale Landwirtschaft, Migration, Widerstand, Eisenkappel.

BP (2016): BP Energy Outlook. London [www.bp.com; 13.7.2016].

Bpb (2016a): Entwicklung des grenzüberschreitenden Warenhandels, Bonn, Bundeszentrale für politische Bildung. [http://www.bpb.de; 07.12.2016].

Bpb (2016b): Entwicklung des Warenexports nach Warengruppen, Bonn, Bundeszentrale für politische Bildung [http://www.bpb.de; 07.12.2016].

Brad, A.; Schaffartzik, A.; Pichler, M.; Plank, C. (2015): Contested territorialization and biophysical expansion of oil palm plantations in Indonesia, in: Geoforum, Vol. 64, S. 100-111.

Brand, K.-W. (1999): Transformationen der Ökologiebewegung, in: Klein, A.; Legrand, H.-J.; Leif, T. (Hrsg.): Neue soziale Bewegungen. Impulse, Bilanzen und Perspektiven, Opladen, S. 237-256.

Brand, U. (2004): Kritische Theorie der Nord-Süd-Verhältnisse. Krisenexternalisierung, fragmentierte Hegemonie und die zapatistische Herausforderung, in: Beerhorst, J.; Demirovic, A.; Guggemos, M. (Hrsg.): Kritische Theorie im gesellschaftlichen Strukturwandel, Frankfurt am Main, S. 94-127.

Brand, U. (2005): Gegenhegemonie. Perspektiven globalisierungskritischer Strategien, Hamburg.

Brand, U. (2016a): Lateinamerika: Ende des progressiven Zyklus?, in: Brand, U. (Hrsg.): Lateinamerikas Linke. Ende des progressiven Zyklus?, Hamburg, S. 7-35.

Brand, U. (2016b): Transformation als "neue kritische Orthodoxie" und Perspektiven eines kritisch-emanzipatorischen Verständnisses, in: Brie, M.; Reißig, R.; Thomas, M. (Hrsg.): Transformation. Suchprozesse in Zeiten des Umbruchs, Münster et al., S. 209-224.

Brand, U.; Ceceña, A. E. (2000): Reflexionen einer Rebellion. "Chiapas" und ein anderes Politikverständnis, Münster.

Brand, U.; Dietz, K. (2013): Dialektik der Ausbeutung. Der neue Rohstoffboom in Lateinamerika, in: Blätter für deutsche und internationale Politik, 11/2013, S. 75-84.

Brand, U.; Dietz, K. (2014): (Neo-)Extraktivismus als Entwicklungsoption? Zu den aktuellen Dynamiken und Widersprüchen rohstoffbasierter Entwicklung in Lateinamerika, in: Müller, F., et al. (Hrsg.): Entwicklungstheorien. Weltgesellschaftliche Transformationen, entwicklungspolitische Herausforderungen, theoretische Innovationen. Politische Vierteljahresschrift, Sonderheft 48, Baden-Baden, S. 128-165.

Brand, U.; Görg, C. (2003): Postfordistische Naturverhältnisse. Konflikte um genetische Ressourcen und die Internationalisierung des Staates, Münster.

Brand, U.; Lösch, B.; Opratko, B.; Thimmel, S. (Hrsg.) (2012): ABC der Alternativen 2.0, Hamburg.

Brand, U.; Niedermoser, K. (2016): Gewerkschaften zwischen "ökologischer Modernisierung" und Einsatzpunkten sozial-ökologischer Transformation, in: Barth, T.; Jochum, G.; Littig, B. (Hrsg.): Nachhaltige Arbeit. Soziologische Beiträge zur Neubestimmung der gesellschaftlichen Naturverhältnisse, Frankfurt am Main/New York, S. 223-243.

Brand, U.; Schmalz, S. (2016): Ungleichzeitige Wachstumsdynamiken in Nord und Süd. Imperiale Lebensweise und sozial-ökologische Widersprüche, in: AK Postwachstum (Hrsg.): Wachstum—Krise und Kritik. Die Grenzen der kapitalistischindustriellen Lebensweise, Frankfurt am Main/New York, S. 91-111.

Brand, U.; Wissen, M. (2011): Die Regulation der ökologischen Krise. Theorie und Empirie der Transformation gesellschaftlicher Naturverhältnisse, in: Österreichische Zeitschrift für Soziologie, 36(2), S. 12-34.

Brand, U.; Wissen, M. (2013): Strategien einer Green Economy, Konturen eines grünen Kapitalismus. Zeitdiagnostische und forschungsprogrammatische Überlegungen, in: Atzmüller, R., et al. (Hrsg.): Fit für die Krise? Perspektiven der Regulationstheorie, Münster, S. 132-148.

Brand, U.; Wissen, M. (2014): Ökologische Modernisierung zu Beginn des 21.

Jahrhunderts—Green Economy und Konturen eines grünen Kapitalismus, in: Bemmann, M.; Metzger, B.; von Detten, R. (Hrsg.): Ökologische Modernisierung. Zur Geschichte und Gegenwart eines Konzepts in Umweltpolitik und Sozialwissenschaften, Frankfurt am Main/New York, S. 135-159.

Brand, U.; Wissen, M. (2017): Social-ecological transformation, in: Richardson, D., et al. (eds.): The International Encyclopedia of Geography, Hoboken (New Jersey).

Brangsch, L. (2015): Entwicklung, Revolution, Reform und Transformaiton, in: Brie, M. (Hrsg.): Lasst uns über Alternativen reden. Beiträge zur kritischen Transformationsforschung 3, Hamburg, S. 130-147.

Braune, G. (2014). Ölsand in Kanada. Segen oder Fluch, in: Der Tagesspiegel, 14.09.2014 〔http://www.tagesspiegel.de; 31.12.2016〕.

Brenssell, A. (2013): Hat das Menschenbild des Homo oeconomicus Implikationen für Psychologie und Psychotherapie?, in: Zeitschrift für Transaktionsanalyse, 2/2013, S. 201-215.

Brenssell, A. (2015): Armut und Reichtum. Der Care Faktor, in: Bareis, E.; Wagner, T. (Hrsg.): Politik mit der Armut. Europäische Sozialpolitik und Wohlfahrtsproduktion "von unten", Münster, S. 114-126.

Brie, M. (Hrsg.) (2014): Futuring. Perspektiven der Transformation im Kapitalismus über ihn hinaus, Münster.

Brie, M. (2015): Polanyi neu entdecken. Das hellblaue Bändchen zu einem möglichen Dialog von Nancy Fraser und Karl Polanyi, Hamburg.

Brie, M.; Candeias, M. (2016): Rückkehr der Hoffnung. Für eine offensive Doppelstrategie, in: LuXemburg, November 2016 〔http://www.zeitschrift-luxemburg.de; 10.12.2016〕.

Brie, M.; Hildebrandt, C. (2015): Solidarische Mitte-Unten-Bündnisse. Anforderungen an linke Politik, in: LuXemburg 2/2015, S. 100-107.

Bröckling, U.; Krasmann, S.; Lemke, T. (Hrsg.) (2000): Gouvernementalität der Gegenwart. Studien zur Ökonomisierung des Sozialen, Frankfurt am Main.

Buckel, S. (2008): Zwischen Schutz und Maskerade—Kritik(en) des Rechts, in:

Demirovic, A. (Hrsg.): Kritik und Materialität, Münster, S. 110-131.

Buckel, S.; Fischer-Lescano, A. (Hrsg.) (2007): Hegemonie gepanzert mit Zwang. Zivilgesellschaft und Politik im Staatsverständnis Antonio Gramscis, Baden-Baden.

Burchardt, H.-J.; Peters, S. (2015): Anregungen für eine Staatsforschung in globaler Perspektive. Zur Renaissance der Entwicklungsstaaten, in: Burchardt, H.-J.; Peters, S. (Hrsg.): Der Staat in globaler Perspektive, Frankfurt am Main/New York, S. 243-266.

Busse, C.; Fromm, T.; Willmroth, J. (2016): Ans rettende Ufer, in: Süddeutsche Zeitung 11./12.06.2016.

Bussolo, M.; Aliszewska, M.; Murard, E. (2014): The Long-Awaited Rise of the Middle Class in Latin America Is Finally Happening. Policy Research Working Paper 6912, Washington 〔http://documents.worldbank.org; 27.01.2017〕.

Butterwegge, C. (2016): Stolz auf den "Wirtschaftsstandort D". Bei der AfD gehen Neoliberalismus und Rechtspopulismus eine Synthese ein. Auch deshalb ist die Partei so erfolgreich, in: taz, 01.08.2016 〔http://www.taz.de; 31.12.2016〕.

Candeias, M. (2004): Neoliberalismus—Hochtechnologie—Hegemonie. Grundrisse einer transnationalen kapitalistischen Produktions- und Lebensweise. Eine Kritik, Hamburg.

Candeias, M. (2012): Zu viel und zu wenig. Ein Moment organischer Krise, in: LuXemburg, 4/2012, S. 14-17.

Canzler, W. (2014): Nachhaltige Mobilität, in: Jahrbuch Nachhaltige Ökonomie 2014/15, S. 339-358.

Carson, R. (2007 〔1963〕): Der stumme Frühling, München.

Chakrabarty, D. (2010): Europa als Provinz. Perspektiven postkolonialer Geschichtsschreibung, Frankfurt am Main/New York.

Cox, R. W. (1987): Production, Power, and World Order. Social Forces in the Making of History, New York.

Crome, E. (2013): Deutschland in Europa. Eine neue Hegemonie, in: Crome, E.; Krämer, R. (Hrsg.): Hegemonie und Multipolarität. Weltordnungen im 21.

Jahrhundert, Potsdam, S. 165-205.

Crutzen, P. J. (2002): Geology of mankind, in: Nature, No. 415, S. 23.

D'Alisa, G.; Demaria, F.; Kallis, G. (Hrsg.) (2016): Degrowth. Handbuch für eine neue Ära, München.

Daniljuk, M. (2015): America's T-Strategy. Die US-Hegemonie und die Korrektur der US Außen- und Energiepolitik, in: PROKLA, 45(4), S. 529-544.

Dannoritzer, C. (2015): Giftige Geschäfte mit alten Geräten, in: Le Monde diplomatique; Kolleg Postwachstumsgesellschaften (Hrsg.): Weniger ist mehr. Atlas der Globalisierung, Berlin, S. 86-89.

Dellheim, J.; Brangsch, L.; Spangenberg, J.; Wolf, F. O. (2012): Den Krisen entkommen. Sozial-ökologische Transformation. Reihe Manuskripte Nr. 99, Berlin.

Degrowth in Bewegung(en) (2016): Essays zu 32 sozialen Bewegungen [http://www.degrowth.de; 05.12.2016].

Demirović, A. (1997): Demokratie und Herrschaft. Aspekte kritischer Gesellschaftstheorie, Münster.

Demirović, A. (2012): Marx Grün. Die gesellschaftlichen Naturverhältnisse demokratisieren, in: LuXemburg, 3/2012, S. 60-70.

Demirović, A. (2016): Demokratie—zwischen autoritären Tendenzen und gesellschaftlicher Transformation. Zur Kritik der politischen Demokratie, in: Demirović, A. (Hrsg.): Transformation der Demokratie—demokratische Transformation, Münster, S. 278-302.

Dempsey, J.; Robertson, M. M. (2012): Ecosystem services: Tensions, impurities, and points of engagement within neoliberalism, in: Progress in Human Geography, 36(6), S. 758-779.

Dennis, K.; Urry, J. (2009): After the car, Cambridge/Malden, MA.

Deutscher Bundestag (Hrsg.) (2013): Schlussbericht der Enquete-Kommission Wachstum, Wohlstand, Lebensqualität, Drucksache 13/300, Berlin, Deutscher Bundestag.

Diamond, J. (2005): Kollaps. Warum Gesellschaften überleben oder untergehen,

Frankfurt am Main.

Dietz, K. (2011): Der Klimawandel als Demokratiefrage. Sozial-ökologische und politische Dimensionen von Vulnerabilität in Nicaragua und Tansania, Münster.

Dietz, K.; Brunnengräber, A. (2008): Das Klima in den Nord-Süd-Beziehungen, in: Peripherie, 28(112), S. 400-428.

Dietz, K.; Engels, B.; Pye, O.; Brunnengräber, A. (Hrsg.) (2015): The Political Ecology of Agrofuels, London/New York.

Diezinger, A. (2008): Alltägliche Lebensführung. Die Eigenlogik alltäglichen Handelns, in: Becker, R.; Kortendiek, B. (Hrsg.): Handbuch Frauen- und Geschlechterforschung, Wiesbaden, S. 221-226.

di Muzio, Tim (2015): Carbon Capitalism. Energy, Social Reproduction and World Order, London.

Donghi, T. H. (1991): Geschichte Lateinamerikas von der Unabhängigkeit bis zur Gegenwart, Frankfurt am Main.

Dörre, K. (2013): Landnahme. Triebkräfte, Wirkungen und Grenzen kapitalistischer Wachstumsdynamik, in: Backhouse, M., et al. (Hrsg.): Die globale Einhegung—Krise, ursprüngliche Akkumulation und Landnahmen im Kapitalismus, Münster, S. 112-140.

Dörre, K.; Holst, H.; Matuschek, I. (2013): Zwischen Firmenbewusstsein und Wachstumskritik. Subjektive Grenzen kapitalistischer Landnahmen, in: Dörre, K.; Happ, A.; Matuschek, I. (Hrsg.): Das Gesellschaftsbild der LohnarbeiterInnen. Soziologische Untersuchungen in ost- und westdeutschen Industriebetrieben, Hamburg, S. 198-262.

Driessen, P. P. J., et al. (2013): Societal transformations in the face of climate change. Research priorities for the next decade. Paper prepared for the Joint Programming Initiative Connecting Climate Change Knowledge for Europe (JPI Climate).

Dudenhöffer, F. (2013): Unter falschem Etikett. Die Autobauer wollen einen CO_2-Bonus für E-Autos, um mehr Geländewagen zu verkaufen, in: Zeit Online, 07.02.2013 〔http://www.zeit.de/; 27.01.2017〕.

Dück, J.; Fried, B. (2015): Caring for Strategy. Transformation aus Kämpfen um soziale Reproduktion entwickeln, in: LuXemburg, 2/2015, S. 84-93.

Dunlap, R. E.; Catton, W. R. (1994): Toward an Ecological Sociology. The Development, Current Status, and Probable Future of Environmental Sociology, in: D'Antonio, W.; Sasaki, M.; Yonebayashi, Y. (eds.): Ecology, Society and the Quality of Life, New Brunswick/London, S. 11-25.

Ecologic (2016): The Paris Agreement: Analysis, Assessment and Outlook. Berlin 〔http://ecologic.eu; 08.12.2016〕.

El-Chichakli, B. (2016): Five cornerstones of a global bioeconomy, in: Nature, No. 535, S. 221.

Emunds, B.; Merkle, I. (Hrsg.) (2016): Umweltgerechtigkeit. Von den sozialen Herausforderungen der großen ökologischen Transformation, Marburg.

Esser, J.; Görg, C.; Hirsch, J. (Hrsg.) (1994). Politik, Institutionen und Staat. Zur Kritik der Regulationstheorie, Hamburg.

Eversberg, D. (2014): Die Erzeugung kapitalistischer Realitätsprobleme: Wachstumsregimes und ihre subjektiven Grenzen, in: WSI Mitteilungen, 67(7), S. 528-535.

Exner, A.; Held, M.; Kümmerer, K. (2016): Einführung. Kritische Metalle in der Großen Transformation, in: Exner, A.; Held, M.; Kümmerer, K. (Hrsg.): Kritische Metalle in der Großen Transformation, Berlin/Heidelberg, S. 1-16.

Faibairn, M. (2014): "Like gold with yield": evolving intersections between farmland and finance, in: The Journal of Peasant Studies, 41(5), S. 777-795.

Fairhead, J.; Leach, M.; Scoones, I. (2012): Green Grabbing: a new appropriation of nature?, in: The Journal of Peasant Studies, 39(2), S. 237-261.

Fatheuer, T. (2013): Neue Ökonomie der Natur. Eine kritische Einführung. Heinrich Böll Stiftung. Schriften zur Ökologie, Band 35, Berlin 〔https://www.boell.de; 08.12.2016〕.

Fatheuer, T.; Fuhr, L.; Unmüßig, B. (2015): Kritik der grünen Ökonomie, München.

FDCL; RLS (Hrsg.) (2012): Der Neue Extraktivismus. Eine Debatte über die Grenzen des Rohstoffmodells in Lateinamerika, Berlin, Forschungs- und Dokumentationszentrum Chile-Lateinamerika und Rosa Luxemburg Stifung.

Federici, S. (2012): Aufstand aus der Küche. Reproduktionsarbeit im neoliberalen Kapitalismus und die unvollendete feministische Revolution, Berlin.

Fischer-Kowalski, M. (2011): Analyzing sustainability transitions as a shift between socio-metabolic regimes, in: Environmental Innovation and Societal Transitions, 1(1), S. 152-159.

Fischer-Kowalski, M., et al. (1997): Gesellschaftlicher Stoffwechsel und Kolonisierung von Natur. Ein Versuch in sozialer Ökologie, Wien.

Fischer-Lescano, A.; Möller, K. (2012): Der Kampf um globale soziale Rechte. Zart wäre das Gröbste, Berlin.

Foucault, M. (1992): Was ist Kritik?, Berlin.

Foucault, M. (2006 [1977/78]): Sicherheit, Territorium, Bevölkerung. Geschichte der Gouvernementalität I. Vorlesung am Collège de France 1977-1978, Frankfurt am Main.

Frank, A. G. (1969): Kapitalismus und Unterentwicklung in Lateinamerika, Frankfurt am Main.

Frey, A. (2016): Auf der Flucht vor dem Klima?, in: Frankfurter Allgemeine Zeitung, 22.2.2016 [http://www.faz.net; 08.12.2016].

Fröbel, F.; Heinrichs, J.; Kreye, O. (1977): Die neue internationale Arbeitsteilung. Strukturelle Arbeitslosigkeit in den Industrieländern und die Industrialisierung der Entwicklungsländer, Reinbek.

Fuchs, D. (2015): Das "Epizentrum weltweiter Arbeiterunruhe"? Klassenzusammensetzung und Arbeitskämpfe in China seit den 1980er Jahren, in: Peripherie, 35(138/139), S. 303-326.

Fücks, R. (2013): Intelligent wachsen. Die grüne Revolution, München.

Gago, V. (2015): Financialization of Popular Life and the Extractive Operations of Capital: A Perspective from Argentina, in: South Atlantic Quaterly, 114(1), S. 11-28.

Galeano, E. (1973): Die offenen Adern Lateinamerikas. Die Geschichte eines Kontinents, Wuppertal.

Gerstenberger, H. (2006): Die subjektlose Gewalt. Theorie der Entstehung bürgerlicher Staatsgewalt, Münster.

GH—Gramsci, A. (1991 ff.): Gefängnishefte, hrsg. von Bochmann, K.; Haug, W. -F., Hamburg/Berlin.

Gómez-Baggethun, E.; Ruiz-Pérez, M. (2011): Economic valuation and the commodification of ecosystem services, in: Progress in Physical Geography, 35(5), S. 613-628.

Görg, C.; Brand, U. (2002): Mythen globalen Umweltmanagements, Münster.

Görg, C. (2003): Regulation der Naturverhältnisse. Zu einer kritischen Theorie der ökologischen Krise, Münster.

Görg, C. (2004): Inwertsetzung, in: Haug, W.-F. (Hrsg.): Historisch-Kritisches Wörterbuch des Marxismus, Band 6/II, Hamburg, Sp. 1501-1506.

Görg, C. (2015): Anthropozän, in: Bauriedl, S. (Hrsg.): Wörterbuch Klimadebatte, Bielefeld, S. 29-36.

Görg, C. (2015): Planetarische Grenzen, in: Bauriedl, S. (Hrsg.): Wörterbuch Klimadebatte, Bielefeld, S. 239-244.

Gorz, A. (2009): Auswege aus dem Kapitalismus. Beiträge zur politischen Ökologie, Zürich.

Gottschlich, D. (2012): Nachhaltiges Wirtschaften: Zum Verhältnis von Care und Green Economy 〔http://genanet.de; 15.02.2012〕.

Gottschlich, D.; Hackfort, S. (2016): Zur Demokratisierung gesellschaftlicher Naturverhältnisse. Warum Perspektiven der politischen Ökologie dafür unverzichtbar sind, in: Politische Vierteljahresschrift, 57(2), S. 300-322.

Graefe, S. (2016): Grenzen des Wachstums? Resiliente Subjektivität im Krisenkapitalismus, in: Psychosozial, 39(1), S. 39-50.

GRAIN (2008): Seized: The 2008 landgrab for food and financial security, Barcelona 〔http://www.grain.org; 08.12.2016〕.

Grefe, C. (2016): Bioökonomie. Wie eine grüne Idee gekapert wird, in: Blätter für deutsche und internationale Politik, 8/2016, S. 97-108.

Grunwald, A. (2012): Ende einer Illusion. Warum ökologisch korrekter Konsum die Welt nicht retten kann, München.

Haas, T. (2016): Die Energiewende unter dem Druck (skalarer) Kräfteverschiebungen. Eine Analyse des EEG 2.0, in: PROKLA, 46(3), S. 365-381.

Haas, T.; Sander, H. (2013): "Grüne Basis". Grüne Kapitalfraktionen in Europa—eine empirische Untersuchung. Studien der Rosa-Luxemburg-Stiftung. Berlin 〔https://www.rosalux.de; 12.12.2016〕.

Haberl, H., et al. (2011): A Socio-metabolic Transition towards Sustainability? Challenges for Another Great Transformation, in: Sustainable Development, 19(1), S. 1-14.

Habermann, F. (2008): Der homo oeconomicus und das Andere, Baden-Baden.

Häntzschel, J. (2016): Das Auto als Freiheitsmaschine hat keine Zukunft, in: Süddeutsche Zeitung, 16.08.2016 〔http://www.sueddeutsche.de; 31.12.2016〕.

Hajek, K.; Opratko, B. (2016): Crisis Management by Subjectivation: Towards a Feminist Neo-Gramscian Framework for the Analysis of Europe's Multiple Crisis, in: Globalizations, 13(2), S. 217-231.

Hall, S. (2012): Ideologie, Kultur, Rassismus. Ausgewählte Schriften 1, Hamburg.

Hardt, M.; Negri, A. (2002): Empire. Die neue Weltordnung, Frankfurt am Main.

Hartmann, K. (2015): Aus kontrolliertem Raubbau. Wie Politik und Wirtschaft das Klima anheizen, Natur vernichten und Armut produzieren, München.

Harvey, D. (1999 〔1982〕): The Limits to Capital, London.

Harvey, D. (2005): Der neue Imperialismus, Hamburg.

Harvey, N. (2005): Who needs Zapatismo? State interventions and local responses in Marqués de Comillas, Chiapas, in: Journal of Peasant Studies, 32(3-4), S. 629-650.

Hauff, V. (1987): Unsere gemeinsame Zukunft. Der Brundtland-Bericht der Weltkommission für Umwelt und Entwicklung, Greven.

Haug, F. (2011): Die Vier-in-einem-Perspektive. Eine Politik von Frauen für eine neue Linke, Hamburg.

Haug, W.-F. (2001): Fragen einer Kritik des Biokapitalismus, in: Das Argument, 43(4/5), S. 449-465.

Hermann, C. (2015): Capitalism and the Political Economy of Work Time, London/

New York.
Heuwieser, M. (2015): Grüner Kolonialismus in Honduras. Land Grabbing im Namen des Klimaschutzes und die Verteidigung der Commons, Wien.
Heuwieser, M. (2016): Geld wächst nicht auf den Bäumen—oder doch? Warum die Natur und deren "Leistungen" zu Waren gemacht werden, Berlin.
Hirsch, F. (1980): Die sozialen Grenzen des Wachstums. Eine ökonomische Analyse der Wachstumskrise, Reinbek.
Hirsch, J. (1990): Kapitalismus ohne Alternative? Materialistische Gesellschaftstheorie und Möglichkeiten einer sozialistischen Politik heute, Hamburg.
Hobsbawm, E. J. (1987): The age of Empire 1875-1914, London.
Hoering, U. (2011): Die Wiederentdeckung des ländlichen Raumes als Beitrag zur kapitalistischen Krisenlösung, in: Demirović, A.; Dück, J.; Becker, F.; Bader, P. (Hrsg.): VielfachKrise. Im finanzmarktdominierten Kapitalismus, Hamburg, S. 111-128.
Hoffer, F. (2016): Die Ausweitung des Zwischenraums, in: Brand, U.; Schwenken, H.; Wullweber, J. (Hrsg.): Globalisierung analysieren, kritisieren und verändern. Das Projekt Kritische Wissenschaft, Hamburg, S. 23-35.
Holloway, J.; Peláez, E. (1998): Zapatista! Reinventing Revolution in Mexico, London.
Hornborg, A. (2010): Uneven Development as a Result of the Unequal Exchange of Time and Space: Some Conceptual Issues, in: Journal für Entwicklungspolitik, 26(4), S. 36-56.
Hoss, W. (2004): Komm ins Offene, Freund. Autobiographie, Münster.
Huan Q. (2008): Growth Economy and Its Ecological Impacts upon China: A Redgreen Perspective, in: International Journal of Inclusive Democracy, 4(4) 〔http://www.inclusivedemocracy.org; 08.12.2016〕.
Huan, Q. (2016): Socialist Eco-civilization and Social-Ecological Transformation, in: Capitalism Nature Socialism, 27(2), S. 51-66.
Huber, J. (2011): Ökologische Modernisierung und Umweltinnovation, in: Groß, M. (Hrsg.): Handbuch Umweltsoziologie, Wiesbaden, S. 279-302.

Huber, M. (2013): Fueling Capitalism: Oil, the Regulation Approach, and the Ecology of Capital, in: Economic Geography, 89(2), S. 171-194.

Hung, H.-F. (Hrsg.) (2009): China and the Transformation of Global Capitalism. Baltimore.

IATA (2014): Annual Review 2014, Montreal, International Air Transport Association 〔http://www.iata.org; 14.06.2016〕.

IATA (2016): Annual Review 2016, Montreal, International Air Transport Association 〔http://www.iata.org; 14.06.2016〕.

IEA (2014): IEA Statistics. CO_2 Emissions from Fuel Combustion. Highlights, Paris, International Energy Agency. 〔https://www.iea.org; 30.03.2015〕.

IEA (2015a): Energy and Climate Change. World Energy Outlook Special Report, Paris, International Energy Agency 〔http://www.iea.org; 19.09.2016〕.

IEA (2015b): World Energy Outlook 2015, Paris, International Energy Agency 〔http://www.iea.org; 22.07.2016〕.

IG Metall/Deutscher Naturschutzring (1992): Auto, Umwelt, Verkehr. Umsteuern, bevor es zu spät ist. Verkehrspolitische Konferenz der IG Metall und des Deutschen Naturschutzrings, Köln

Illich, I. (1974): Die sogenannte Energiekrise oder Die Lähmung der Gesellschaft. Das sozial kritische Quantum der Energie, Reinbek.

ILO (2013): World of Work Report 2013. Repairing the economic and social fabric, Genf 〔http://www.ilo.org; 08.12.2016〕.

ITF (2015): ITF Transport Outlook 2015, Paris, OECD, International Transport Forum 〔http://www.oecd-ilibrary.org; 15.06.2016〕.

Jaeger, C. C., et al. (2011): A New Growth Path for Europe. Generating Prosperity and Jobs in the Low-Carbon Economy. Synthesis Report. A study commissioned by the German Federal Ministry for the Environment, Nature Conservation and Nuclear Safety, Potsdam, European Climate Forum 〔http://www.european-climate-forum.net; 08.12.2016〕.

Jänicke, M. (2011): "Green Growth". Vom Wachstum der Öko-Industrie zum nachhaltigen Wirtschaften. FFU-Report 06-2011, Berlin, Freie Universität

Berlin. Forschungszentrum für Umweltpolitik.
Jahn, T.; Wehling, P. (1998): Gesellschaftliche Naturverhältnisse. Konturen eines theoretischen Konzepts, in: Brand, K.-W. (Hrsg.): Soziologie und Natur. Theoretische Perspektiven, Opladen, S. 75-93.
Jessop, B. (2001): Die Globalisierung des Kapitals und die Zukunft des Nationalstaates. Ein Beitrag zur Kritik der globalen politischen Ökonomie, in: Hirsch, J.; Jessop, B.; Poulantzas, N. (Hrsg.): Die Zukunft des Staates, Hamburg, S. 139-170.
Jonas, M.; Littig, B. (2015): Sustainable Practices, in: Wright, J. D. (ed.): International Encyclopedia of the Social & Behavioral Sciences, Oxford, S. 834-838.
Jonas, M. (2017): Transition or transformation? A plea for the praxeological approach of radical socio-ecological change, in: Jonas, M.; Littig, B. (eds.): Praxeological Political Analysis. London, S. 116-133.
Jonas, M.; Littig, B. (eds.) (2017): Praxeological Political Analysis, London.
Kadritzke, U. (2016a): Zur Mitte drängt sich alles. Historische Klassenstudien im Lichte der Gegenwart (Teil 1), in: PROKLA, 46(3), S. 477-496.
Kadritzke, U. (2016b): Zur Mitte drängt sich alles. Historische Klassenstudien im Lichte der Gegenwart (Teil 2), in: PROKLA, 46(4), S. 639-659.
Kaltmeier, O. (2011): Hacienda, Staat und indigene Gemeinschaft. Kolonialität und politisch-kulturelle Grenzverschiebungen von der Unabhängigkeit bis in die Gegenwart, in: Wehr, I.; Burchardt, H.-J. (Hrsg.): Soziale Ungleichheiten in Lateinamerika. Neue Perspektiven auf Wirtschaft, Politik und Umwelt, Baden Baden, S. 29-44.
Kaplan, R. D. (1994): The coming anarchy, in: The Atlantic Monthly, 273(2), S. 44-77.
Karathanassis, A. (2015): Kapitalistische Naturverhältnisse. Ursachen von Naturzerstörungen, Begründungen einer Postwachstumsökonomie, Hamburg.
Kaufmann, S. (2011): Globale Ökonomie des Autos. Krisen und Strategien, in: Candeias, M., et al. (Hrsg.): Globale Ökonomie des Autos. Mobilität, Arbeit, Konversion, Hamburg, S. 14-122.
Kelly, A. B. (2011): Conservation practice as primitive accumulation, in: The

Journal of Peasant Studies, 38(4), S. 683-701.

Kerkow, U.; Martens, J.; Müller, A. (2012): Vom Erz zum Auto. Abbaubedingungen und Lieferketten im Rohstoffsektor und die Verantwortung der deutschen Automobilindustrie, Aachen; Bonn; Stuttgart, Misereor; Brot für die Welt; Global Policy Forum Europe 〔https://www.misereor.de; 08.12.2016〕.

Kharas, H. (2010): The Emerging Middle Class in Developing Countries. OECD Development Centre, Working Paper No. 285, Paris 〔https://www.oecd.org; 08.12.2016〕.

Kill, J. (2014): Economic Valuation of Nature. The Price to Pay for Conservation? Brussels, Rosa-Luxemburg-Stiftung 〔https://www.rosalux.de; 08.12.2016〕.

Klautke, R.; Oehrlein, B. (Hrsg.) (2008): Globale soziale Rechte. Zur emanzipatorischen Aneignung universaler Menschenrechte, Hamburg.

Klein, D. (2013): Das Morgen tanzt im Heute. Transformation im Kapitalismus und darüber hinaus, Hamburg.

Klein, D. (2016): Gespaltene Machteliten. Verlorene Transformationsfähigkeit oder Renaissance eines New Deal?, Hamburg.

Kleinhückelkotten, S.; Neitzke, H.-P.; Moser, S. (2016): Repräsentative Erhebung von Pro-Kopf-Verbräuchen natürlicher Ressourcen in Deutschland (nach Bevölkerungsgruppen). Texte 39/2016, Dessau-Roßlau, Umweltbundesamt 〔https://www.umweltbundesamt.de; 12.10.2016〕.

Kloppenburg, J. R. (1988): First the Seed. The Political Economy of Plant Biotechnology, 1492-2000, Cambridge.

Knoflacher, H. (2014): Das Auto im Kopf. Fetisch motorisierter Individualverkehr, in: Politische Ökologie, 32(137), S. 25-31.

Komlosy, A. (2010): Arbeitsverhältnisse. Weltumspannende Kombination und ungleiche Entwicklung, in: Sieder, R.; Langthaler, E. (Hrsg.): Globalgeschichte 1800-2010, Wien, S. 261-283.

Kramer, D. (2016): Konsumwelten des Alltags und die Krise der Wachstumsgesellschaft, Marburg.

Krausmann, F.; Fischer-Kowalski, M. (2010): Gesellschaftliche Naturverhältnisse.

Globale Transformationen der Energie- und Materialflüsse, in: Sieder, R.; Langthaler, E. (Hrsg.): Globalgeschichte 1800-2010, Wien, S. 39-66.

Kronauer, M. (2014): Autonomie in der Krise, in: PROKLA, 44(3), S. 431-443.

Krull, S. (2015): Mit Volks- und Betriebsgemeinschaft in die Barbarei?, in: SoZ—Sozialistische Zeitung, Nr. 11/2015 〔http://www.sozonline.de; 27.01.2017〕.

Kurtenbach, S.; Wehr, I. (2014): Verwobene Moderne und Einhegung von Gewalt, in: Müller, F., et al. (Hrsg.): Entwicklungstheorien. Weltgesellschaftliche Transformationen, entwicklungspolitische Herausforderungen, theoretische Innovationen. Politische Vierteljahresschrift, Sonderheft 48, Wiesbaden, S. 95-127.

Lander, E. (2016): The implosion of the Venezuela's rentier state. Transnational Institute, New Politics Papers, 1, Amsterdam 〔https://www.tni.org; 07.12.2016〕.

Lang, M. (2005): Mehr, als wir vor dem Aufstand hatten. Zapatistische Autonomie, indigene Identität und Neoliberalismus in Chiapas, in: Gabbert, K., et al. (Hrsg.): Neue Optionen Lateinamerikanischer Politik. Jahrbuch Lateinamerika, Analysen und Berichte, Nr. 29, Münster, S. 111-131.

Lang, M. (2015): México: Desde abajo todo, desde arriba nada. La autonomía zapatista en Chiapas y la Otra Campaña, in: Lang, M.; Cevallos, B.; López, C. (Hrsg.): Cómo transformar? Instituciones y cambio social en América Latina y Europa, Quito, S. 219-276.

Lessenich, S. (2014): Ab in die Produktion oder Der diskrete Charme der Ökonomie, in: WSI Mitteilungen, 67(7), S. 566-567.

Lessenich, S. (2016): Neben uns die Sintflut. Die Externalisierungsgesellschaft und ihr Preis, Berlin.

Littig, B. (2013): Green Economy, Green Jobs—und Frauen? Geschlechterpolitische Überlegungen zum aktuellen Nachhaltigkeitsdiskurs, in: Appelt, E.; Aulenbacher, B.; Wetterer, A. (Hrsg.): Gesellschaft—Feministische Krisendiagnosen, Münster, S. 60-79.

Littig, B.; Spitzer, M. (2011): Arbeit neu. Erweiterte Arbeitskonzepte im Vergleich. Literaturstudie zum Stand der Debatte um erweiterte Arbeitskonzepte. Arbeitspapier 229 der Hans-Böckler-Stiftung, Düsseldorf 〔http://www.boeckler.de;

17.06.2013].

Lorey, I. (2012): Die Regierung der Prekären, Wien/Berlin.

Lövbrand, E., et al. (2015): Who speaks for the future of Earth? How critical social science can extend the conversation on the Anthropocene, in: Global Environmental Change, Vol. 32, S. 211-218.

Ludwig, G. (2011): Geschlecht regieren. Zum Verhältnis von Staat, Subjekt und heteronormativer Hegemonie, Frankfurt am Main/New York.

Ludwig, G. (2012): Hegemonie, Diskurs, Geschlecht. Gesellschaftstheorie als Subjekttheorie, Subjekttheorie als Gesellschaftstheorie, in: Dzudzek, I.; Kunze, C.; Wullweber, J. (Hrsg.): Diskurs und Hegemonie. Gesellschaftstheoretische Perspektiven, Bielefeld, S. 105-126.

Lüthje, B.; McNally, C. A. (2015): China's Hidden Obstacles to Socioeconomic Rebalancing, in: AsiaPacific, 120, S. 1-8.

Lucke, A. von (2016): Trump und die Folgen: Demokratie am Scheideweg, in: Blätter für deutsche und internationale Politik, 12/2016, S. 5-9.

Luks, F. (2016): Kein Öko ohne AfD, in: die tageszeitung, 28.10.2016.

Lutz, B. (1989): Der kurze Traum immerwährender Prosperität. Eine Neuinterpretation der industriell-kapitalistischen Entwicklung im Europa des 20. Jahrhunderts, Frankfurt am Main.

Luxemburg, R. (1970 [1913]): Die Akkumulation des Kapitals. Ein Beitrag zur ökonomischen Erklärung des Imperialismus, Frankfurt am Main.

Marcello, D. (1980): Das Produkt Auto, in: Wechselwirkung, 2. Jg., S. 52-53.

Martens, J.; Obenland, W. (2016): Die 2030-Agenda. Globale Zukunftsziele für nachhaltige Entwicklung, Bonn/Osnabrück.

Martínez Alier, J.; Pascual, U.; Vivien, F.-D.; Zaccai, E. (2010): Sustainable degrowth, in: Ecological Economics, 69(9), S. 1741-1747.

Mason, P. (2016): Postkapitalismus. Grundrisse einer kommenden Ökonomie, Berlin.

McAfee, K. (2012): The Contradictory Logic of Global Ecosystem Services Markets, in: Development and Change, 43(1), S. 105-131.

Massarrat, M. (2006): Kapitalismus—Machtungleichgewicht—Nachhaltigkeit. Pers-

pektiven Revolutionärer Reformen, Hamburg.
McMichael, P. (2008): Agro-fuels, food security, and the metabolic rift, in: Kurswechsel, Zeitschrift für gesellschafts-, wirtschafts- und umweltpolitische Alternativen, 23(3), S. 14-22.
McMichael, P. (2009): The World Food Crisis in Historical Perspective, in: Monthly Review, 61(3) 〔http://monthlyreview.org/; 07.12.2016〕.
McMichael, P. (2012): The land grab and corporate food regime restructuring, in: Journal of Peasant Studies, 39(3-4), S. 681-701.
Meiksins Wood, E. (2015): Der Ursprung des Kapitalismus. Eine Spurensuche, Hamburg.
Menz, W.; Nies, S. (2016): Gerechtigkeit und Rationalität—Motive interessenpolitischer Aktivierung, in: WSI Mitteilungen, 69(7), S. 530-539.
MEW—Karl Marx, Friedrich Engels, Werke, Berlin.
Mezzadra, S. (2012): Wie viele Geschichten der Arbeit? Für eine postkoloniale Theorie des Kapitalismus 〔http://transversal.at; 07.12.2016〕.
Ming, S. (2015): Chinas neue Mittelschichten, in: Le Monde diplomatique; Kolleg Postwachstumsgesellschaften (Hrsg.): Weniger ist mehr. Atlas der Globalisierung, Berlin, S. 32-35.
Mitchell, T. (2011): Carbon Democracy. Political Power in the Age of Oil, London/New York.
Möller, K. (2016): Der Name der Zeit, in: LuXemburg 2/2016, S. 130-131.
Moreno, C. (2013): Las ropas verdes del rey. La economía verde: una nueva fuente de acumulación primitiva, in: Grupo Permanente de Trabajo sobre Alternativas al Desarrollo (Hrsg.): Alternativas al Capitalismo del Siglo XXI, Quito, S. 63-98.
Moreno, C.; Speich Chassé, D.; Fuhr, L. (2015): Carbon Metrics. Global abstractions and ecological epistemicid. Heinrich Böll Foundation, Publication Series Ecology Vol. 42. Berlin, Heinrich Böll Foundation 〔https://www.boell.de: 08.12.2016〕.
Moscovici, S. (1990): Versuch über die menschliche Geschichte der Natur, Frankfurt am Main.
Muraca, B. (2014): Gut leben. Eine Gesellschaft jenseits des Wachstums, Berlin.

Nalau, J.; Handmer, J. (2015): When is transformation a viable policy alternative?, in: Environmental Science & Policy, 54, S. 349-356.

Nanz, P.; Leggewie, C. (2016): Die Konsultative. Mehr Demokratie durch Bürgerbeteiligung, Berlin.

Narr, W.-D. (1998): Kontur einer kritischen Sozialwissenschaft, in: Görg, C.; Roth, R. (Hrsg.): Kein Staat zu machen. Zur Kritik der Sozialwissenschaften, Münster, S. 272-290.

Natanson, J. (2012): Una política para la nueva clase media, in: Le Monde diplomatique Cono Sur, Nr. 152 〔http://www.eldiplo.org; 27.01.2017〕.

NBS (2016): Operating Status of National Economy in 2015, Peking, National Bureau of Statistics of China.

Neckel, S.; Wagner, G. (Hrsg.) (2013): Leistung und Erschöpfung. Burnout in der Wettbewerbsgesellschaft, Berlin.

New Economics Foundation (2010): The Great Transition, London.

Newell, P.; Paterson, M. (2010): Climate Capitalism. Global Warming and the Transformation of the Global Economy, Cambridge.

Nicoll, N. (2016): Adieu, Wachstum! Das Ende einer Erfolgsgeschichte, Marburg.

Nyéléni Austria (2014): Ernährungssouveränität jetzt!, Wien.

OECD (2011): Towards Green Growth 〔http://www.oecd.org; 11.10.2011〕.

Offe, C. (1973): Strukturprobleme des kapitalistischen Staates. Aufsätze zur politischen Soziologie, Frankfurt am Main.

OICA (2016): Production Statistics 〔http://www.oica.net; 08.12.2016〕.

Osterhammel, J. (2011): Die Verwandlung der Welt. Eine Geschichte des 19. Jahrhunderts, München.

Ott, K. (2016): Zum Wohle des deutschen Autos, in: Süddeutsche Zeitung, 15.06. 2016 〔http://www.sueddeutsche.de; 31.12.2016〕.

Paterson, M. (2007): Automobile Politics. Ecology and Cultural Political Economy, Cambridge MA.

Peluso, N. L.; Lund, C. (2011): New frontiers of land control: Introduction, in: The Journal of Peasant Studies, 38(4), S. 667-681.

Penz, O.; Sauer, B. (2016): Affektives Kapital. Die Ökonomisierung der Gefühle im Alltagsleben, Frankfurt am Main/New York.

Pichler, M. (2014): Umkämpfte Natur. Politische Ökologie der Palmöl- und Agrartreibstoffproduktion in Südostasien, Münster.

Pichler, M.; Staritz, C.; Küblböck, K.; Plank, C.; Raza, W.; Ruiz Peyré, F. (Hrsg.) (2016): Fairness and Justice in Natural Resource Politics, London.

Plank, L.; Plank, C. (2013): Land Grabbing—kritische Perspektive auf die neue Landnahme, in: Bröthaler, J. et al. (Hrsg.): Raumplanung. Jahrbuch des Departments für Raumplanung der TU Wien, Wien, S. 177-194.

Polanyi, K. (1995 [1944]): The Great Transformation. Politische und ökonomische Ursprünge von Gesellschaften und Wirtschaftssystemen, Frankfurt am Main.

Popp, S. (2014): Die neue globale Mittelschicht, in: Aus Politik und Zeitgeschichte, 64(49), S. 30-37.

Porcaro, M.; Candeias, M. (2016): Occupy Machiavelli. Zwischen verbindender und strategischer Partei, in: Luxemburg, 2/2016, S. 8-21.

Poulantzas, N. (2001): Die Internationalisierung der kapitalistischen Verhältnisse und der Nationalstaat, in: Hirsch, J.; Jessop, B.; Poulantzas, N. (Hrsg.): Die Zukunft des Staates, Hamburg, S. 19-69.

Poulantzas, N. (2002 [1978]): Staatstheorie. Politischer Überbau, Ideologie, autoritärer Etatismus, Hamburg.

Pun, N.; Lu, H. (2010): Unfinished Proletarianization: Self, Anger, and Class Action among the Second Generation of Peasant-Workers in Present-Day China, in: Modern China, 36(5), S. 493-519.

Radhuber, I. (2013): Der plurinationale Staat in Bolivien. Die Rolle der Ressourcen- und Budgetpolitik, Münster.

Räthzel, N. (1991): Rebellierende Selbstunterwerfung. Ein Deutungsversuch über den alltäglichen Rassismus, in: links, Nr. 12, S. 24-26.

Renn, O. (2014): Das Risikoparadox. Warum wir uns vor den Falschen fürchten, Frankfurt am Main.

Rilling, R. (2011): Wenn die Hütte brennt …… "Energiewende", green new deal

und grüner Sozialismus, in: Forum Wissenschaft, 28(4), S. 14-18.
Rink, D. (2002): Environmental Policy and the Environmental Movement in East Germany, in: Capitalism Nature Socialism, 13(3), S. 73-91.
Rivera, M. (2015): Wie viel Entpolitisierung vertragen die SDGs? Ein kritischer Blick auf die Entstehung der Agenda 2030. IASS Working Paper. Potsdam, Institute for Advanced Sustainability Studies [http://www.iass-potsdam.de; 08.12.2016].
Rockström, J., et al. (2009): A safe operating space for humanity, in: Nature, Vol. 461, S. 472-475.
Rössel, J.; Otte, G. (Hrsg.) (2011): Lebensstilforschung. Kölner Zeitschrift für Soziologie und Sozialpsychologie, Sonderheft 51, Wiesbaden.
Rucht, D. (1994): Modernisierung und neue soziale Bewegungen. Deutschland, Frankreich und USA im Vergleich, Frankfurt am Main/New York.
Sablowski, T. (2010): Konsumnorm, Konsumweise, in: Haug, W.-F.; Haug, F.; Jehle, P. (Hrsg.): Historisch-Kritisches Wörterbuch des Marxismus, Band 7/II, Hamburg, Sp. 1642-1654.
Sachs, W. (1984): Die Liebe zum Automobil. Ein Rückblick in die Geschichte unserer Wünsche, Reinbek.
Sachs, W. (1997): Sustainable Development. Zur politischen Anatomie eines internationalen Leitbilds, in: Brand, K.-W. (Hrsg.): Nachhaltige Entwicklung. Eine Herausforderung an die Soziologie, Opladen, S. 93-110.
Said, E. (1981): Orientalismus, Hamburg.
Sander, H. (2016): Auf dem Weg zum grünen Kapitalismus? Die Energiewende nach Fukushima, Berlin.
Santarius, T. (2015): Der Rebound-Effekt. Ökonomische, psychische und soziale Herausforderungen der Entkopplung von Energieverbrauch und Wirtschaftswachstum, Marburg.
Sauer, B. (2001): Die Asche des Souveräns. Staat und Demokratie in der Geschlechterdebatte, Frankfurt am Main.
Schaffartzik, A., et al. (2014): The global metabolic transition: Regional patterns and

trends of global material flows, 1950-2010, in: Global Environmental Change, Vol. 26, S. 87-97.
Scheer, H. (2012): Der energethische Imperativ. Wie der vollständige Wechsel zu erneuerbaren Energien zu realisieren ist, München.
Scherrer, C. (2015): Auspolierte Kratzer. Das US-Finanzkapital. Durch mehr Regulierung weiter hegemonial?, in: PROKLA, 45(2), S. 257-276.
Schivelbusch, W. (2015 〔1977〕): Geschichte der Eisenbahnreise. Zur Industrialisierung von Raum und Zeit im 19. Jahrhundert, Frankfurt am Main.
Schmalz, S. (in Druck): Machtverschiebungen im Weltsystem, Frankfurt am Main/New York.
Schmidt, D. (2013): Fordismus. Glanz und Elend eines Produktionsmodells, in: PROKLA, 43(3), S. 401-420.
Schmidt, D.; Sieron, S. (2016): Editorial. Ökonomie der Flucht und der Migration, in: PROKLA, 46(2), S. 172-180.
Schneider, E. (2017): Raus aus dem Euro—rein in die Abhängigkeit? Spielräume und Restriktionen alternativer Wirtschaftspolitik außerhalb der Währungsunion, Hamburg.
Schneidewind, U. (2013): Transformative Literacy. Gesellschaftliche Veränderungsprozesse verstehen und gestalten, in: GAIA, 22(2), S. 82-86.
Schneidewind, U.; Zahrnt, A. (2013): Damit gutes Leben einfacher wird. Perspektiven einer Suffizienzpolitik, München.
Schor, J. B. (2015): Überarbeitet und überschuldet. Die Zukunft von Arbeit, Freizeit und Konsum, in: Luxemburg, 1/2015, S. 60-65.
Schramm, M. (2010): Die Entstehung der Konsumgesellschaft, in: Sieder, R.; Langthaler, E. (Hrsg.): Globalgeschichte 1800-2010, Wien, S. 367-388.
Schriefl, E.; Bruckner, M. (2016): Bedarf an Metallen für eine globale Energiewende bis 2050—Diskussion möglicher Versorgungsgrenzen, in: Exner, A.; Held, M.; Kümmerer, K. (Hrsg.): Kritische Metalle in der Großen Transformation, Berlin; Heidelberg, S. 217-233.
Schüller, K. (1994): Sklavenaufstand, Revolution, Unabhängigkeit: Haiti, der erste

unabhängige Staat Lateinamerikas, in: Zoller, R. (Hrsg.): Amerikaner wider Willen. Beiträge zur Sklaverei in Lateinamerika und ihren Folgen, Frankfurt am Main, S. 125-143.

Schurath, B. (2015): Die große Gier. Von Ressourcengerechtigkeit ist die globale Politik weit entfernt, in: Südlink 173, Dossier Ressourcengerechtigkeit, S. 3-6.

Schwarzer, C. M. (2011): Besser noch ein Jahr weiterfahren, in: Zeit Online, 11.02.2011 〔http://www.zeit.de; 27.01.2017〕.

Schwedes, O. (2014): Vom Homo Civis Mobilis. Mobilität im Wandel der Geschichte, in: Politische Ökologie, 137, S. 18-24.

Sezgin, H. (2015): Tiere nutzen, in: Le Monde diplomatique; Kolleg Postwachstumsgesellschaften (Hrsg.): Weniger ist mehr. Atlas der Globalisierung, Berlin, S. 22-27.

Sieder, R.; Langthaler, E. (2010): Was heißt Globalgeschichte? Einleitung, in: Sieder, R.; Langthaler, E. (Hrsg.): Globalgeschichte 1800-2010, Wien, S. 9-36.

Sommer, B.; Welzer, H. (2014): Transformationsdesign. Wege in eine zukunftsfähige Moderne, München.

Sonderegger, R. (2010): Wie emanzipatorisch ist Habitus-Forschung? Zu Rancières Kritik an Bourdieus Theorie des Habitus, in: LiTheS. Zeitschrift für Literatur- und Theatersoziologie, Nr. 3, S. 18-39 〔http://lithes.uni-graz.at; 08.12.2016〕.

Spash, C. L. (2010): The Brave New World of Carbon Trading, in: New Political Economy, 15(2), S. 169-195.

Speed, S. (2007): Rights in Rebellion: Indigenous Struggle and Human Rights in Chiapas, Palo Alto.

Statistisches Bundesamt (2012): Wirtschaft und Statistik 〔https://www.destatis.de; 08.12.2016〕.

Steckner, A. (2013): Marxistische Parteiendebatte *revisited*. Zur Verortung politischer Parteien in der bürgerlichen Gesellschaft, in: PROKLA 43(2), S. 217-238.

Steckner, A.; Candeias, M. (2014): Geiz ist gar nicht geil. Über Konsumweisen, Klassen und Kritik. Standpunkte 11/2014, Berlin, Rosa-Luxemburg-Stiftung 〔https://www.rosalux.de; 24.08.2016〕.

Steffen, W., et al. (2011): The Anthropocene: From Global Change to Planetary Stewardship, in: Ambio, 40(7), S. 739-761.

Steger, J. (2015): …… werden so viele SUV verkauft?, in: Absatzwirtschaft 〔http://www.absatzwirtschaft.de; 20.12.2016〕.

Stieß, I., et al. (2012): Analyse bestehender Maßnahmen und Entwurf innovativer Strategien zur verbesserten Nutzung von Synergien zwischen Umwelt- und Sozialpolitik, Dessau 〔https://www.umweltbundesamt.de; 08.12.2016〕.

Stremmel, J. (2015): Das wird man ja wohl noch fahren dürfen!, in: Süddeutsche Zeitung, 11.09.2015 〔http://www.sueddeutsche.de; 31.12.2016〕.

Strohschneider, T. (2014): Linke Mehrheit? Über Rot-Rot-Grün, politische Bündnisse und Hegemonie, Hamburg.

Stützle, I. (2003): Staatstheorien oder "BeckenrandschwimmerInnen der Welt vereinigt euch!", in: Grundrisse. Zeitschrift für linke Theorie und Debatte, Nr. 6, S. 27-38 〔http://www.grundrisse.net; 08.12.2016〕.

Svampa, M. (2012): Resource Extractivism and Alternatives: Latin American Perspectives on Development, in: Journal für Entwicklungspolitik, 28(3), S. 43-73.

Tanuro, D. (2013): Green Capitalism: why it can't work, London.

Tauss, A.; Ehs, T. (2016): Das Ende des Kapitalismus denken? Fragmente für eine demokratisch-ökologische Linke im 21. Jahrhundert, in: Tauss, A. (Hrsg.): Sozialökologische Transformationen. Das Ende des Kapitalismus denken, Hamburg, S. 169-182.

Thie, H. (2013): Rotes Grün. Pioniere und Prinzipien einer ökologischen Gesellschaft, Hamburg.

Thompson, E. P. (1980a): Die "moralische Ökonomie" der englischen Unterschichten im 18. Jahrhundert, in: Thompson, E. P.: Plebeische Kultur und moralische Ökonomie. Aufsätze zur englischen Sozialgeschichte des 18. und 19. Jahrhunderts, hrsg. von Groh, D., Frankfurt am Main, S. 66-130.

Thompson, E. P. (1980b): Zeit, Arbeitsdisziplin und Industriekapitalismus, in: Thompson, E. P.: Plebeische Kultur und moralische Ökonomie. Aufsätze zur englischen Sozialgeschichte des 18. und 19. Jahrhunderts, hrsg. von Groh,

D., Frankfurt am Main, S. 34-66.

Thompson, E. P. (1987 〔1963〕): Die Entstehung der englischen Arbeiterklasse. Erster Band, Frankfurt am Main.

Umweltbundesamt (2015): Umweltbewusstsein in Deutschland 2014. Vertiefungsstudie: Umweltbewusstsein und Umweltverhalten junger Menschen, Dessau 〔https://www.umweltbundesamt.de; 08.12.2016〕.

UNDP (2013): Human Development Report: Human Progress and the Rising South, New York, United Nations Development Programme 〔http://hdr.undp.org; 08.12.2016〕.

UNEP (2011): Towards a green economy. Pathways to Sustainable Development and Poverty Eradication, Nairobi, United Nations Environment Programme 〔http://www.unep.org; 09.01.2011〕.

UNEP (2016a): Global material Flows and Resource Productivity. Assessment Report for the UNEP International Resource Panel, Nairobi, United Nations Environment Programme 〔http://unep.org; 06.09.2016〕.

UNEP (2016b): Green is Gold: The Strategy and Actions of China's Ecological Civilization, Geneva, United Nations Environment Programme 〔http://web.unep.org; 08.12.2016〕.

Unfallforschung der Versicherer (2012): Sport Utility Vehicles im Unfallgeschehen, Berlin 〔https://udv.de; 08.12.2016〕.

UN-Generalversammlung (2015): Transformation unserer Welt: die Agenda 2030 für nachhaltige Entwicklung, New York 〔http://www.un.org; 06.09.2016〕.

Unmüßig, B. (1998): Welche Erfahrungen haben Nichtregierungsorganisationen gemacht? Und wie haben sie sich bewährt?, in: Calließ, J. (Hrsg.): Barfuß auf diplomatischem Parkett. Die Nichtregierungsorganisationen in der Weltpolitik. Loccumer Protokolle Nr. 9/97, Rehburg-Loccum, S. 53-64.

Urban, H.-J. (2009): Die Mosaik-Linke. Vom Aufbruch der Gewerkschaften zur Erneuerung der Bewegung, in: Blätter für deutsche und internationale Politik, 5/2009, S. 71-78.

Urry, J. (2013): Societies beyond oil, London/New York.

van Dyk, S.; Misbach, E. (2016): Zur politischen Ökonomie des Helfens. Flüchtlingspolitik und Engagement im flexiblen Kapitalismus, in: PROKLA, 46(2), S. 205-227.

VCD (2010): Position Elektromobilität, Berlin, Verkehrsclub von Deutschland 〔https://www.vcd.org; 08.12.2016〕.

VCÖ (2009): Soziale Aspekte von Mobilität, Wien, Verkehrsclub von Österreich 〔https://www.vcoe.at; 23.6.2016〕.

VCÖ (2016): Urbaner Verkehr der Zukunft, Wien, Verkehrsclub von Österreich.

Veblen, T. (2011): Theorie der feinen Leute. Eine ökonomische Untersuchung der Institutionen, Frankfurt am Main.

Verron, H. (2015): Ändert sich die Mobilitätskultur?—Zwei Experteninterviews, in: Zeitschrift für Umweltpsychologie, 19(1), S. 12-26.

Vogel, S. (2015): Die autoritäre Versuchung. Europas neue Linke zwischen Aufbruch und Populismus, in: Blätter für deutsche und internationale Politik, 11/2015, S. 71-79.

Wackernagel, M.; Beyers, B. (2010): Der Ecological Footprint. Die Welt neu vermessen, Hamburg.

Wagner, K. (2013): Es werden keine Gefangenen gemacht. Gegenwärtige Trends der Ausbeutung des Planeten, in: Bardi, U. (Hrsg.): Der geplünderte Planet. Die Zukunft des Menschen im Zeitalter schwindender Ressourcen, München, S. 21-28.

WBGU (2009): Kassensturz für den Weltklimavertrag—Der Budgetansatz. Sondergutachten, Berlin, Wissenschaftlicher Beirat der Bundesregierung Globale Umweltveränderungen 〔http://www.wbgu.de; 08.12.2016〕.

WBGU (2011): Welt im Wandel. Gesellschaftsvertrag für eine Große Transformation, Berlin, Wissenschaftlicher Beirat der Bundesregierung Globale Umweltveränderungen 〔http://www.wbgu.de; 09.01.2012〕.

Weis, T. (2013): The Ecological Hoofprint. The Global Burden of Industrial Livestock, London; New York.

Welzer, H. (2011): Mentale Infrastrukturen. Wie das Wachstum in die Welt und in die Seelen kam, Berlin, Heinrich Böll Stiftung 〔https://www.boell.de;

30.12.2016〕.

Welzer, H. (2013): Selbst denken. Eine Anleitung zum Widerstand, Frankfurt am Main.

Wichterich, C. (2013): Haushaltsökonomien in der Krise, in: Widerspruch, 32(62), S. 66-73.

Wichterich, C. (2016a): Feministische internationale politische Ökonomie und Sorgeextraktivismus, in: Brand, U.; Schwenken, H.; Wullweber, J. (Hrsg.): Globalisierung analysieren, kritisieren und verändern. Das Projekt Kritische Wissenschaft, Hamburg, S. 54-71.

Wichterich, C. (2016b): Bausteine von Zukunft und der Charme des Selbermachens. Wider den care- und ressourcenextraktivistischen Kapitalismus, in: Tauss, A. (Hrsg.): Sozial-ökologische Transformationen. Das Ende des Kapitalismus denken, Hamburg, S. 183-204.

Wiedmann, T. O., et al. (2013): The material footprint of nations, in: PNAS, 112(20), S. 6271-6276.

Wilkinson, R.; Pickett, K. (2010): The Spirit Level. Why Equality is Better for Everyone, London.

Williamson, J. (1990): What Washington means by policy reform, in: Williamson, J. (ed.): Latin American Adjustment: How much has Happened?, Washington, DC, S. 7-20.

Winker, G. (2015): Care Revolution. Schritte in eine solidarische Gesellschaft, Bielefeld.

Wissen, M. (2004): Vielfalt als Nebeneffekt. Agrobiodiversität und demokratische Ressourcenkontrolle, in: Politische Ökologie, 22(91-92), S. 76-78.

Wissen, M. (2010): Klimawandel, Geopolitik und "imperiale Lebensweise". Das Scheitern von "Kopenhagen" und die strukturelle Überforderung internationaler Umweltpolitik, in: Kurswechsel, Zeitschrift für gesellschafts-, wirtschafts- und umweltpolitische Alternativen, S. 25(2) 30-38.

Wissen, M. (2014): Auf dem Weg in einen "grünen Kapitalismus"? Die ökologische Modernisierung der imperialen Lebensweise. 〔http://ifg.rosalux.de; 19.12.2016〕.

Wissen, M. (2016): Zwischen Neo-Fossilismus und "grüner Ökonomie". Entwicklungstendenzen des globalen Energieregimes, in: PROKLA, 46(3), S. 343-364.
Wolf, W. (2007): Verkehr.Umwelt.Klima. Die Globalisierung des Tempowahns, Wien.
Wood, E. M. (2015): Der Ursprung des Kapitalismus. Eine Spurensuche, Hamburg.
World Steel Association (2015): Steel Statistical Yearbook, Brüssel 〔http://www.worldsteel.org; 08.12.2016〕.
Wright, E. O. (2010): Envisioning Real Utopias, London/New York.
WTO (2014): International Trade Statistics 2014, World Trade Organization 〔https://www.wto.org; 08.12.2016〕.
WTO (2015): International Trade Statistics 2015, World Trade Organization 〔https://www.wto.org; 08.12.2016〕.
Wuppertal Institut für Klima, Umwelt, Energie (2005): Fair Future. Begrenzte Ressourcen und globale Gerechtigkeit, München.
Wuppertal Institut für Klima, Umwelt, Energie (2009): Zukunftsfähiges Deutschland in einer globalisierten Welt. Ein Anstoß zur gesellschaftlichen Debatte, Frankfurt am Main.
Zeller, C. (2010): Die Natur als Anlagefeld des konzentrierten Finanzkapitals, in: Schmieder, F. (Hrsg.): Zur Kritik der Politischen Ökologie heute, Frankfurt am Main, S. 103-135.
Zhang, L. (2015): Inside China's Automobile Factories. The Politics of Labor and Worker Resistance, New York.
Ziai, A. (2011): Die heilige Kuh der 'Entwicklung'. Post-Development und die Reaktionen darauf, in: Südwind, 32(11), S. 39.
Zinn, K. G. (2015): Vom Kapitalismus ohne Wachstum zur Marktwirtschaft ohne Kapitalismus, Hamburg.

약어

BGR	Bundesanstalt für Geowissenschaften und Rohstoffe (독일 연방지질자원연구소)
BMBF	Bundesministerium für Bildung und Forschung (독일 연방교육연구부)
BMVI	Bundesministerium für Verkehr und digitale Infrastruktur (연방 교통 및 디지털 인프라 사업부)
BUKO	Bundeskongress entwicklungspolitischer Aktionsgruppen (seit 2002 Bundeskoordination Internationalismus) 〔정치활동집단연방회의(2002년부터 동맹조정국제주의)〕
BUND	Bund für Umwelt und Naturschutz in Deutschland (독일환경자연보전연맹)
CETA	Comprehensive Economic and Trade Agreement (캐나다-EU 포괄적경제무역협정)
COP	Conference of the Parties (당사국총회)
EZLN	Ejército Zapatista de Liberación Nacional (사파티스타 민족해방군)
GH	Gefängnishefte Antonio Gramscis (그람시의 《옥중수고》)
IATA	International Air Transport Association (국제항공운송협회)
ICS	International Chamber of Shipping (국제해운회의소)
IEA	International Energy Agency (국제에너지기구)
ILO	International Labour Organization (국제노동기구)
IMF	International Monetary Fund (국제통화기금)
IMO	International Maritime Organization (국제해사기구)

IPCC	Intergovernmental Panel on Climate Change (기후 변화에 관한 정부 간 협의체)
ITF	International Transport Forum (국제교통포럼)
MDGs	Millennium Development Goals (새천년 개발 목표)
MEW	Marx-Engels-Werke (마르크스 엥겔스 전집)
MIV	Motorisierter Individualverkehr (동력 이용 개인 교통)
NAFTA	North American Free Trade Agreement (북미자유무역협정)
NBS	National Bureau of Statistics of China (중국 국가통계국)
OECD	Organisation for Economic Co-operation and Development (경제협력개발기구)
OICA	Organisation Internationale des Constructeurs d'Automobiles (세계자동차공업연합회)
OPEC	Organization of Petroleum Exporting Countries (석유수출국기구)
REDD	Reducing emissions from deforestation and forest degradation (산림 전용 및 산림 황폐화 방지로부터의 탄소 배출 감축)
SUV	Sport Utility Vehicle (스포츠형 다목적 차량)
SDGs	Sustainable Development Goals (지속 가능 발전 목표)
TTIP	Transatlantic Trade and Investment Partnership (범대서양무역투자동반자협정)
UNCTAD	United Nations Conference on Trade and Development (유엔무역개발협의회)
UNDP	United Nations Development Programme (유엔개발계획)
UNEP	United Nations Environment Programm (유엔환경계획)
UNFCCC	United Nations Framework Convention on Climate Change (유엔기후변화협약)
VCD	Verkehrsclub von Deutschland (독일교통클럽)
VCÖ	Verkehrsclub von Österreich (오스트리아교통클럽)
WBGU	Wissenschaftlicher Beirat der Bundesregierung Globale Umweltveränderungen (연방정부 지구환경변화 과학자문위원회)
WTO	World Trade Organization (세계무역기구)